2017

中国文化及相关产业统计年鉴

China Statistical Yearbook on Culture and Related Industries

国家统计局社会科技和文化产业统计司
中宣部文化体制改革和发展办公室 编

Compiled by
Department of Social, Science and Technology, and Cultural Statistics
National Bureau of Statistics of China
Cultural Reform and Development Office
Publicity Department of CPC Central Committee

图书在版编目（CIP）数据

中国文化及相关产业统计年鉴. 2017：汉英对照 / 国家统计局社会科技和文化产业统计司，中宣部文化体制改革和发展办公室编. -- 北京 ：中国统计出版社，2017.11
ISBN 978-7-5037-8230-5

Ⅰ. ①中… Ⅱ. ①国… ②中… Ⅲ. ①文化产业—中国—2017—年鉴—汉、英 Ⅳ. ①G124-54

中国版本图书馆 CIP 数据核字(2017)第 265350 号

中国文化及相关产业统计年鉴—2017

作　者/国家统计局社会科技和文化产业统计司，中宣部文化体制改革和发展办公室
责任编辑/徐　涛
封面设计/李雪燕
出版发行/中国统计出版社
通信地址/北京市丰台区西三环南路甲 6 号　邮政编码/100073
电　话/邮购（010）63376909　书店（010）68783171
网　址/http://www.zgtjcbs.com
印　刷/河北鑫兆源印刷有限公司
经　销/新华书店
开　本/880mm×1230mm　1/16
字　数/600 千字
印　张/18.75
版　别/2017 年 12 月第 1 版
版　次/2017 年 12 月第 1 次印刷
定　价/280.00 元

本书附同版本 CD-ROM 一张，光盘内容以书面文字为准。
如有印装差错，由本社发行部调换。

《中国文化及相关产业统计年鉴-2017》
编辑委员会和编辑部

China Statistical Yearbook on Culture and Related Industries-2017

Editorial Board and Editorial Staff

编 者 说 明

《中国文化及相关产业统计年鉴-2017》由国家统计局和中宣部共同编辑。本年鉴收录了2016 年全国和各省、自治区、直辖市与文化产业相关的统计数据，以及 2005-2016 年全国主要统计数据，是一部全面反映我国文化改革发展情况的资料性年刊。

本年鉴内容分为六个部分。第一部分为经济和社会发展概况；第二部分为文化及相关产业发展情况；第三部分为文化及相关产业法人单位发展情况；第四部分主要文化行业发展情况；第五部分为港澳台地区统计资料；第六部分为国际统计资料。最后附录了中国入选世界文化遗产项目、主要统计指标解释和文化及相关产业分类（2012）。

本年鉴对部分总计和分项因小数取舍而产生的误差，均未做配平处理。年鉴各表中的“空格”表示该统计指标数据不足本表最小单位数、数据不详或无该项数据；“#”表示其中的主要项；“*”或“1、2、3”表示本表的注解。

参与本年鉴编辑的部门还有：工业和信息化部、民政部、财政部、住房和城乡建设部、商务部、文化部、国家工商总局、国家新闻出版广电总局、国家知识产权局和国家档案局。我们对上述部门有关人员在本年鉴编辑过程中给予的大力支持，表示衷心地感谢！

EDITOR'S NOTES

Ⅰ.*China Statistical Yearbook on Culture and Related Industries 2017* is compiled by National Bureau of Statistics of China and Publicity Department of CPC Central Committee. It covers data relevant with cultural industries for 2016 at national level and local level of province, autonomous region and municipality directly under the Central Government, and national key statistical data from 2005 to 2016.The yearbook is an annual statistical publication reflecting comprehensively the development and reform of culture of China.

Ⅱ.The yearbook contains six chapters: 1. Economic and Social Development; 2. Development of Culture and Related Industries; 3. Condition on Legal Entities of Culture and Related Industries; 4. Development of Main Cultural Industries; 5. Statistical Indicators of Hongkong, Macao and Taiwan of China; 6.International Statistical Indicators. Items Listing in World Cultural Heritage of China, Explanatory Notes on Main Statistical Indicators, Classification of Culture and related Industryies(2012) are listed as Appendices.

Ⅲ.Statistical discrepancies on totals and relative figures due to rounding are not adjusted in the yearbook. Notations used in the yearbook: (blank space) indicates that the figure is not large enough to be measured with the smallest unit in the table, or data are unknown, or are not available; "#" indicates a major breakdown of the total.

Ⅳ. Data in the yearbook are also source from the following departments: Ministry of Industry and Information Technology, Ministry of Civil Affairs, Ministry of Finance, Ministry of Housing and Urban-Rural Development, Ministry of Commerce, Ministry of Culture, State Administration for Industry & Commerce, State Administration of Press, Publication, Radio, Film and Television, State Intellectual Property Office and the State Archives Administration. Here we want to express our deep appreciation to these departments!

目　录

Contents

一、经济和社会发展概况

Economic and Social Development

二、文化及相关产业发展情况
Development of Culture and Related Industries

三、文化及相关产业法人单位发展情况
Condition on Legal Entities of Culture and Related Industries

四、主要文化行业发展情况

Development of Main Cultural Industries

五、港澳台地区统计资料
Statistical Indicators of Hong Kong, Macao and Taiwan, China

六、国际统计资料
International Statistical Indicators

1

经济和社会发展概况

Economic and Social Development

1-1 国内生产总值
Gross Domestic Product

单位：亿元 (100 million yuan)

年 份 Year	国 内 生产总值 Gross Domestic Product	第一产业 Primary Industry	第二产业 Secondary Industry	#工业 Industry	第三产业 Tertiary Industry	#批发零售业 Wholesale and Retail Trades
2005	187318.9	21806.7	88084.4	77960.5	77427.8	13966.2
2006	219438.5	23317.0	104361.8	92238.4	91759.7	16530.7
2007	270232.3	27788.0	126633.6	111693.9	115810.7	20937.8
2008	319515.5	32753.2	149956.6	131727.6	136805.8	26182.3
2009	349081.4	34161.8	160171.7	138095.5	154747.9	29001.5
2010	413030.3	39362.6	191629.8	165126.4	182038.0	35904.4
2011	489300.6	46163.1	227038.8	195142.8	216098.6	43730.5
2012	540367.4	50902.3	244643.3	208905.6	244821.9	49831.0
2013	595244.4	55329.1	261956.1	222337.6	277959.3	56284.1
2014	643974.0	58343.5	277571.8	233856.4	308058.6	62423.5
2015	689052.1	60862.1	282040.3	236506.3	346149.7	66186.7
2016	744127.2	63670.7	296236.0	247860.1	384220.5	71113.4

注：1.本表按当年价格计算(以下相关表同)。
2.实施研发支出核算方法改革后，对各年度GDP数据进行了系统修订(以下相关表同)。

a) Data in this table are calculated at current prices.The same applies to the relevant tables following.
b)As methodology of R&D expenditure accounting is reformed, data of GDP of all years are adjusted systematically. The same applies to the relevant tables following.

1-2 国内生产总值构成
Composition of Gross Domestic Product

单位：% (%)

年 份 Year	国 内 生产总值 Gross Domestic Product	第一产业 Primary Industry	第二产业 Secondary Industry	#工业 Industry	第三产业 Tertiary Industry	#批发零售业 Wholesale and Retail Trades
2005	100.0	11.6	47.0	41.6	41.3	7.5
2006	100.0	10.6	47.6	42.0	41.8	7.5
2007	100.0	10.3	46.9	41.3	42.9	7.7
2008	100.0	10.3	46.9	41.2	42.8	8.2
2009	100.0	9.8	45.9	39.6	44.3	8.3
2010	100.0	9.5	46.4	40.0	44.1	8.7
2011	100.0	9.4	46.4	39.9	44.2	8.9
2012	100.0	9.4	45.3	38.7	45.3	9.2
2013	100.0	9.3	44.0	37.4	46.7	9.5
2014	100.0	9.1	43.1	36.3	47.8	9.7
2015	100.0	8.8	40.9	34.3	50.2	9.6
2016	100.0	8.6	39.8	33.3	51.6	9.6

1-3 地区生产总值
Gross Regional Product

单位：亿元 (100 million yuan)

地 区	Region	2011	2012	2013	2014	2015	2016
北 京	Beijing	16251.9	17879.4	19800.8	21330.8	23014.6	25669.1
天 津	Tianjin	11307.3	12893.9	14442.0	15726.9	16538.2	17885.4
河 北	Hebei	24515.8	26575.0	28443.0	29421.2	29806.1	32070.5
山 西	Shanxi	11237.6	12112.8	12665.3	12761.5	12766.5	13050.4
内蒙古	Inner Mongolia	14359.9	15880.6	16916.5	17770.2	17831.5	18128.1
辽 宁	Liaoning	22226.7	24846.4	27213.2	28626.6	28669.0	22246.9
吉 林	Jilin	10568.8	11939.2	13046.4	13803.1	14063.1	14776.8
黑龙江	Heilongjiang	12582.0	13691.6	14454.9	15039.4	15083.7	15386.1
上 海	Shanghai	19195.7	20181.7	21818.2	23567.7	25123.5	28178.7
江 苏	Jiangsu	49110.3	54058.2	59753.4	65088.3	70116.4	77388.3
浙 江	Zhejiang	32318.9	34665.3	37756.6	40173.0	42886.5	47251.4
安 徽	Anhui	15300.7	17212.1	19229.3	20848.7	22005.6	24407.6
福 建	Fujian	17560.2	19701.8	21868.5	24055.8	25979.8	28810.6
江 西	Jiangxi	11702.8	12948.9	14410.2	15714.6	16723.8	18499.0
山 东	Shandong	45361.9	50013.2	55230.3	59426.6	63002.3	68024.5
河 南	Henan	26931.0	29599.3	32191.3	34938.2	37002.2	40471.8
湖 北	Hubei	19632.3	22250.5	24791.8	27379.2	29550.2	32665.4
湖 南	Hunan	19669.6	22154.2	24621.7	27037.3	28902.2	31551.4
广 东	Guangdong	53210.3	57067.9	62474.8	67809.9	72812.6	80854.9
广 西	Guangxi	11720.9	13035.1	14449.9	15672.9	16803.1	18317.6
海 南	Hainan	2522.7	2855.5	3177.6	3500.7	3702.8	4053.2
重 庆	Chongqing	10011.4	11409.6	12783.3	14262.6	15717.3	17740.6
四 川	Sichuan	21026.7	23872.8	26392.1	28536.7	30053.1	32934.5
贵 州	Guizhou	5701.8	6852.2	8086.9	9266.4	10502.6	11776.7
云 南	Yunnan	8893.1	10309.5	11832.3	12814.6	13619.2	14788.4
西 藏	Tibet	605.8	701.0	815.7	920.8	1026.4	1151.4
陕 西	Shaanxi	12512.3	14453.7	16205.5	17689.9	18021.9	19399.6
甘 肃	Gansu	5020.4	5650.2	6330.7	6836.8	6790.3	7200.4
青 海	Qinghai	1670.4	1893.5	2122.1	2303.3	2417.1	2572.5
宁 夏	Ningxia	2102.2	2341.3	2577.6	2752.1	2911.8	3168.6
新 疆	Xinjiang	6610.1	7505.3	8443.8	9273.5	9324.8	9649.7

1-4 按三次产业分地区生产总值(2016年)
Gross Regional Product by Three Strata of Industry (2016)

单位：亿元 (100 million yuan)

地 区	Region	地区生产总值 Gross Regional Product	第一产业 Primary Industry	第二产业 Secondary Industry	#工业 Industry	第三产业 Tertiary Industry
北 京	Beijing	25669.1	129.8	4944.4	4026.7	20594.9
天 津	Tianjin	17885.4	220.2	7571.4	6805.1	10093.8
河 北	Hebei	32070.5	3492.8	15256.9	13387.5	13320.7
山 西	Shanxi	13050.4	784.8	5029.0	4148.9	7236.6
内蒙古	Inner Mongolia	18128.1	1637.4	8553.6	7233.0	7937.1
辽 宁	Liaoning	22246.9	2173.1	8606.5	6818.3	11467.3
吉 林	Jilin	14776.8	1498.5	7005.0	6070.1	6273.3
黑龙江	Heilongjiang	15386.1	2670.5	4400.7	3647.1	8314.9
上 海	Shanghai	28178.7	109.5	8406.3	7555.3	19662.9
江 苏	Jiangsu	77388.3	4077.2	34619.5	30455.2	38691.6
浙 江	Zhejiang	47251.4	1965.2	21194.6	18655.1	24091.6
安 徽	Anhui	24407.6	2567.7	11821.6	10076.9	10018.3
福 建	Fujian	28810.6	2363.2	14093.5	11698.4	12353.9
江 西	Jiangxi	18499.0	1904.5	8829.5	7219.1	7764.9
山 东	Shandong	68024.5	4929.1	31343.7	27588.7	31751.7
河 南	Henan	40471.8	4286.2	19275.8	17042.7	16909.8
湖 北	Hubei	32665.4	3659.3	14654.4	12536.4	14351.7
湖 南	Hunan	31551.4	3578.4	13341.2	11337.3	14631.8
广 东	Guangdong	80854.9	3694.4	35109.7	32650.9	42050.9
广 西	Guangxi	18317.6	2796.8	8273.7	6816.6	7247.2
海 南	Hainan	4053.2	948.4	906.0	482.5	2198.9
重 庆	Chongqing	17740.6	1303.2	7898.9	6183.8	8538.4
四 川	Sichuan	32934.5	3929.3	13448.9	11058.8	15556.3
贵 州	Guizhou	11776.7	1846.2	4669.5	3715.6	5261.0
云 南	Yunnan	14788.4	2195.1	5690.2	3891.2	6903.2
西 藏	Tibet	1151.4	115.8	429.2	86.4	606.5
陕 西	Shaanxi	19399.6	1693.9	9490.7	7598.0	8215.0
甘 肃	Gansu	7200.4	983.4	2515.6	1757.5	3701.4
青 海	Qinghai	2572.5	221.2	1250.0	901.7	1101.3
宁 夏	Ningxia	3168.6	241.6	1488.4	1054.3	1438.6
新 疆	Xinjiang	9649.7	1649.0	3647.0	2677.6	4353.7

1-5 按三次产业分地区生产总值构成(2016年)
Composition of Gross Regional Product by Three Strata of Industry(2016)

单位：% (%)

地 区	Region	地 区 生产总值 Gross Regional Product	第一产业 Primary Industry	第二产业 Secondary Industry	#工业 Industry	第三产业 Tertiary Industry
北 京	Beijing	100.0	0.5	19.3	15.7	80.2
天 津	Tianjin	100.0	1.2	42.3	38.0	56.4
河 北	Hebei	100.0	10.9	47.6	41.7	41.5
山 西	Shanxi	100.0	6.0	38.5	31.8	55.5
内蒙古	Inner Mongolia	100.0	9.0	47.2	39.9	43.8
辽 宁	Liaoning	100.0	9.8	38.7	30.6	51.5
吉 林	Jilin	100.0	10.1	47.4	41.1	42.5
黑龙江	Heilongjiang	100.0	17.4	28.6	23.7	54.0
上 海	Shanghai	100.0	0.4	29.8	26.8	69.8
江 苏	Jiangsu	100.0	5.3	44.7	39.4	50.0
浙 江	Zhejiang	100.0	4.2	44.9	39.5	51.0
安 徽	Anhui	100.0	10.5	48.4	41.3	41.0
福 建	Fujian	100.0	8.2	48.9	40.6	42.9
江 西	Jiangxi	100.0	10.3	47.7	39.0	42.0
山 东	Shandong	100.0	7.2	46.1	40.6	46.7
河 南	Henan	100.0	10.6	47.6	42.1	41.8
湖 北	Hubei	100.0	11.2	44.9	38.4	43.9
湖 南	Hunan	100.0	11.3	42.3	35.9	46.4
广 东	Guangdong	100.0	4.6	43.4	40.4	52.0
广 西	Guangxi	100.0	15.3	45.2	37.2	39.6
海 南	Hainan	100.0	23.4	22.4	11.9	54.3
重 庆	Chongqing	100.0	7.3	44.5	34.9	48.1
四 川	Sichuan	100.0	11.9	40.8	33.6	47.2
贵 州	Guizhou	100.0	15.7	39.7	31.6	44.7
云 南	Yunnan	100.0	14.8	38.5	26.3	46.7
西 藏	Tibet	100.0	10.1	37.3	7.5	52.7
陕 西	Shaanxi	100.0	8.7	48.9	39.2	42.3
甘 肃	Gansu	100.0	13.7	34.9	24.4	51.4
青 海	Qinghai	100.0	8.6	48.6	35.1	42.8
宁 夏	Ningxia	100.0	7.6	47.0	33.3	45.4
新 疆	Xinjiang	100.0	17.1	37.8	27.7	45.1

1-6 人口数及城乡构成
Population in Urban and Rural Areas

单位：万人，% (10 000 persons,%)

年份 Year	总人口(年末) Total Population (year-end)	城镇 Urban	乡村 Rural	构成 Composition 城镇 Urban	乡村 Rural
2005	130756	56212	74544	42.99	57.01
2006	131448	58288	73160	44.34	55.66
2007	132129	60633	71496	45.89	54.11
2008	132802	62403	70399	46.99	53.01
2009	133450	64512	68938	48.34	51.66
2010	134091	66978	67113	49.95	50.05
2011	134735	69079	65656	51.27	48.73
2012	135404	71182	64222	52.57	47.43
2013	136072	73111	62961	53.73	46.27
2014	136782	74916	61866	54.77	45.23
2015	137462	77116	60346	56.10	43.90
2016	138271	79298	58973	57.35	42.65

1-7 人口数及年龄结构
Population and Age Composition

单位：万人，% (10 000 persons,%)

年份 Year	总人口(年末) Total Population (year-end)	按年龄组分 by Age					
		0-14岁 Aged 0-14		15-64岁 Aged 15-64		65岁及以上 Aged 65 and Over	
		人口数 Population	比重 Proportion	人口数 Population	比重 Proportion	人口数 Population	比重 Proportion
2005	130756	26504	20.3	94197	72.0	10055	7.7
2006	131448	25961	19.8	95068	72.3	10419	7.9
2007	132129	25660	19.4	95833	72.5	10636	8.1
2008	132802	25166	19.0	96680	72.7	10956	8.3
2009	133450	24659	18.5	97484	73.0	11307	8.5
2010	134091	22259	16.6	99938	74.5	11894	8.9
2011	134735	22164	16.5	100283	74.4	12288	9.1
2012	135404	22287	16.5	100403	74.1	12714	9.4
2013	136072	22329	16.4	100582	73.9	13161	9.7
2014	136782	22558	16.5	100469	73.4	13755	10.1
2015	137462	22715	16.5	100361	73.0	14386	10.5
2016	138271	23008	16.7	100260	72.5	15003	10.8

1-8 分地区年末人口数
Population at Year-end by Region

单位：万人 (10 000 persons)

地 区	Region	2006	2007	2008	2009	2010	2011	2012	2013	2014	2015	2016
全 国	**National Total**	**131448**	**132129**	**132802**	**133450**	**134091**	**134735**	**135404**	**136072**	**136782**	**137462**	**138271**
北 京	Beijing	1601	1676	1771	1860	1962	2019	2069	2115	2152	2171	2173
天 津	Tianjin	1075	1115	1176	1228	1299	1355	1413	1472	1517	1547	1562
河 北	Hebei	6898	6943	6989	7034	7194	7241	7288	7333	7384	7425	7470
山 西	Shanxi	3375	3393	3411	3427	3574	3593	3611	3630	3648	3664	3682
内蒙古	Inner Mongolia	2415	2429	2444	2458	2472	2482	2490	2498	2505	2511	2520
辽 宁	Liaoning	4271	4298	4315	4341	4375	4383	4389	4390	4391	4382	4378
吉 林	Jilin	2723	2730	2734	2740	2747	2749	2750	2751	2752	2753	2733
黑龙江	Heilongjiang	3823	3824	3825	3826	3833	3834	3834	3835	3833	3812	3799
上 海	Shanghai	1964	2064	2141	2210	2303	2347	2380	2415	2426	2415	2420
江 苏	Jiangsu	7656	7723	7762	7810	7869	7899	7920	7939	7960	7976	7999
浙 江	Zhejiang	5072	5155	5212	5276	5447	5463	5477	5498	5508	5539	5590
安 徽	Anhui	6110	6118	6135	6131	5957	5968	5988	6030	6083	6144	6196
福 建	Fujian	3585	3612	3639	3666	3693	3720	3748	3774	3806	3839	3874
江 西	Jiangxi	4339	4368	4400	4432	4462	4488	4504	4522	4542	4566	4592
山 东	Shandong	9309	9367	9417	9470	9588	9637	9685	9733	9789	9847	9947
河 南	Henan	9392	9360	9429	9487	9405	9388	9406	9413	9436	9480	9532
湖 北	Hubei	5693	5699	5711	5720	5728	5758	5779	5799	5816	5852	5885
湖 南	Hunan	6342	6355	6380	6406	6570	6596	6639	6691	6737	6783	6822
广 东	Guangdong	9442	9660	9893	10130	10441	10505	10594	10644	10724	10849	10999
广 西	Guangxi	4719	4768	4816	4856	4610	4645	4682	4719	4754	4796	4838
海 南	Hainan	836	845	854	864	869	877	887	895	903	911	917
重 庆	Chongqing	2808	2816	2839	2859	2885	2919	2945	2970	2991	3017	3048
四 川	Sichuan	8169	8127	8138	8185	8045	8050	8076	8107	8140	8204	8262
贵 州	Guizhou	3690	3632	3596	3537	3479	3469	3484	3502	3508	3530	3555
云 南	Yunnan	4483	4514	4543	4571	4602	4631	4659	4687	4714	4742	4771
西 藏	Tibet	285	289	292	296	300	303	308	312	318	324	331
陕 西	Shaanxi	3699	3708	3718	3727	3735	3743	3753	3764	3775	3793	3813
甘 肃	Gansu	2547	2548	2551	2555	2560	2564	2578	2582	2591	2600	2610
青 海	Qinghai	548	552	554	557	563	568	573	578	583	588	593
宁 夏	Ningxia	604	610	618	625	633	639	647	654	662	668	675
新 疆	Xinjiang	2050	2095	2131	2159	2185	2209	2233	2264	2298	2360	2398

注：2010年数据为当年人口普查数据推算数；其余年份数据为年度人口抽样调查推算数据。2005年起各地区数据为常住人口口径。

a) Data of 2010 are the census year estimates; the rest are the estimates from the annual national sample survey of population. Since 2005, data by region are of usual residents.

1-9 分地区人口数及城乡构成(2016年)
Population at Year-end in Urban and Rural Areas by Region (2016)

单位：万人，% (10 000 persons,%)

地区	Region	总人口(年末) Total Population (year-end)	城镇人口 Urban Population 人口数 Population	比重 Proportion	乡村人口 Rural Population 人口数 Population	比重 Proportion
全国	**National Total**	**138271**	**79298**	**57.35**	**58973**	**42.65**
北京	Beijing	2173	1880	86.50	293	13.50
天津	Tianjin	1562	1295	82.93	267	17.07
河北	Hebei	7470	3983	53.32	3487	46.68
山西	Shanxi	3682	2070	56.21	1612	43.79
内蒙古	Inner Mongolia	2520	1542	61.19	978	38.81
辽宁	Liaoning	4378	2949	67.37	1429	32.63
吉林	Jilin	2733	1530	55.97	1203	44.03
黑龙江	Heilongjiang	3799	2249	59.20	1550	40.80
上海	Shanghai	2420	2127	87.90	293	12.10
江苏	Jiangsu	7999	5417	67.72	2582	32.28
浙江	Zhejiang	5590	3745	67.00	1845	33.00
安徽	Anhui	6196	3221	51.99	2975	48.01
福建	Fujian	3874	2464	63.60	1410	36.40
江西	Jiangxi	4592	2438	53.10	2154	46.90
山东	Shandong	9947	5871	59.02	4076	40.98
河南	Henan	9532	4623	48.50	4909	51.50
湖北	Hubei	5885	3419	58.10	2466	41.90
湖南	Hunan	6822	3599	52.75	3223	47.25
广东	Guangdong	10999	7611	69.20	3388	30.80
广西	Guangxi	4838	2326	48.08	2512	51.92
海南	Hainan	917	521	56.78	396	43.22
重庆	Chongqing	3048	1908	62.60	1140	37.40
四川	Sichuan	8262	4066	49.21	4196	50.79
贵州	Guizhou	3555	1570	44.15	1985	55.85
云南	Yunnan	4771	2148	45.03	2623	54.97
西藏	Tibet	331	98	29.56	233	70.44
陕西	Shaanxi	3813	2110	55.34	1703	44.66
甘肃	Gansu	2610	1166	44.69	1444	55.31
青海	Qinghai	593	306	51.63	287	48.37
宁夏	Ningxia	675	380	56.29	295	43.71
新疆	Xinjiang	2398	1159	48.35	1239	51.65

注：1.本表数据根据2016年全国人口变动情况抽样调查数据推算。全国总人口根据抽样误差和调查误差进行了修正，分地区
未作修正。
2.全国总人口包括现役军人数，分地区数字中未包括。

a) Data in the table are estimates from the 2016 National Sample Survey on Population Changes. The national total population was adj basis of sampling errors and survey errors. Similar adjustments were not made to regional figures.

b) The military personnel were included in the national total population, but were not included in the population by region.

1-10 按三次产业分就业人员数及构成（年底数）
Number of Employed Persons at Year-end and Composition by Three Strata of Industry

单位：万人，% (10 000 persons,%)

年份 Year	经济活动人口 Economically Active Population	就业人员 Total Employed Persons	第一产业 Primary Industry	第二产业 Secondary Industry	第三产业 Tertiary Industry	构成 Composition 第一产业 Primary Industry	第二产业 Secondary Industry	第三产业 Tertiary Industry
2005	76120	74647	33442	17766	23439	44.8	23.8	31.4
2006	76315	74978	31941	18894	24143	42.6	25.2	32.2
2007	76531	75321	30731	20186	24404	40.8	26.8	32.4
2008	77046	75564	29923	20553	25087	39.6	27.2	33.2
2009	77510	75828	28890	21080	25857	38.1	27.8	34.1
2010	78388	76105	27931	21842	26332	36.7	28.7	34.6
2011	78579	76420	26594	22544	27282	34.8	29.5	35.7
2012	78894	76704	25773	23241	27690	33.6	30.3	36.1
2013	79300	76977	24171	23170	29636	31.4	30.1	38.5
2014	79690	77253	22790	23099	31364	29.5	29.9	40.6
2015	80091	77451	21919	22693	32839	28.3	29.3	42.4
2016	80694	77603	21496	22350	33757	27.7	28.8	43.5

1-11 按城乡分就业人员数（年底数）
Number of Employed Persons at Year-end in Urban and Rural Areas

单位：万人 (10 000 persons)

年份 Year	合计 Total	城镇小计 Subtotal of Urban Areas	内资单位 Domestic Units	#国有单位 State-owned Units	#私营企业 Private Enterprises	港澳台商投资单位 Units with Funds from Hong Kong, Macao and Taiwan	外商投资单位 Foreign Funded Units	个体 Self-employed Individuals	乡村小计 Subtotal of Rural Areas	#私营企业 Private Enterprises	#个体 Self-employed Individuals
2005	74647	28389	24366	6488	3458	557	688	2778	46258	2366	2123
2006	74978	29630	25210	6430	3954	611	796	3012	45348	2632	2147
2007	75321	30953	26060	6424	4581	680	903	3310	44368	2672	2187
2008	75564	32103	26872	6447	5124	679	943	3609	43461	2780	2167
2009	75828	33322	27379	6420	5544	721	978	4245	42506	3063	2341
2010	76105	34687	28396	6516	6071	770	1053	4467	41418	3347	2540
2011	76420	35914	28538	6704	6912	932	1217	5227	40506	3442	2718
2012	76704	37102	29244	6839	7557	969	1246	5643	39602	3739	2986
2013	76977	38240	29135	6365	8242	1397	1566	6142	38737	4279	3193
2014	77253	39310	29346	6312	9857	1393	1562	7009	37943	4533	3575
2015	77451	40410	29820	6208	11180	1344	1446	7800	37041	5215	3882
2016	77603	41428	30135	6170	12083	1305	1361	8627	36175	5914	4235

1-12 按行业分城镇单位就业人员数(年底数)
Number of Employed Persons in Urban Units at Year-end by Sector

单位：万人 (10 000 persons)

年份 地区	Year Region	合计 Total	农、林、牧、渔业 Agriculture, Forestry, Animal Husbandry and Fishery	采矿业 Mining	制造业 Manufacturing	电力、热气、燃气及水生产和供应业 Production and Supply of Electricity, Heat, Gas and Water
	2005	11404.0	446.3	509.2	3210.9	299.9
	2006	11713.2	435.2	529.7	3351.6	302.5
	2007	12024.4	426.3	535.0	3465.4	303.4
	2008	12192.5	410.1	540.4	3434.3	306.5
	2009	12573.0	373.7	553.7	3491.9	307.7
	2010	13051.5	375.7	562.0	3637.2	310.5
	2011	14413.3	359.5	611.6	4088.3	334.7
	2012	15236.4	338.9	631.0	4262.2	344.6
	2013	18108.4	294.8	636.5	5257.9	404.5
	2014	18277.8	284.6	596.5	5243.1	403.7
	2015	18062.5	270.0	545.8	5068.7	396.0
	2016	17888.1	263.2	490.9	4893.8	387.6
北京	Beijing	791.5	3.7	4.5	86.9	9.1
天津	Tianjin	286.0	0.8	4.4	99.4	4.3
河北	Hebei	639.6	3.9	22.8	136.3	18.8
山西	Shanxi	430.6	1.7	91.1	63.8	12.5
内蒙古	Inner Mongolia	293.2	22.9	16.6	43.9	14.5
辽宁	Liaoning	560.4	22.7	24.7	131.7	14.7
吉林	Jilin	322.1	12.5	13.1	81.9	12.3
黑龙江	Heilongjiang	424.9	66.8	27.9	52.0	17.6
上海	Shanghai	627.8	2.5	0.1	181.0	4.4
江苏	Jiangsu	1497.3	5.6	8.5	567.4	14.5
浙江	Zhejiang	1060.9	0.4	0.6	315.9	12.0
安徽	Anhui	517.1	4.2	23.1	122.4	10.4
福建	Fujian	668.8	4.3	2.1	228.3	9.1
江西	Jiangxi	471.5	4.5	5.8	141.8	9.3
山东	Shandong	1215.5	1.6	57.4	403.2	23.1
河南	Henan	1145.0	2.1	45.2	363.3	26.2
湖北	Hubei	719.3	10.3	6.5	186.1	16.4
湖南	Hunan	568.4	2.1	8.1	109.3	16.6
广东	Guangdong	1957.6	4.8	2.8	959.7	31.3
广西	Guangxi	401.4	7.8	3.1	72.4	13.7
海南	Hainan	101.2	7.6	0.5	8.1	2.3
重庆	Chongqing	412.9	1.1	5.6	89.3	6.4
四川	Sichuan	787.5	2.8	18.6	148.3	23.2
贵州	Guizhou	310.5	1.1	13.4	40.2	12.2
云南	Yunnan	419.0	6.3	13.6	66.3	10.7
西藏	Tibet	31.5	0.3	0.5	0.9	0.7
陕西	Shaanxi	511.4	2.4	34.9	102.0	13.7
甘肃	Gansu	261.0	5.0	10.7	33.6	12.2
青海	Qinghai	63.1	1.4	3.5	10.6	2.2
宁夏	Ningxia	70.7	1.3	5.3	12.2	3.5
新疆	Xinjiang	320.5	48.8	16.0	35.8	9.6

注：本表数据不含私营单位。

a) Data of employed persons in urban units do not include those of private enterprises.

1-12 续表 1 continued

单位：万人 (10 000 persons)

年份 地区	Year Region	建筑业 Construction	批发和零售业 Wholesale and Retail Trades	交通运输、仓储和邮政业 Transport, Storage and Post	住宿和餐饮业 Hotels and Catering Services	信息传输、软件和信息技术服务业 Information Transmission, Software and Information Technology
	2005	926.6	544.0	613.9	181.2	130.1
	2006	988.7	515.7	612.7	183.9	138.2
	2007	1050.8	506.9	623.1	185.8	150.2
	2008	1072.6	514.4	627.3	193.2	159.5
	2009	1177.5	520.8	634.4	202.1	173.8
	2010	1267.5	535.1	631.1	209.2	185.8
	2011	1724.8	647.5	662.8	242.7	212.8
	2012	2010.3	711.8	667.5	265.1	222.8
	2013	2921.9	890.8	846.2	304.4	327.3
	2014	2921.2	888.6	861.4	289.3	336.3
	2015	2796.0	883.3	854.4	276.1	349.9
	2016	2724.7	875.0	849.5	269.7	364.1
北　京	Beijing	45.9	78.4	58.2	29.4	69.2
天　津	Tianjin	28.2	18.2	14.7	5.1	4.8
河　北	Hebei	81.8	26.9	28.7	5.4	8.4
山　西	Shanxi	29.4	17.1	23.4	3.9	5.0
内蒙古	Inner Mongolia	18.9	8.9	22.8	3.7	4.8
辽　宁	Liaoning	64.6	22.6	35.2	6.2	12.6
吉　林	Jilin	27.3	11.6	16.1	2.8	6.4
黑龙江	Heilongjiang	28.4	18.6	27.1	4.0	7.3
上　海	Shanghai	32.9	78.4	51.1	24.3	26.8
江　苏	Jiangsu	396.8	56.1	49.6	16.9	27.3
浙　江	Zhejiang	310.1	37.6	31.5	13.5	18.6
安　徽	Anhui	91.8	23.2	22.9	5.9	8.0
福　建	Fujian	168.5	27.8	23.4	9.8	9.1
江　西	Jiangxi	90.4	17.3	20.3	4.3	5.6
山　东	Shandong	160.3	57.1	49.4	14.2	18.2
河　南	Henan	173.4	56.1	45.8	11.0	12.2
湖　北	Hubei	140.4	39.7	35.0	9.4	12.3
湖　南	Hunan	108.7	20.2	24.0	7.4	7.4
广　东	Guangdong	143.3	102.8	81.1	37.0	43.5
广　西	Guangxi	64.9	13.5	19.4	4.6	4.2
海　南	Hainan	7.1	5.8	7.0	6.0	1.6
重　庆	Chongqing	100.2	20.7	26.5	6.4	4.6
四　川	Sichuan	151.5	30.5	40.4	9.7	18.4
贵　州	Guizhou	45.7	12.4	12.0	2.8	3.6
云　南	Yunnan	71.7	24.8	17.3	8.2	5.0
西　藏	Tibet	1.5	1.0	0.9	0.5	0.5
陕　西	Shaanxi	61.1	25.8	28.3	10.6	11.2
甘　肃	Gansu	43.7	8.1	12.8	3.2	2.7
青　海	Qinghai	6.7	2.3	4.3	0.6	0.9
宁　夏	Ningxia	4.4	2.4	3.7	0.6	0.8
新　疆	Xinjiang	25.0	8.9	16.6	2.3	2.9

1-12 续表 2 continued

单位：万人 (10 000 persons)

年份 地区	Year Region	金融业 Financial Intermediation	房地产业 Real Estate	租赁和商务服务业 Leasing and Business Services	科学研究和技术服务业 Scientific Research and Technical Services	水利、环境和公共设施管理业 Management of Water Conservancy, Environment and Public Facilities
	2005	359.3	146.5	218.5	227.7	180.4
	2006	367.4	153.9	236.7	235.5	187.0
	2007	389.7	166.5	247.2	243.4	193.5
	2008	417.6	172.7	274.7	257.0	197.3
	2009	449.0	190.9	290.5	272.6	205.7
	2010	470.1	211.6	310.1	292.3	218.9
	2011	505.3	248.6	286.6	298.5	230.3
	2012	527.8	273.7	292.3	330.7	243.8
	2013	537.9	373.7	421.9	387.8	259.2
	2014	566.3	402.2	449.4	408.0	269.1
	2015	606.8	417.3	474.0	410.6	273.3
	2016	665.2	431.7	488.4	419.6	269.6
北　京	Beijing	51.4	43.9	80.1	69.0	10.3
天　津	Tianjin	16.0	8.0	9.3	11.5	4.4
河　北	Hebei	32.2	12.1	12.6	16.4	11.9
山　西	Shanxi	17.9	3.5	9.1	7.2	9.8
内蒙古	Inner Mongolia	11.8	5.5	4.2	5.9	8.3
辽　宁	Liaoning	27.0	12.0	11.9	13.8	14.4
吉　林	Jilin	12.1	6.8	5.8	7.6	8.5
黑龙江	Heilongjiang	21.3	6.1	6.9	11.1	11.1
上　海	Shanghai	35.5	25.4	52.2	23.2	8.6
江　苏	Jiangsu	38.1	22.2	29.4	21.8	15.4
浙　江	Zhejiang	46.4	20.9	29.0	18.6	10.6
安　徽	Anhui	22.3	10.5	6.6	9.1	7.8
福　建	Fujian	19.6	15.6	14.5	8.7	5.6
江　西	Jiangxi	13.0	6.7	5.4	6.2	7.1
山　东	Shandong	45.4	26.8	20.7	17.8	17.6
河　南	Henan	30.0	23.1	18.1	17.8	13.0
湖　北	Hubei	21.0	14.9	10.5	15.8	11.4
湖　南	Hunan	25.3	12.2	9.9	11.7	8.2
广　东	Guangdong	51.8	61.8	71.2	32.3	16.9
广　西	Guangxi	14.3	8.0	10.0	8.9	8.5
海　南	Hainan	4.3	8.4	1.9	2.1	3.1
重　庆	Chongqing	14.0	13.0	12.6	8.1	6.5
四　川	Sichuan	30.4	19.8	15.6	21.1	13.0
贵　州	Guizhou	9.0	8.8	5.0	7.3	5.2
云　南	Yunnan	10.4	11.2	10.4	10.1	7.5
西　藏	Tibet	0.9	0.20	0.4	1.2	0.2
陕　西	Shaanxi	20.3	11.5	10.9	18.2	9.6
甘　肃	Gansu	7.6	5.2	3.6	6.9	5.9
青　海	Qinghai	2.4	0.9	0.9	2.2	1.1
宁　夏	Ningxia	4.0	1.5	1.8	1.6	2.3
新　疆	Xinjiang	9.4	5.4	8.0	6.4	5.7

1-12 续表 3 continued

单位：万人 (10 000 persons)

年 份 地 区	Year Region	居民服务、修理和其他服务业 Services to Households, Repair and Other Services	教 育 Education	卫生和社会工作 Health and Social Service	文化、体育和娱乐业 Culture, Sports and Entertainment	公共管理、社会保障和社会组织 Public Management, Social Security and Social Organization
	2005	53.9	1483.2	508.9	122.5	1240.8
	2006	56.6	1504.4	525.4	122.4	1265.6
	2007	57.4	1520.9	542.8	125.0	1291.2
	2008	56.5	1534.0	563.6	126.0	1335.0
	2009	58.8	1550.4	595.8	129.5	1394.3
	2010	60.2	1581.8	632.5	131.4	1428.5
	2011	59.9	1617.8	679.1	135.0	1467.6
	2012	62.1	1653.4	719.3	137.7	1541.5
	2013	72.3	1687.2	770.0	147.0	1567.0
	2014	75.4	1727.3	810.4	145.5	1599.3
	2015	75.2	1736.5	841.6	149.1	1637.8
	2016	75.4	1729.2	867.0	150.8	1672.6
北 京	Beijing	8.6	48.6	28.6	18.7	47.0
天 津	Tianjin	9.4	18.0	10.1	2.1	17.4
河 北	Hebei	2.5	88.1	37.7	5.5	87.6
山 西	Shanxi	0.6	51.3	20.5	4.6	58.2
内蒙古	Inner Mongolia	0.8	35.1	15.7	3.5	45.4
辽 宁	Liaoning	2.4	53.7	31.3	5.0	53.8
吉 林	Jilin	2.5	36.2	18.7	3.5	36.3
黑龙江	Heilongjiang	4.0	43.0	22.9	3.9	44.6
上 海	Shanghai	6.3	29.7	18.9	6.0	20.5
江 苏	Jiangsu	3.2	95.0	49.5	7.9	72.0
浙 江	Zhejiang	2.3	71.4	44.3	6.8	70.5
安 徽	Anhui	1.0	64.6	30.5	3.4	49.4
福 建	Fujian	2.7	52.1	22.8	4.2	40.5
江 西	Jiangxi	1.0	52.0	24.8	4.2	52.0
山 东	Shandong	3.2	117.2	62.5	7.0	112.8
河 南	Henan	3.1	124.6	58.4	7.8	113.8
湖 北	Hubei	1.4	72.9	43.5	6.5	65.4
湖 南	Hunan	1.7	67.7	39.4	5.7	82.7
广 东	Guangdong	7.7	125.6	63.5	11.8	108.7
广 西	Guangxi	0.7	61.8	31.7	3.2	50.5
海 南	Hainan	0.4	13.1	6.3	1.3	14.3
重 庆	Chongqing	1.5	41.8	19.7	2.9	32.0
四 川	Sichuan	2.2	94.4	48.5	6.1	93.1
贵 州	Guizhou	1.4	54.3	20.5	2.3	53.3
云 南	Yunnan	1.6	59.8	26.3	3.6	54.3
西 藏	Tibet	0.2	4.9	1.9	0.7	14.0
陕 西	Shaanxi	1.6	58.1	26.7	5.0	59.6
甘 肃	Gansu	0.3	38.7	14.5	2.7	43.5
青 海	Qinghai	0.1	7.7	4.1	0.8	10.6
宁 夏	Ningxia	0.1	8.9	4.6	1.0	10.8
新 疆	Xinjiang	0.7	39.1	18.6	3.0	58.1

1-13 全社会固定资产投资实际到位资金及构成
Actual Funds for Investment in Fixed Assets in the Whole Country and Composition

年 份 Year	实际到位资金小计 Subtotal of Actual Funds for Investment	国家预算资金 State Budget	国内贷款 Domestic Loans	利用外资 Foreign Investment	自筹和其他资金 Self-raising Fund and Others
总量(亿元) **Total (100 million yuan)**					
2005	94590.8	4154.3	16319.0	3978.8	70138.7
2006	118957.0	4672.0	19590.5	4334.3	90360.2
2007	150803.6	5857.1	23044.2	5132.7	116769.7
2008	182915.3	7954.8	26443.7	5311.9	143204.9
2009	250229.7	12685.7	39302.8	4623.7	193617.4
2010	285779.2	13012.7	44020.8	4703.6	224042.0
2011	345984.2	14843.3	46344.5	5062.0	279734.4
2012	409675.6	18958.7	51593.5	4468.8	334654.7
2013	491612.5	22305.3	59442.0	4319.4	405545.8
2014	543480.6	26745.4	65221.0	4052.9	447461.2
2015	584198.8	30924.3	61054.0	2854.4	489366.0
2016	616933.5	36211.7	67200.3	2270.3	511251.2
构成(%) Percentage					
2005	100.0	4.4	17.3	4.2	74.1
2006	100.0	3.9	16.5	3.6	76.0
2007	100.0	3.9	15.3	3.4	77.4
2008	100.0	4.3	14.5	2.9	78.3
2009	100.0	5.1	15.7	1.8	77.4
2010	100.0	4.7	15.2	1.6	78.5
2011	100.0	4.3	13.4	1.5	80.9
2012	100.0	4.6	12.6	1.1	81.7
2013	100.0	4.5	12.1	0.9	82.5
2014	100.0	4.9	12.0	0.7	82.3
2015	100.0	5.3	10.5	0.5	83.8
2016	100.0	5.9	10.9	0.4	82.9

1-14 分地区全社会固定资产投资实际到位资金(2016年)
Actual Funds for Investment in Fixed Assets in the Whole Country by Region(2016)

单位: 亿元 (100 million yuan)

地 区	Region	本年实际到位资金 Subtotal of Actual Funds for Investment	国家预算资金 State Budget	国内贷款 Domestic Loans	利用外资 Foreign Investment	自筹资金 Self-raising Funds	其他资金 Others
全 国	**National Total**	**616933.5**	**36211.7**	**67200.3**	**2270.3**	**413828.6**	**97422.6**
北 京	Beijing	11656.0	1080.8	2656.0	13.0	3695.7	4210.5
天 津	Tianjin	14211.9	232.2	2415.7	122.1	8701.1	2740.9
河 北	Hebei	30938.9	1260.4	1797.9	31.6	25518.2	2330.7
山 西	Shanxi	11938.5	707.8	701.2	5.6	9506.8	1017.1
内蒙古	Inner Mongolia	14134.3	1094.3	1753.2	1.5	10309.8	975.4
辽 宁	Liaoning	7606.4	276.4	1031.2	113.8	4793.3	1391.6
吉 林	Jilin	13622.9	555.8	654.0	17.9	11602.8	792.3
黑龙江	Heilongjiang	10686.0	499.0	404.3	4.4	9009.8	768.6
上 海	Shanghai	9198.9	564.7	2104.1	18.7	2993.3	3518.1
江 苏	Jiangsu	54758.3	990.4	5787.9	599.9	36534.5	10845.6
浙 江	Zhejiang	32110.2	1702.2	3580.0	172.1	18965.2	7690.8
安 徽	Anhui	27107.1	1384.0	1714.7	82.4	19357.4	4568.8
福 建	Fujian	22994.9	1901.7	2285.3	55.5	14831.1	3921.2
江 西	Jiangxi	19716.7	1160.6	1522.4	43.0	14839.4	2151.3
山 东	Shandong	53920.9	1073.3	5187.6	234.9	41751.9	5673.3
河 南	Henan	39774.4	1295.8	4083.0	59.3	31513.8	2822.5
湖 北	Hubei	29484.8	1804.5	3071.0	44.1	20711.0	3854.2
湖 南	Hunan	28991.1	1452.2	2634.6	47.0	21212.6	3644.8
广 东	Guangdong	39864.8	1980.0	5026.4	263.7	21029.6	11565.2
广 西	Guangxi	18478.1	1669.3	2196.2	20.5	11967.8	2624.2
海 南	Hainan	4354.1	351.0	694.3	2.2	2188.4	1118.2
重 庆	Chongqing	17018.5	942.1	2310.7	57.8	10313.9	3394.0
四 川	Sichuan	28770.0	2110.8	2499.3	23.9	18725.4	5410.6
贵 州	Guizhou	11415.9	682.6	2132.7	43.9	6778.3	1778.4
云 南	Yunnan	13074.6	1772.9	2306.6	5.5	6539.1	2450.5
西 藏	Tibet	1675.1	1153.8	78.5		366.0	76.9
陕 西	Shaanxi	19557.0	1632.5	1876.5	137.9	14183.9	1726.2
甘 肃	Gansu	9057.4	1226.3	1047.5	7.5	5808.4	967.8
青 海	Qinghai	3462.7	837.8	738.9	19.0	1493.5	373.5
宁 夏	Ningxia	2960.7	244.3	754.3	4.1	1567.9	390.0
新 疆	Xinjiang	9692.6	1818.6	825.1	4.0	5828.5	1216.3
不分地区	Not Classified by Region	4699.9	753.7	1329.1	13.7	1190.1	1413.3

1-15 按主要行业分全社会固定资产投资
Total Investment in Fixed Assets in the Whole Country by Sector

单位：亿元　　(100 million yuan)

年份 地区	Year Region	合计 Total	农、林、牧、渔业 Agriculture, Forestry, Animal Husbandry and Fishery	采矿业 Mining	制造业 Manufacturing	电力、燃气及水生产和供应业 Production and Supply of Electricity, Heat, Gas and Water
	2005	88773.6	2323.7	3587.4	26576.0	7554.4
	2006	109998.2	2749.9	4678.4	34089.5	8585.7
	2007	137323.9	3403.5	5878.8	44505.1	9467.6
	2008	172828.4	5064.5	7705.8	56702.4	10997.2
	2009	224598.8	6894.9	9210.8	70612.9	14434.6
	2010	278121.9	7923.1	11000.9	88619.2	15679.7
	2011	311485.1	8757.8	11747.0	102712.9	14659.7
	2012	374694.7	10996.4	13300.8	124550.0	16672.7
	2013	446294.1	13478.8	14650.8	147705.0	19634.7
	2014	512020.7	16573.8	14538.9	167025.3	22829.7
	2015	561999.8	21042.7	12970.8	180370.4	26722.8
	2016	606465.7	24853.1	10320.3	187962.1	29747.7
北　京	Beijing	7943.9	104.7	2.9	384.8	323.3
天　津	Tianjin	12779.4	324.9	109.6	3230.9	328.3
河　北	Hebei	31750.0	1775.3	442.4	13450.8	1889.8
山　西	Shanxi	14198.0	1978.8	1054.6	2643.4	1264.0
内蒙古	Inner Mongolia	15080.0	1011.3	904.1	3562.4	1903.5
辽　宁	Liaoning	6692.2	245.2	124.3	1765.2	296.6
吉　林	Jilin	13923.2	807.0	450.0	6012.9	546.9
黑龙江	Heilongjiang	10648.3	1178.2	366.0	3024.0	374.1
上　海	Shanghai	6755.9	4.1	0.3	761.3	218.0
江　苏	Jiangsu	49663.2	481.3	72.9	22882.9	1619.7
浙　江	Zhejiang	30276.1	433.0	58.6	7860.4	1217.1
安　徽	Anhui	27033.4	938.2	232.9	10388.3	993.7
福　建	Fujian	23237.4	892.2	220.0	6455.4	1143.9
江　西	Jiangxi	19694.2	538.0	302.0	9190.8	792.2
山　东	Shandong	53322.9	1577.3	499.4	23444.3	2499.6
河　南	Henan	40415.1	2250.4	567.6	16241.4	1731.8
湖　北	Hubei	30011.7	1157.8	329.4	10522.4	939.0
湖　南	Hunan	28353.3	1330.0	499.4	8824.5	950.8
广　东	Guangdong	33303.6	541.3	163.6	9600.6	1297.0
广　西	Guangxi	18236.8	1065.1	276.4	5181.7	938.4
海　南	Hainan	3890.4	56.9	9.7	100.7	111.8
重　庆	Chongqing	16048.1	455.3	200.9	4720.5	480.1
四　川	Sichuan	28812.0	1190.0	419.5	5910.9	1773.4
贵　州	Guizhou	13204.0	457.3	525.6	1723.1	484.7
云　南	Yunnan	16119.4	951.5	378.8	1616.3	855.1
西　藏	Tibet	1596.0	88.0	48.2	38.3	200.9
陕　西	Shaanxi	20825.3	1421.7	673.4	3659.0	1253.1
甘　肃	Gansu	9664.0	702.0	178.9	1315.2	722.9
青　海	Qinghai	3528.1	147.5	97.0	647.0	443.0
宁　夏	Ningxia	3794.2	196.8	47.4	946.3	635.9
新　疆	Xinjiang	10287.5	552.0	579.3	1856.3	1302.9
不分地区	Not Classified by Region	5378.0		485.1		216.4

1-15 续表 1 continued

单位：亿元 (100 million yuan)

年 份 地 区	Year Region	建筑业 Construction	批发和零售业 Wholesale and Retail Trades	交通运输、仓储和邮政业 Transport, Storage and Post	住宿和餐饮业 Hotels and Catering Services	信息传输、软件和信息技术服务业 Information Transmission, Software and Information Technology
	2005	1119.0	1716.4	9614.0	808.8	1581.8
	2006	1125.5	2265.3	12138.1	1095.7	1875.9
	2007	1302.3	2880.3	14154.0	1519.4	1848.1
	2008	1555.9	3741.8	17024.4	1959.2	2162.6
	2009	1992.5	5132.8	24974.7	2625.4	2589.0
	2010	2802.2	6032.2	30074.5	3366.8	2454.5
	2011	3357.1	7439.4	28291.7	3956.6	2174.4
	2012	3739.0	9810.7	31444.9	5153.5	2692.0
	2013	3669.8	12720.5	36790.1	6041.1	3084.9
	2014	4125.8	15800.2	43215.7	6230.1	4110.0
	2015	4956.6	18924.9	49200.0	6546.7	5521.9
	2016	4614.9	18166.9	53890.4	5976.2	6325.5
北 京	Beijing	6.6	30.0	761.6	45.8	198.9
天 津	Tianjin	96.9	847.0	735.1	66.8	165.3
河 北	Hebei	9.5	857.8	2095.3	186.1	239.1
山 西	Shanxi	14.2	369.8	912.6	75.6	100.9
内蒙古	Inner Mongolia	151.1	387.0	1427.7	68.2	126.8
辽 宁	Liaoning	15.1	217.1	661.2	74.2	63.1
吉 林	Jilin	177.9	748.1	1170.0	154.3	226.2
黑龙江	Heilongjiang	205.9	638.1	1134.6	232.5	229.2
上 海	Shanghai	3.1	37.2	944.9	20.6	136.9
江 苏	Jiangsu	130.8	1648.5	2551.0	455.9	635.5
浙 江	Zhejiang	12.0	374.7	2581.9	296.8	318.8
安 徽	Anhui	156.2	935.9	1628.5	275.9	301.7
福 建	Fujian	81.4	416.6	2505.4	192.5	311.1
江 西	Jiangxi	52.8	941.5	965.4	275.5	171.2
山 东	Shandong	1072.1	2361.7	2982.2	375.2	294.4
河 南	Henan	3.6	1236.1	1954.5	358.0	238.9
湖 北	Hubei	475.9	726.6	2833.0	292.1	150.7
湖 南	Hunan	326.4	1118.4	1944.4	296.6	298.3
广 东	Guangdong	38.7	795.3	3032.3	352.4	506.7
广 西	Guangxi	185.0	759.0	1849.8	201.8	223.2
海 南	Hainan	67.2	53.2	467.1	135.5	88.4
重 庆	Chongqing	4.4	224.2	1630.7	160.3	90.9
四 川	Sichuan	23.9	508.2	3738.0	354.5	292.9
贵 州	Guizhou	17.1	273.8	1779.9	227.8	67.0
云 南	Yunnan	2.1	274.5	2577.5	232.4	228.5
西 藏	Tibet	4.0	14.0	542.3	22.0	11.4
陕 西	Shaanxi	29.9	643.5	1584.6	250.0	225.5
甘 肃	Gansu	1007.6	488.6	1100.0	195.6	105.3
青 海	Qinghai	101.5	32.2	589.9	30.1	76.0
宁 夏	Ningxia	0.6	47.3	367.7	20.5	66.5
新 疆	Xinjiang	141.3	161.3	836.1	50.5	136.2
不分地区	Not Classified by Region			4005.1		

1-15 续表 2 continued

单位：亿元 (100 million yuan)

年份 地区	Year Region	金融业 Financial Intermediation	房地产业 Real Estate	租赁和商务服务业 Leasing and Business Services	科学研究和技术服务业 Scientific Research and Technical Services	水利、环境和公共设施管理业 Management of Water Conservancy, Environment and Public Facilities
	2005	109.5	19505.3	549.6	435.1	6274.3
	2006	121.4	24524.4	725.6	495.3	8152.7
	2007	157.6	32438.9	949.3	560.0	10154.3
	2008	260.6	40441.8	1355.9	782.0	13534.3
	2009	360.2	49358.5	2036.2	1200.8	19874.4
	2010	489.4	64877.3	2692.6	1379.3	24827.6
	2011	638.7	81686.1	3382.8	1679.8	24523.1
	2012	923.9	99159.3	4700.4	2475.8	29621.6
	2013	1242.0	118809.4	5893.2	3133.2	37663.9
	2014	1363.0	131348.2	7965.2	4219.1	46225.0
	2015	1367.2	134284.3	9447.9	4752.0	55679.6
	2016	1310.2	142359.4	12341.9	5567.8	68647.6
北京	Beijing	50.6	4726.7	129.2	70.6	722.2
天津	Tianjin	20.4	3290.6	1122.4	301.4	1629.1
河北	Hebei	93.1	5764.9	501.1	351.8	2705.9
山西	Shanxi	9.2	2940.8	164.8	104.6	1873.6
内蒙古	Inner Mongolia	16.8	1829.4	141.6	87.8	2645.3
辽宁	Liaoning	12.9	2255.7	93.1	44.0	505.2
吉林	Jilin	68.5	1251.2	266.9	150.8	1161.3
黑龙江	Heilongjiang	64.8	1190.1	258.7	194.3	864.5
上海	Shanghai	18.5	3720.7	119.9	40.4	474.4
江苏	Jiangsu	141.6	10467.4	1545.7	639.2	3965.4
浙江	Zhejiang	88.9	10281.5	645.9	141.3	4361.4
安徽	Anhui	92.4	6068.3	655.5	345.3	2597.1
福建	Fujian	50.6	5682.5	337.2	116.0	3588.5
江西	Jiangxi	48.9	2775.6	494.7	153.3	2004.4
山东	Shandong	101.8	9405.0	1184.0	1055.7	2959.7
河南	Henan	30.8	9484.1	455.4	252.2	3698.3
湖北	Hubei	33.0	6446.4	806.4	151.9	3735.2
湖南	Hunan	78.6	4906.0	723.5	358.2	4526.2
广东	Guangdong	94.1	12087.4	437.2	223.5	2843.2
广西	Guangxi	72.1	3400.5	560.5	152.5	2076.5
海南	Hainan		2118.0	33.0	38.3	399.3
重庆	Chongqing	12.2	4346.1	244.8	30.8	2839.8
四川	Sichuan	21.3	8543.1	401.2	96.2	3977.1
贵州	Guizhou	13.6	3479.4	324.0	32.4	2960.4
云南	Yunnan	10.2	5484.1	60.0	18.1	2022.1
西藏	Tibet	4.9	176.6	17.3	7.3	193.5
陕西	Shaanxi	22.9	5127.4	259.4	215.5	4026.5
甘肃	Gansu	22.5	1433.7	145.0	79.0	1073.6
青海	Qinghai	4.8	638.8	42.5	39.5	327.4
宁夏	Ningxia	1.0	874.3	22.7	17.2	348.3
新疆	Xinjiang	9.2	2163.4	148.3	58.8	1539.8
不分地区	Not Classified by Region					2.4

1-15 续表 3 continued

单位：亿元 (100 million yuan)

年 份 地 区	Year Region	居民服务、修理和其他服务业 Services to Households, Repair and Other Services	教 育 Education	卫生和社会工作 Health and Social Service	文化、体育和娱乐业 Culture, Sports and Entertainment	公共管理、社会保障和社会组织 Public Management, Social Security and Social Organizations	国际组织 International Organization
	2005	363.5	2209.2	661.8	857.0	2926.8	0.2
	2006	389.5	2270.2	769.0	955.4	2990.5	0.1
	2007	434.7	2375.6	885.0	1243.4	3166.1	
	2008	522.0	2523.8	1155.6	1589.9	3748.5	0.3
	2009	801.9	3521.2	1858.6	2383.4	4735.9	0.2
	2010	1114.1	4033.6	2119.0	2959.4	5676.6	
	2011	1443.3	3894.6	2330.3	3162.0	5647.8	
	2012	1905.0	4613.0	2617.1	4271.3	6047.4	
	2013	2099.3	5433.0	3139.3	5231.1	5874.1	
	2014	2371.7	6708.7	3991.5	6178.4	7200.5	
	2015	2730.3	7726.8	5175.6	6728.3	7851.1	
	2016	2750.9	9326.7	6282.1	7834.2	8187.7	
北 京	Beijing	16.3	139.9	56.9	153.2	19.7	
天 津	Tianjin	167.4	140.4	55.7	119.7	27.6	
河 北	Hebei	95.0	325.3	316.4	461.7	188.9	
山 西	Shanxi	45.2	188.5	167.3	192.9	97.1	
内蒙古	Inner Mongolia	35.2	149.2	127.6	210.5	294.5	
辽 宁	Liaoning	49.0	57.9	66.0	83.6	62.8	
吉 林	Jilin	106.0	123.9	145.4	107.8	248.1	
黑龙江	Heilongjiang	102.4	164.2	156.9	146.7	122.9	
上 海	Shanghai	2.6	79.1	52.8	107.1	14.1	
江 苏	Jiangsu	260.9	590.1	446.4	642.2	485.8	
浙 江	Zhejiang	130.7	506.8	273.1	390.2	302.9	
安 徽	Anhui	109.8	375.4	231.4	242.7	464.2	
福 建	Fujian	51.7	328.2	198.7	324.0	341.5	
江 西	Jiangxi	120.4	218.3	145.6	176.0	327.6	
山 东	Shandong	315.4	745.4	545.9	829.0	1074.9	
河 南	Henan	153.8	533.7	555.9	547.7	121.0	
湖 北	Hubei	142.0	366.7	269.5	324.1	309.8	
湖 南	Hunan	137.0	568.1	414.3	512.8	539.9	
广 东	Guangdong	40.1	514.7	215.3	319.2	201.1	
广 西	Guangxi	112.3	478.4	218.5	223.0	261.9	
海 南	Hainan	10.1	62.5	57.3	63.0	18.6	
重 庆	Chongqing	44.7	243.5	131.7	112.7	74.7	
四 川	Sichuan	60.9	579.3	402.1	234.7	284.9	
贵 州	Guizhou	49.2	326.2	171.7	262.0	28.6	
云 南	Yunnan	59.2	438.8	215.5	186.1	508.6	
西 藏	Tibet	8.0	39.5	17.4	26.2	136.4	
陕 西	Shaanxi	125.8	424.7	307.3	348.8	226.2	
甘 肃	Gansu	147.5	294.3	155.1	292.1	205.2	
青 海	Qinghai	6.1	64.4	26.1	44.7	169.3	
宁 夏	Ningxia	20.2	56.9	45.6	45.3	33.9	
新 疆	Xinjiang	26.6	202.4	92.6	104.4	326.0	
不分地区	Not Classified by Region					669.0	

1-16 分地区居民人均可支配收入与消费支出(2016年)
Per Capita Disposable Income and Consumption Expenditure by Region (2016)

单位：元 (yuan)

地 区	Region	全国居民 Nationwide Households		城镇居民 Urban Households		农村居民 Rural Households	
		人均可支配收入 Per Capita Annual Disposable Income	人均消费支出 Per Capita Annual Consumption Expenditure	人均可支配收入 Per Capita Annual Disposable Income	人均消费支出 Per Capita Annual Consumption Expenditure	人均可支配收入 Per Capita Annual Disposable Income	人均消费支出 Per Capita Annual Consumption Expenditure
全 国	**National Total**	**23821.0**	**17110.7**	**33616.2**	**23078.9**	**12363.4**	**10129.8**
北 京	Beijing	52530.4	35415.7	57275.3	38255.5	22309.5	17329.0
天 津	Tianjin	34074.5	26129.3	37109.6	28344.6	20075.6	15912.1
河 北	Hebei	19725.4	14247.5	28249.4	19105.9	11919.4	9798.3
山 西	Shanxi	19048.9	12682.9	27352.3	16992.8	10082.5	8028.8
内蒙古	Inner Mongolia	24126.6	18072.3	32974.9	22744.5	11609.0	11462.6
辽 宁	Liaoning	26039.7	19852.8	32876.1	24995.9	12880.7	9953.1
吉 林	Jilin	19967.0	14772.6	26530.4	19166.4	12122.9	9521.4
黑龙江	Heilongjiang	19838.5	14445.8	25736.4	18145.2	11831.9	9423.8
上 海	Shanghai	54305.3	37458.3	57691.7	39856.8	25520.4	17070.8
江 苏	Jiangsu	32070.1	22129.9	40151.6	26432.9	17605.6	14428.2
浙 江	Zhejiang	38529.0	25526.6	47237.2	30067.7	22866.1	17358.9
安 徽	Anhui	19998.1	14711.5	29156.0	19606.2	11720.5	10287.3
福 建	Fujian	27607.9	20167.5	36014.3	25005.5	14999.2	12910.8
江 西	Jiangxi	20109.6	13258.6	28673.3	17695.6	12137.7	9128.3
山 东	Shandong	24685.3	15926.4	34012.1	21495.3	13954.1	9518.9
河 南	Henan	18443.1	12712.3	27232.9	18087.8	11696.7	8586.6
湖 北	Hubei	21786.6	15888.7	29385.8	20040.0	12725.0	10938.3
湖 南	Hunan	21114.8	15750.5	31283.9	21420.0	11930.4	10629.9
广 东	Guangdong	30295.8	23448.4	37684.3	28613.3	14512.2	12414.8
广 西	Guangxi	18305.1	12295.2	28324.4	17268.5	10359.5	8351.2
海 南	Hainan	20653.4	14275.4	28453.5	19015.5	11842.9	8921.2
重 庆	Chongqing	22034.1	16384.8	29610.0	21030.9	11548.8	9954.4
四 川	Sichuan	18808.3	14838.5	28335.3	20659.8	11203.1	10191.6
贵 州	Guizhou	15121.1	11931.6	26742.6	19201.7	8090.3	7533.3
云 南	Yunnan	16719.9	11768.8	28610.6	18622.4	9019.8	7330.5
西 藏	Tibet	13639.2	9318.7	27802.4	19440.5	9093.8	6070.3
陕 西	Shaanxi	18873.7	13943.0	28440.1	19368.9	9396.4	8567.7
甘 肃	Gansu	14670.3	12254.2	25693.5	19539.2	7456.9	7487.0
青 海	Qinghai	17301.8	14774.7	26757.4	20853.2	8664.4	9222.2
宁 夏	Ningxia	18832.3	14965.4	27153.0	20364.2	9851.6	9138.4
新 疆	Xinjiang	18354.7	14066.5	28463.4	21228.5	10183.2	8277.0

1-17 居民收入与支出
Income and Consumption Expenditure

单位：元 (yuan)

年 份 Year	全国居民 Nationwide		城镇居民 Urban		农村居民 Rural	
	人均可支配收入 Per Capita Disposable Income	人均消费支出 Per Capita Consumption Expenditure	人均可支配收入 Per Capita Disposable Income	人均消费支出 Per Capita Consumption Expenditure	人均可支配收入 Per Capita Disposable Income	人均消费支出 Per Capita Consumption Expenditure
2013	18311	13220	26467	18488	9430	7485
2014	20167	14491	28844	19968	10489	8383
2015	21966	15712	31195	21392	11422	9223
2016	23821	17111	33616	23079	12363	10130

注：数据来源于国家统计局开展的城乡一体化住户收支与生活状况调查。
a) Data above are from the integrated household income and expenditure surveys of the NBS,including both urban and rural households.

1-18 货物进出口总额
Total Value of Imports and Exports

年 份 Year	人民币（亿元） CNY 100 million				美元（亿美元） USD 100 million			
	进出口总 额 Total Imports & Exports	出口总额 Total Exports	进口总额 Total Imports	差 额 Balance	进出口总 额 Total Imports & Exports	出口总额 Total Exports	进口总额 Total Imports	差 额 Balance
2005	116921.8	62648.1	54273.7	8374.4	14219.1	7619.5	6599.5	1020.0
2006	140974.0	77597.2	63376.9	14220.3	17604.4	9689.8	7914.6	1775.2
2007	166924.1	93627.1	73296.9	20330.2	21761.8	12200.6	9561.2	2639.4
2008	179921.5	100394.9	79526.5	20868.4	25632.6	14306.9	11325.7	2981.2
2009	150648.1	82029.7	68618.4	13411.3	22075.4	12016.1	10059.2	1956.9
2010	201722.1	107022.8	94699.3	12323.5	29740.0	15777.5	13962.4	1815.1
2011	236402.0	123240.6	113161.4	10079.2	36418.6	18983.8	17434.8	1549.0
2012	244160.2	129359.3	114801.0	14558.3	38671.2	20487.1	18184.1	2303.1
2013	258168.9	137131.4	121037.5	16094.0	41589.9	22090.0	19499.9	2590.1
2014	264241.8	143883.7	120358.0	23525.7	43015.3	23422.9	19592.3	3830.6
2015	245502.9	141166.8	104336.1	36830.7	39530.3	22734.7	16795.6	5939.0
2016	243386.5	138419.3	104967.2	33452.1	36855.6	20976.3	15879.3	5097.1

注：本表为海关进出口统计数(下表同)。
a)Data in this table are from Customs statistics. The same applies to the table following.

1-19 分地区货物进出口总额(2016年)
Total Value of Imports and Exports by Region (2016)

单位：万美元 (USD 10 000)

地区	Region	按收发货人所在地分 By Location of Importers/Exporters			按境内目的地和货源地分 By Place of Destination or Origin in China		
		进出口 Total	出口 Exports	进口 Imports	进出口 Total	出口 Exports	进口 Imports
全国	**National Total**	**368555741**	**209763119**	**158792622**	**368555741**	**209763119**	**158792622**
北京	Beijing	28234896	5202284	23032612	12232232	2545583	9686649
天津	Tianjin	10265595	4427869	5837725	10697369	4165702	6531668
河北	Hebei	4667538	3057554	1609984	7499146	4399827	3099319
山西	Shanxi	1666141	993219	672922	1883934	1252731	631203
内蒙古	Inner Mongolia	1164030	439599	724431	1322472	519570	802902
辽宁	Liaoning	8655690	4306277	4349413	9612824	4481363	5131461
吉林	Jilin	1845289	420201	1425088	1924134	490726	1433409
黑龙江	Heilongjiang	1653918	503553	1150365	1394169	491955	902214
上海	Shanghai	43376819	18335213	25041606	40461381	16638077	23823304
江苏	Jiangsu	50929641	31905309	19024332	54713575	33095875	21617700
浙江	Zhejiang	33657591	26786375	6871216	34344920	27344970	6999950
安徽	Anhui	4441286	2844668	1596618	4096884	2596629	1500255
福建	Fujian	15682619	10367799	5314821	13680368	8722975	4957393
江西	Jiangxi	4002841	2979840	1023001	3536225	2414947	1121277
山东	Shandong	23435585	13709609	9725976	27339622	14431326	12908296
河南	Henan	7121310	4280551	2840759	7411383	4532273	2879110
湖北	Hubei	3938877	2603934	1334943	3901544	2476326	1425218
湖南	Hunan	2624347	1769254	855093	2315396	1427500	887896
广东	Guangdong	95529801	59860199	35669602	106012356	65413652	40598704
广西	Guangxi	4762743	2292641	2470102	4390506	1262617	3127889
海南	Hainan	1134843	212580	922263	1217444	346879	870564
重庆	Chongqing	6275364	4065438	2209926	5185066	3355524	1829542
四川	Sichuan	4930625	2794762	2135863	4805674	2620151	2185523
贵州	Guizhou	569962	474279	95683	520406	399211	121194
云南	Yunnan	1990236	1149031	841205	1741402	885517	855885
西藏	Tibet	78192	47173	31020	59209	47183	12027
陕西	Shaanxi	2994722	1583756	1410966	2946867	1580336	1366532
甘肃	Gansu	683298	406256	277042	446960	191568	255392
青海	Qinghai	152920	137006	15914	52048	35839	16208
宁夏	Ningxia	325249	248675	76574	310341	205259	105082
新疆	Xinjiang	1763774	1558217	205558	2499887	1391030	1108857

1-20 一般公共预算收入及增速
General Public Budget Revenue and Its Increase Rate

年 份 Year	一般公共预算收入（亿元） General Public Budget Revenue (100 million yuan)			构成 (%) Composition (%)		一般公共预算收入增长速度 (%) Increase Rate (%)
		中央 Central Government	地方 Local Governments	中央 Central Government	地方 Local Governments	
2005	31649.3	16548.5	15100.8	52.3	47.7	19.9
2006	38760.2	20456.6	18303.6	52.8	47.2	22.5
2007	51321.8	27749.2	23572.6	54.1	45.9	32.4
2008	61330.4	32680.6	28649.8	53.3	46.7	19.5
2009	68518.3	35915.7	32602.6	52.4	47.6	11.7
2010	83101.5	42488.5	40613.0	51.1	48.9	21.3
2011	103874.4	51327.3	52547.1	49.4	50.6	25.0
2012	117253.5	56175.2	61078.3	47.9	52.1	12.9
2013	129209.6	60198.5	69011.2	46.6	53.4	10.2
2014	140370.0	64493.5	75876.6	45.9	54.1	8.6
2015	152269.2	69267.2	83002.0	45.5	54.5	5.8
2016	159605.0	72365.6	87239.4	45.3	54.7	4.5

注：预算收入中不包括国内外债务收入。
a)Budget Revenue does not include the receipts of domestic and foreign debts.

1-21 一般公共预算支出及增速
General Public Budget Expenditure and Its Increase Rate

年 份 Year	一般公共预算支出（亿元） General Public Budget Expenditure (100 million yuan)			构成 (%) Composition (%)		一般公共预算支出增长速度 (%) Increase Rate (%)
		中央 Central Government	地方 Local Governments	中央 Central Government	地方 Local Governments	
2005	33930.3	8776.0	25154.3	25.9	74.1	19.1
2006	40422.7	9991.4	30431.3	24.7	75.3	19.1
2007	49781.4	11442.1	38339.3	23.0	77.0	23.2
2008	62592.7	13344.2	49248.5	21.3	78.7	25.7
2009	76299.9	15255.8	61044.1	20.0	80.0	21.9
2010	89874.2	15989.7	73884.4	17.8	82.2	17.8
2011	109247.8	16514.1	92733.7	15.1	84.9	21.6
2012	125953.0	18764.6	107188.3	14.9	85.1	15.3
2013	140212.1	20471.8	119740.3	14.6	85.4	11.3
2014	151785.6	22570.1	129215.5	14.9	85.1	8.3
2015	175877.8	25542.2	150335.6	14.5	85.5	13.2
2016	187755.2	27403.9	160351.4	14.6	85.4	6.3

注：预算支出中包括国内外债务付息支出。
a) Budget expenditures include the interest payment on domestic and foreign debts.

1-22 分地区一般公共预算收入和支出（2016年）
General Public Budget Revenue and Expenditure by Region (2016)

单位：亿元 (100 million yuan)

地 区	Region	地方一般公共预算收入 General Public Budget Revenue	税收收入 Tax Revenue	非税收入 Non-tax Revenue	地方一般公共预算支出 General Public Budget Expenditure
地方合计	**Region Total**	**87239.35**	**64691.69**	**22547.66**	**160351.36**
北 京	Beijing	5081.26	4452.97	628.29	6406.77
天 津	Tianjin	2723.50	1624.22	1099.28	3699.43
河 北	Hebei	2849.87	1996.12	853.75	6049.53
山 西	Shanxi	1557.00	1036.67	520.33	3428.86
内蒙古	Inner Mongolia	2016.43	1335.88	680.55	4512.71
辽 宁	Liaoning	2200.49	1687.45	513.04	4577.47
吉 林	Jilin	1263.78	872.97	390.81	3586.09
黑龙江	Heilongjiang	1148.41	827.85	320.56	4227.34
上 海	Shanghai	6406.13	5625.90	780.23	6918.94
江 苏	Jiangsu	8121.23	6531.83	1589.40	9981.96
浙 江	Zhejiang	5301.98	4540.09	761.89	6974.26
安 徽	Anhui	2672.79	1857.53	815.26	5522.95
福 建	Fujian	2654.83	1962.72	692.11	4275.40
江 西	Jiangxi	2151.47	1471.10	680.37	4617.40
山 东	Shandong	5860.18	4212.59	1647.59	8755.21
河 南	Henan	3153.47	2158.44	995.03	7453.74
湖 北	Hubei	3102.06	2122.93	979.13	6422.98
湖 南	Hunan	2697.88	1551.33	1146.55	6339.16
广 东	Guangdong	10390.35	8098.63	2291.72	13446.09
广 西	Guangxi	1556.27	1036.22	520.05	4441.70
海 南	Hainan	637.51	504.96	132.55	1376.48
重 庆	Chongqing	2227.91	1438.45	789.46	4001.81
四 川	Sichuan	3388.85	2329.23	1059.62	8008.89
贵 州	Guizhou	1561.34	1120.44	440.90	4262.36
云 南	Yunnan	1812.29	1173.52	638.77	5018.86
西 藏	Tibet	155.99	99.05	56.94	1587.98
陕 西	Shaanxi	1833.99	1204.39	629.60	4389.37
甘 肃	Gansu	786.97	526.00	260.97	3150.03
青 海	Qinghai	238.51	176.48	62.03	1524.80
宁 夏	Ningxia	387.66	246.55	141.11	1254.54
新 疆	Xinjiang	1298.95	869.18	429.77	4138.25

1-23 旅游业发展情况
Development of Tourism

年 份 Year	国际旅游(外汇)收入(亿美元) Foreign Exchange Earnings from International Tourism (100 million USD)	国内旅游收入(亿元) Earnings from Domestic Tourism (100 million yuan)	国内游客(亿人次) Number of Domestic Visitors (100 million person-times)	入境游客(万人次) Number of Overseas Visitors Arrivals (10 000 person-times)	国内居民出境人数(万人次) Number of Chinese Outbound Visitors (10 000 person-times)	旅行社数(个) Number of Travel Agencies (unit)
2005	293.0	5285.9	12.1	12029.2	3102.6	16245
2006	339.5	6229.7	13.9	12494.2	3452.4	17957
2007	419.2	7770.6	16.1	13187.3	4095.4	18943
2008	408.4	8749.3	17.1	13002.7	4584.4	20110
2009	396.8	10183.7	19.0	12647.6	4765.6	20399
2010	458.1	12579.8	21.0	13376.2	5738.7	22784
2011	484.6	19305.4	26.4	13542.4	7025.0	23690
2012	500.3	22706.2	29.6	13240.5	8318.2	24944
2013	516.6	26276.1	32.6	12907.8	9818.5	26054
2014	569.1	30311.9	36.1	12849.8	11659.3	26650
2015	1136.5	34195.1	40.0	13382.0	12786.0	27621
2016	1200.0	39390.0	44.4	13844.4	13513.0	

注：2015年以后，“国际旅游(外汇)收入”补充完善了停留时间为3-12个月的入境游客花费和游客在华短期旅居的花费，与以前年度不可比。

a)Since 2015, Foreign Exchange Earnings from International Tourism has supplemented and improved the cost of inbound tourists and short-term tourists for the term of 3-12 months in China, so it is not comparable with the previous year.

1-24 国内旅游情况
Domestic Tourism

年 份 Year	国内游客(百万人次) Domestic Tourists (million person-times)	城镇居民 Urban Residents	农村居民 Rural Residents	旅游总花费(亿元) Tourism Expenditure (100 million yuan)	城镇居民 Urban Residents	农村居民 Rural Residents	人均花费(元) Per Capita Expenditure (yuan)	城镇居民 Urban Residents	农村居民 Rural Residents
2005	1212	496	716	5285.9	3656.1	1629.7	436.1	737.1	227.6
2006	1394	576	818	6229.7	4414.7	1815.0	446.9	766.4	221.9
2007	1610	612	998	7770.6	5550.4	2220.2	482.6	906.9	222.5
2008	1712	703	1009	8749.3	5971.7	2777.6	511.0	849.4	275.3
2009	1902	903	999	10183.7	7233.8	2949.9	535.4	801.1	295.3
2010	2103	1065	1038	12579.8	9403.8	3176.0	598.2	883.0	306.0
2011	2641	1687	954	19305.4	14808.6	4496.8	731.0	877.8	471.4
2012	2957	1933	1024	22706.2	17678.0	5028.2	767.9	914.5	491.0
2013	3262	2186	1076	26276.1	20692.6	5583.5	805.5	946.6	518.9
2014	3611	2483	1128	30311.9	24219.8	6092.1	839.7	975.4	540.2
2015	4000	2802	1188	34195.1	27610.9	6584.2	857.0	985.5	554.2
2016	4440	3195	1240	39390.0	32241.3	7147.8	888.2	1009.1	576.4

1-25 分地区接待入境过夜游客
Number of Overseas Visitor Arrivals by Region

单位：万人次 (10 000 person-times)

地 区	Region	2012 总计 Total	2012 #外国人 Foreigners	2013 总计 Total	2013 #外国人 Foreigners	2014 总计 Total	2014 #外国人 Foreigners	2015 总计 Total	2015 #外国人 Foreigners	2016 总计 Total	2016 #外国人 Foreigners
北 京	Beijing	500.9	434.4	450.1	387.6	427.5	365.5	420.0	357.6	416.5	354.8
天 津	Tianjin	73.8	63.7	75.9	66.0	76.6	67.5	78.5	69.0	82.4	71.9
河 北	Hebei	129.3	106.7	84.3	70.0	75.6	60.3	76.6	59.9	83.8	66.0
山 西	Shanxi	189.2	120.4	53.8	38.9	56.6	36.1	59.4	38.0	63.0	40.4
内蒙古	Inner Mongolia	159.2	151.5	161.6	155.3	167.3	160.2	160.8	153.4	177.9	168.2
辽 宁	Liaoning	473.1	388.6	256.0	173.6	260.7	200.6	264.0	204.6	273.7	212.2
吉 林	Jilin	118.3	100.9	124.3	107.6	130.6	113.3	148.1	129.2	162.0	142.2
黑龙江	Heilongjiang	207.6	194.7	152.9	145.0	141.7	132.3	83.5	78.7	95.7	90.9
上 海	Shanghai	651.2	539.6	614.1	511.1	639.6	523.3	653.6	540.7	690.4	572.6
江 苏	Jiangsu	791.5	575.2	288.0	193.4	297.1	197.0	305.0	200.8	329.8	218.0
浙 江	Zhejiang	865.9	570.5	337.6	252.1	370.9	269.8	459.0	334.0	525.6	387.3
安 徽	Anhui	331.5	190.4	272.0	167.1	280.2	160.8	291.1	171.2	313.4	184.5
福 建	Fujian	493.7	167.0	294.0	114.5	318.9	127.4	332.7	133.7	611.5	254.1
江 西	Jiangxi	156.2	50.4	123.9	40.3	147.7	44.7	155.9	44.9	164.8	49.8
山 东	Shandong	469.9	342.2	286.0	206.1	300.2	218.1	312.2	226.4	328.8	237.7
河 南	Henan	190.8	118.7	127.4	73.0	124.8	71.8	135.3	84.4	149.9	95.8
湖 北	Hubei	264.7	193.0	268.0	204.7	277.1	213.3	311.8	239.8	337.6	254.7
湖 南	Hunan	224.6	90.6	230.7	87.7	219.5	100.1	226.1	118.2	240.8	127.4
广 东	Guangdong	3489.4	773.1	3397.9	760.5	3355.4	775.2	3450.4	783.6	3507.2	909.5
广 西	Guangxi	350.3	192.7	281.7	150.9	295.8	146.8	450.4	239.2	482.5	252.0
海 南	Hainan	81.6	52.0	75.6	50.1	66.1	42.2	60.8	35.6	74.9	47.0
重 庆	Chongqing	224.3	152.6	115.2	77.0	126.4	80.6	148.1	99.0	180.9	119.0
四 川	Sichuan	227.3	151.3	209.6	147.3	240.2	169.7	273.2	193.4	308.8	219.2
贵 州	Guizhou	70.5	30.4	62.4	27.2	65.3	28.5	68.6	29.9	72.3	31.9
云 南	Yunnan	457.8	329.8	287.9	212.5	286.6	206.2	570.1	420.0	600.4	450.7
西 藏	Tibet	19.5	17.5	22.3	18.7	24.4	20.0	29.3	14.3	32.2	21.1
陕 西	Shaanxi	335.2	233.7	253.5	178.9	266.3	185.8	293.0	194.2	338.2	228.5
甘 肃	Gansu	10.2	6.7	9.8	6.3	4.9	2.9	5.5	3.2	7.2	4.0
青 海	Qinghai	4.7	3.8	4.7	4.1	5.2	4.1	6.5	4.5	7.0	5.0
宁 夏	Ningxia	1.9	1.4	2.5	1.5	3.4	1.5	3.7	1.8	5.1	2.4
新 疆	Xinjiang	62.5	49.0	68.9	60.1	54.0	47.7	53.1	45.9	58.2	51.6

1-26 分地区国际旅游(外汇)收入
Foreign Exchange Earnings from International Tourism by Region

单位：百万美元 (USD million)

地 区	Region	2009	2010	2011	2012	2013	2014	2015	2016
北 京	Beijing	4356.7	5044.6	5416.0	5149.0	4794.7	4608.0	4605.0	5070.0
天 津	Tianjin	1182.6	1419.5	1755.5	2226.4	2591.3	2992.1	3298.1	3556.9
河 北	Hebei	307.8	350.7	447.7	544.9	585.8	534.2	501.9	552.4
山 西	Shanxi	377.9	464.6	567.2	720.2	822.7	280.7	297.1	317.4
内蒙古	Inner Mongolia	558.3	601.9	671.0	772.0	962.3	1003.0	962.5	1139.0
辽 宁	Liaoning	1856.2	2259.3	2713.1	3263.7	3477.1	1618.0	1636.5	1823.9
吉 林	Jilin	242.9	304.9	385.3	494.8	552.4	583.9	724.1	791.2
黑龙江	Heilongjiang	638.7	762.5	917.6	835.5	604.4	563.6	395.3	458.1
上 海	Shanghai	4744.0	6340.9	5751.2	5493.2	5244.7	5601.9	5860.4	6419.2
江 苏	Jiangsu	4016.0	4783.4	5653.0	6299.7	2379.9	3032.7	3527.3	3803.6
浙 江	Zhejiang	3223.6	3930.2	4541.7	5151.7	5392.9	5753.5	6788.5	3127.6
安 徽	Anhui	565.8	709.0	1179.2	1562.7	1660.4	1840.3	2262.9	2542.4
福 建	Fujian	2599.2	2978.2	3634.4	4225.7	4573.4	4911.8	5561.4	6625.7
江 西	Jiangxi	289.8	346.0	415.0	484.7	525.1	556.9	567.0	584.5
山 东	Shandong	1765.3	2155.0	2550.8	2923.7	2731.2	2330.1	2896.5	3063.4
河 南	Henan	433.0	498.8	549.0	611.4	660.0	538.4	623.6	646.5
湖 北	Hubei	510.2	751.2	940.2	1203.0	1218.9	1238.5	1671.9	1872.4
湖 南	Hunan	672.7	906.2	1014.3	928.4	822.7	800.0	857.7	1004.6
广 东	Guangdong	10028.1	12382.6	13906.2	15610.7	16278.1	17106.4	17884.7	18577.1
广 西	Guangxi	643.3	806.2	1051.9	1278.9	1547.3	1572.1	1916.9	2164.3
海 南	Hainan	276.7	322.4	376.2	348.0	337.5	268.6	248.5	349.9
重 庆	Chongqing	537.2	703.2	968.1	1168.3	1268.3	1354.4	1468.6	1686.8
四 川	Sichuan	288.6	354.1	593.8	798.2	764.8	857.7	1180.9	1581.7
贵 州	Guizhou	110.4	129.6	135.1	168.9	201.4	188.8	231.3	252.7
云 南	Yunnan	1172.2	1323.7	1608.6	1947.1	2418.2	2420.7	2875.5	3074.8
西 藏	Tibet	78.7	103.6	129.6	105.7	127.9	144.7	176.7	194.4
陕 西	Shaanxi	771.1	1016.0	1295.1	1597.5	1676.2	1768.7	2000.2	2338.6
甘 肃	Gansu	12.5	14.8	17.4	22.4	20.4	10.2	14.2	19.1
青 海	Qinghai	15.4	20.5	26.6	24.3	19.4	24.7	38.8	44.2
宁 夏	Ningxia	4.4	6.0	6.2	5.5	12.1	18.5	20.8	40.6
新 疆	Xinjiang	136.6	185.4	465.2	550.6	585.0	497.0	555.9	518.7

2

文化及相关产业发展情况

Development of Culture and Related Industries

2-1-1 文化及相关产业法人单位数
Number of Legal Entities Engaged in Culture and Related Industries

年 份	Year	法人单位数 Number of Legal Entities	文化制造业 Culture Manufacture	文化批发和零售业 Culture Wholesale and Retail Trade	文化服务业 Culture Service
绝对数(万个)	Number (10 000 units)				
	2004	31.79	6.89	5.11	19.79
	2008	46.08	8.88	5.53	31.66
	2012	66.30	13.30	11.34	41.66
	2013	91.85	16.25	13.99	61.61
	2014	99.62	17.26	15.28	67.08
	2015	114.03	19.16	17.73	77.14
	2016	130.02	18.33	16.77	94.92
构成(%)	Composition(%)				
	2004	100.00	21.67	16.07	62.25
	2008	100.00	19.27	12.00	68.71
	2012	100.00	20.06	17.10	62.84
	2013	100.00	17.69	15.23	67.08
	2014	100.00	17.33	15.34	67.33
	2015	100.00	16.80	15.55	67.65
	2016	100.00	14.10	12.90	73.00

注：1.2004年和2008年数据分别来自第一、第二次全国经济普查，统计范围为2004年《文化及相关产业分类》规定的行业范围。
2.2012年数据来自国家统计局2012年文化及相关产业法人单位核查认定结果，统计范围为《文化及相关产业分类(2012)》规定的行业范围。
3.2013年数据来自第三次全国经济普查，统计范围为《文化及相关产业分类(2012)》规定的行业范围。

a)Data of 2004 and 2008 are based on the first and second National Economic Census,and the statistical scope of data follows Classification of Culture and Related Industries issued in 2004.

b)Data of 2012 are based on the verification of legal entities of culture and related industries in 2012,… and the statistical scope of data follows Classification of Culture and Related Industries (2012).

c)Data of 2013 are based on the third National Economic Census, and the statistical scope of data follows Classification of Culture and Related Industries(2012).

2-1-2 文化及相关产业法人单位数(2016年)
Number of Legal Entities Engaged in Culture and Related Industries (2016)

单位：个，% (unit,%)

类 别	Category	法人单位数 Number of Legal Entities	构成 Composition
合 计	**Total**	**1300214**	**100.0**
一、新闻出版发行服务	News,Publishing and Issuing Service	27298	2.1
二、广播电视电影服务	Radio,TV and Films Service	28932	2.2
三、文化艺术服务	Culture and Arts	185436	14.3
四、文化信息传输服务	Transmission of Culture Information	37399	2.9
五、文化创意和设计服务	Culture Originality and Design	374993	28.8
六、文化休闲娱乐服务	Culture Leisure and Entertainment	219387	16.9
七、工艺美术品的生产	Manufacture of Arts and Crafts Products	106843	8.2
八、文化产品生产的辅助生产	Supplementary Manufacture of Culture Products	172806	13.3
九、文化用品的生产	Manufacture of Culture Article	132374	10.2
十、文化专用设备的生产	Manufacture of Culture Equipment	14746	1.1

注：具体类别参见附录三：《文化及相关产业分类(2012)》(以下相关表同)。

a)Details on more categories refer to Appendix 3: Classification of Culture and Related Industries (2012). The same applies to the relevant tables following.

2-1-3 文化及相关产业增加值及占GDP比重
Value-added of Culture and Related Industries and Its Percentage to GDP

年 份 Year	增加值 (亿元) Value-added (100 million yuan)	增长 (现价，%) Increase Rate (current price,%)	占GDP比重 (%) as Percentage of GDP (%)
2004	3440		2.15
2005	4253	37.1	2.30
2006	5123	20.5	2.37
2007	6455	26.0	2.43
2008	7630	18.2	2.43
2009	8786	22.6	2.52
2010	11052	25.8	2.75
2011	13479	22.0	2.85
2012	18071	16.5	3.48
2013	21870	11.1	3.67
2014	24538	12.2	3.81
2015	27235	11.0	3.95
2016	30785	13.0	4.14

注：1. 2004-2011年按2004年《文化及相关产业分类》规定的行业范围进行测算，2012年起按《文化及相关产业分类(2012)》规定的行业范围进行测算(下表同)。
2. 2004年、2008年根据经济普查数据测算，其他年份根据年报数据测算(下表同)。
3. 2009-2012年仅包括法人单位数据，其他年份为包括个体经营户在内的全口径数据。
4. 2011年按新标准调整为15516亿元、占GDP比重修正为3.28%。2012年的增长速度按新标准进行测算。
5. 实施研发支出核算方法改革后，对2013年以来的文化产业增加值数据进行了修订。2013年的增长速度仅指数据修订前法人单位增加值的增速。

a)Data of 2004-2011 are caculated according to the scope of Classification of Culture and Related Industries issued in 2004, and data of 2012 is calculated accoring to new Classfication of Culture and Relate Industries (2012).The same applies to the table following.
b)Data of 2004 and 2008 are based on National Economic Census, and other data are base on annual report.The same applies to the table following.
c)Data of 2009-2012 only include legal entities. Data of other years are calculated of the full aperture data, including individual enterprises.
d)Following the new Classification of Culture and Related Industries(2012),value-added of culture and related industry in 2011 is revised as 1551600 million yuan, and its percentage to GDP is revised as 3.28%.The increase rate of 2012 is calculated with the revised data.
e)As methology of R&D expenditure accounting is reformed, data of value-added since 2013 are adjusted. Growth in 2013 only refers to the growth rate of the legal entities before adjustment.

2-1-4 文化及相关产业法人单位增加值及构成
Value-added and Composition of Culture and Related Industries

单位：亿元，% (100 million yuan,%)

年 份 Year	增加值 Total Value-added	文化制造业 Culture Manufacture	文化批发和零售业 Culture Wholesale and Retail Trade	文化服务业 Culture Service	构成 Composition: 文化制造业 Culture Manufacture	构成 Composition: 文化批发和零售业 Culture Wholesale and Retail Trade	构成 Composition: 文化服务业 Culture Service
2004	3102	1481	328	1293	47.7	10.6	41.7
2008	7166	2945	527	3695	41.1	7.4	51.5
2009	8786	3555	522	4709	40.5	5.9	53.6
2010	11052	4391	638	6023	39.7	5.8	54.5
2011	13479	5123	725	7631	38.0	5.4	56.6
2012	18071	7253	1187	9631	40.1	6.6	53.3
2013	21870	9418	2146	10307	43.1	9.8	47.1
2014	24538	10201	2386	11952	41.6	9.7	48.7
2015	27235	11053	2542	13640	40.6	9.3	50.1
2016	30785	11889	2872	16024	38.6	9.3	52.1

注：2013年起，增加值数据为包含个体经营户在内的全口径数据。
a)Since 2013,data of value-added are calculated of the full aperture data, including individual enterprises.

2-1-5 分地区文化及相关产业增加值及占GDP比重

Value-added of Culture and Related Industries and Its Percentage to GDP by Region

单位：亿元，%　　　　(100 million yuan，%)

地　区	Region	2015		2016	
		增加值 Value-added	占GDP比重 as Percentage of GDP	增加值 Value-added	占GDP比重 as Percentage of GDP
北　京	Beijing	1928.3	8.38	2105.8	8.20
天　津	Tianjin	784.4	4.74	802.3	4.49
河　北	Hebei	960.4	3.22	1090.2	3.40
山　西	Shanxi	268.7	2.10	291.8	2.24
内蒙古	Inner Mongolia	323.1	1.81	350.1	1.93
辽　宁	Liaoning	651.2	2.27	550.6	2.48
吉　林	Jilin	162.3	1.15	184.1	1.25
黑龙江	Heilongjiang	383.6	2.54	385.9	2.51
上　海	Shanghai	1632.7	6.50	1861.7	6.61
江　苏	Jiangsu	3481.9	4.97	3863.9	4.99
浙　江	Zhejiang	2385.5	5.56	2745.6	5.81
安　徽	Anhui	833.7	3.79	976.3	4.00
福　建	Fujian	1070.9	4.12	1190.3	4.13
江　西	Jiangxi	613.9	3.67	703.0	3.80
山　东	Shandong	2481.0	3.94	2836.8	4.17
河　南	Henan	1111.9	3.00	1212.8	3.00
湖　北	Hubei	853.8	2.89	954.5	2.92
湖　南	Hunan	1371.6	4.75	1459.3	4.63
广　东	Guangdong	3648.8	5.01	4256.6	5.26
广　西	Guangxi	424.2	2.52	449.1	2.45
海　南	Hainan	110.3	2.98	114.7	2.83
重　庆	Chongqing	540.5	3.44	592.7	3.34
四　川	Sichuan	1141.2	3.80	1323.8	4.02
贵　州	Guizhou	241.6	2.30	285.3	2.42
云　南	Yunnan	425.1	3.12	453.6	3.07
西　藏	Tibet	26.5	2.58	36.3	3.16
陕　西	Shaanxi	711.9	3.95	802.5	4.14
甘　肃	Gansu	124.2	1.83	146.0	2.03
青　海	Qinghai	54.8	2.27	63.8	2.48
宁　夏	Ningxia	64.9	2.23	74.4	2.35
新　疆	Xinjiang	112.7	1.21	127.9	1.32

注：2016年分地区文化产业增加值数据包含研发支出。
a)Value-added of culture and related industries in 2016 by region include R&D expenditure.

2-1-6 分地区文化及相关产业法人单位主要指标(2004年)
Basic Statistics on Legal Entities Engaged in Culture and Related Industries by Region (2004)

行业 地区	Sector Region	法人单位数 (万个) Number of Legal Entities (10 000 units)	从业人员 (万人) Number of Engaged Persons (10 000 persons)	资产总计 (亿元) Total Assets (100 million yuan)
全国	**National Total**	**31.79**	**873.26**	**18316.6**
文化制造业	Culture Manufacture	6.89	500.29	7862.6
文化批发和零售业	Culture Whole and Retail Trade	5.11	71.50	2778.2
文化服务业	Culture Service	19.79	301.47	7675.9
北京	Beijing	3.03	55.51	2942.4
天津	Tianjin	0.58	15.10	389.8
河北	Hebei	0.71	25.53	360.5
山西	Shanxi	0.57	14.42	142.9
内蒙古	Inner Mongolia	0.32	10.11	78.1
辽宁	Liaoning	1.20	28.25	551.0
吉林	Jilin	0.41	12.29	155.4
黑龙江	Heilongjiang	0.45	15.94	190.2
上海	Shanghai	3.00	50.12	1747.5
江苏	Jiangsu	2.66	71.57	1349.8
浙江	Zhejiang	3.13	79.22	1523.3
安徽	Anhui	0.68	21.61	286.7
福建	Fujian	1.27	48.33	675.0
江西	Jiangxi	0.50	15.69	162.0
山东	Shandong	1.72	75.17	1268.3
河南	Henan	0.93	36.93	366.2
湖北	Hubei	0.74	24.88	369.7
湖南	Hunan	0.75	25.76	438.6
广东	Guangdong	3.63	231.14	3428.6
广西	Guangxi	0.80	19.14	226.9
海南	Hainan	0.18	4.62	152.8
重庆	Chongqing	0.43	14.26	204.3
四川	Sichuan	1.57	36.97	729.5
贵州	Guizhou	0.30	7.69	74.4
云南	Yunnan	0.61	14.66	240.5
西藏	Tibet	0.03	1.50	8.5
陕西	Shaanxi	0.58	16.35	229.0
甘肃	Gansu	0.37	8.50	78.1
青海	Qinghai	0.10	2.93	16.3
宁夏	Ningxia	0.14	3.88	61.8
新疆	Xinjiang	0.39	8.30	104.2

注：本表数据根据第一次全国经济普查数据测算。

a)Data in the table above are based on the first National Economic Census.

2-1-6 续表 continued

行 业 地 区	Sector Region	营业收入(亿元) Business Revenue (100 million yuan)	#主营业务收入 Revenue from Principal Business	法人单位增加值(亿元) Value-added of Legal Entities (100 million yuan)	占GDP比重(%) as Percentage of GDP (%)
全 国	**National Total**	**16561.5**	**16225.2**	**3101.7**	**1.94**
文化制造业	Culture Manufacture	8911.2	8720.0	1480.7	0.93
文化批发和零售业	Culture Whole and Retail Trade	4227.0	4169.2	327.8	0.21
文化服务业	Culture Service	3423.3	3336.0	1293.1	0.81
北 京	Beijing	1749.2		385.9	6.37
天 津	Tianjin	331.4		62.1	2.00
河 北	Hebei	256.2		75.0	0.89
山 西	Shanxi	107.7		36.4	1.02
内蒙古	Inner Mongolia	85.7		32.3	1.07
辽 宁	Liaoning	406.3		89.6	1.34
吉 林	Jilin	102.2		40.6	1.30
黑龙江	Heilongjiang	139.2		47.8	1.01
上 海	Shanghai	1782.3		269.5	3.34
江 苏	Jiangsu	1570.4		258.6	1.72
浙 江	Zhejiang	1366.6		273.1	2.34
安 徽	Anhui	217.3		55.5	1.17
福 建	Fujian	727.7		137.6	2.39
江 西	Jiangxi	130.1		42.0	1.22
山 东	Shandong	1628.6		286.9	1.91
河 南	Henan	381.3		101.4	1.19
湖 北	Hubei	231.1		71.3	1.27
湖 南	Hunan	318.9		108.8	1.93
广 东	Guangdong	4286.2		698.9	3.70
广 西	Guangxi	163.0		51.1	1.49
海 南	Hainan	51.7		13.4	1.68
重 庆	Chongqing	163.5		37.6	1.40
四 川	Sichuan	484.5		85.4	1.34
贵 州	Guizhou	58.7		24.1	1.43
云 南	Yunnan	157.3		47.3	1.54
西 藏	Tibet	4.6		4.6	2.08
陕 西	Shaanxi	151.6		45.7	1.44
甘 肃	Gansu	50.5		18.1	1.07
青 海	Qinghai	11.2		5.1	1.09
宁 夏	Ningxia	33.7		9.8	1.82
新 疆	Xinjiang	65.1		24.6	1.09

2-1-7 分地区文化及相关产业法人单位主要指标(2008年)
Basic Statistics on Legal Entities Engaged in Culture and Related Industries by Region (2008)

行 业 地 区	Sector Region	法人单位数 (万个) Number of Legal Entities (10 000 units)	从业人员 (万人) Number of Engaged Persons (10 000 persons)	资产总计 (亿元) Total Assets (100 million yuan)
全 国	**National Total**	**46.08**	**1008.22**	**27486.6**
文化制造业	Culture Manufacture	8.88	508.14	10438.2
文化批发和零售业	Culture Whole and Retail Trade	5.53	63.59	3177.4
文化服务业	Culture Service	31.66	436.49	13870.9
北 京	Beijing	3.77	58.20	3584.9
天 津	Tianjin	0.91	15.71	918.2
河 北	Hebei	1.22	24.10	475.2
山 西	Shanxi	0.84	13.45	207.0
内蒙古	Inner Mongolia	0.60	9.84	167.8
辽 宁	Liaoning	1.79	27.46	687.1
吉 林	Jilin	0.67	12.89	307.0
黑龙江	Heilongjiang	0.74	13.52	258.6
上 海	Shanghai	2.90	47.37	2261.1
江 苏	Jiangsu	3.72	78.24	2084.9
浙 江	Zhejiang	4.43	87.16	2694.2
安 徽	Anhui	1.30	23.11	447.7
福 建	Fujian	1.80	45.65	1092.2
江 西	Jiangxi	0.69	19.68	349.6
山 东	Shandong	3.38	77.45	1895.3
河 南	Henan	1.62	39.97	618.7
湖 北	Hubei	1.69	25.31	465.0
湖 南	Hunan	1.57	27.48	592.0
广 东	Guangdong	4.91	240.33	5413.3
广 西	Guangxi	1.14	19.56	363.9
海 南	Hainan	0.25	4.76	242.7
重 庆	Chongqing	0.91	12.91	275.2
四 川	Sichuan	1.87	28.29	943.4
贵 州	Guizhou	0.46	6.41	105.9
云 南	Yunnan	0.77	13.27	353.2
西 藏	Tibet	0.05	0.96	18.7
陕 西	Shaanxi	0.88	16.72	354.9
甘 肃	Gansu	0.41	7.39	88.4
青 海	Qinghai	0.12	2.06	19.7
宁 夏	Ningxia	0.16	2.64	84.3
新 疆	Xinjiang	0.51	6.31	116.6

注：本表数据根据第二次全国经济普查数据测算。

a)Data in the table above are based on the second National Economic Census.

2-1-7 续表 continued

行 业 地 区	Sector Region	营业收入(亿元) Business Revenue (100 million yuan)	#主营业务收入 Revenue from Principal Business	法人单位增加值(亿元) Value-added of Legal Entities (100 million yuan)	占GDP比重(%) as Percentage of GDP (%)
全 国	**National Total**	**27244.3**	**26802.2**	**7166**	**2.28**
文化制造业	Culture Manufacture	14477.6	14201.3	2944.8	0.94
文化批发和零售业	Culture Whole and Retail Trade	4504.1	4454.5	526.7	0.17
文化服务业	Culture Service	8262.6	8146.3	3694.6	1.18
北 京	Beijing	2678.0	2634.6	641.4	5.77
天 津	Tianjin	549.3	545.5	92.4	1.38
河 北	Hebei	359.0	355.8	122.4	0.76
山 西	Shanxi	115.7	114.1	72.1	0.99
内蒙古	Inner Mongolia	275.4	273.1	111.2	1.31
辽 宁	Liaoning	688.5	672.1	179.7	1.31
吉 林	Jilin	222.8	220.6	108.9	1.69
黑龙江	Heilongjiang	235.1	231.3	104.1	1.25
上 海	Shanghai	2459.9	2429.1	378.4	2.69
江 苏	Jiangsu	2551.5	2523.0	644.8	2.08
浙 江	Zhejiang	2334.2	2294.1	529.7	2.47
安 徽	Anhui	376.8	371.5	117.8	1.33
福 建	Fujian	1039.4	1029.7	296.5	2.74
江 西	Jiangxi	398.7	396.1	159.2	2.28
山 东	Shandong	2547.0	2453.4	651.0	2.10
河 南	Henan	767.1	759.3	249.7	1.39
湖 北	Hubei	383.8	376.2	158.9	1.40
湖 南	Hunan	611.0	607.0	283.9	2.46
广 东	Guangdong	6565.2	6469.0	1545.0	4.20
广 西	Guangxi	266.5	259.4	99.4	1.42
海 南	Hainan	82.5	81.8	21.7	1.45
重 庆	Chongqing	288.0	284.1	103.8	1.79
四 川	Sichuan	719.4	709.5	182.5	1.45
贵 州	Guizhou	77.8	75.7	26.6	0.75
云 南	Yunnan	224.6	216.3	77.2	1.36
西 藏	Tibet	5.6	5.5	8.7	2.21
陕 西	Shaanxi	235.5	232.6	116.0	1.59
甘 肃	Gansu	57.2	55.1	28.9	0.91
青 海	Qinghai	12.8	12.5	10.3	1.01
宁 夏	Ningxia	35.6	35.3	13.8	1.14
新 疆	Xinjiang	80.6	78.8	30.1	0.72

2-1-8 分地区文化及相关产业法人单位主要指标(2013年)
Basic Statistics on Legal Entities Engaged in Culture and Related Industries by Region (2013)

行 业 地 区	Sector Region	法人单位数(万个) Number of Legal Entities (10 000 units)	从业人员(万人) Number of Engaged Persons (10 000 persons)	资产总计(亿元) Total Assets (100 million yuan)	营业收入(亿元) Business Revenue (100 million yuan)	#主营业务收入 Revenue from Principal Business
全 国	**National Total**	**91.85**	**1760.0**	**95422.1**	**83743.4**	**82611.0**
文化制造业	Culture Manufacture	16.25	805.5	32478.1	43501.9	42916.3
文化批发和零售业	Culture Whole and Retail Trade	13.99	146.1	12290.0	18479.6	18336.7
文化服务业	Culture Service	61.61	808.4	50654.0	21762.0	21358.0
北 京	Beijing	9.78	94.2	9295.8	6408.5	6319.9
天 津	Tianjin	1.99	36.0	3749.3	2287.6	2256.4
河 北	Hebei	2.88	48.5	1869.9	1575.2	1556.3
山 西	Shanxi	1.42	21.1	718.4	306.1	301.6
内蒙古	Inner Mongolia	0.94	13.9	558.9	346.3	337.4
辽 宁	Liaoning	2.66	38.1	1737.6	1507.4	1492.0
吉 林	Jilin	0.79	13.2	481.8	271.4	266.3
黑龙江	Heilongjiang	0.97	14.6	405.4	274.5	270.6
上 海	Shanghai	3.86	71.0	7703.2	7763.2	7681.0
江 苏	Jiangsu	9.49	193.1	11884.4	11101.8	10952.1
浙 江	Zhejiang	8.57	134.3	8335.7	6580.7	6488.7
安 徽	Anhui	3.51	51.1	2290.7	2251.6	2234.7
福 建	Fujian	3.42	77.3	2666.8	3037.6	3010.6
江 西	Jiangxi	1.60	50.9	1424.2	1793.3	1783.6
山 东	Shandong	5.92	130.1	9411.5	8078.0	7949.7
河 南	Henan	3.51	84.8	3047.4	2839.6	2817.0
湖 北	Hubei	3.37	49.1	3207.3	1930.5	1903.5
湖 南	Hunan	3.60	93.2	2710.5	3480.0	3426.0
广 东	Guangdong	10.43	332.4	13550.4	15030.2	14793.8
广 西	Guangxi	1.75	29.5	808.8	733.3	723.1
海 南	Hainan	0.36	6.0	899.7	217.4	209.7
重 庆	Chongqing	2.11	32.2	1792.5	1830.4	1815.2
四 川	Sichuan	2.63	48.8	2653.0	2021.3	1994.1
贵 州	Guizhou	0.99	13.1	701.6	259.8	251.3
云 南	Yunnan	1.42	21.6	1052.2	521.7	505.3
西 藏	Tibet	0.08	1.7	41.2	23.1	22.7
陕 西	Shaanxi	1.71	27.9	1476.8	751.1	741.5
甘 肃	Gansu	0.89	13.8	346.3	169.5	164.1
青 海	Qinghai	0.22	4.1	187.4	144.5	143.3
宁 夏	Ningxia	0.28	4.1	165.5	53.0	48.7
新 疆	Xinjiang	0.73	10.1	248.0	154.8	150.7

注：本表数据来自第三次全国经济普查。

a)Data in the table above are based on the third National Economic Census.

2-2-1 文化及相关产业固定资产投资实际到位资金
Actual Funds for Investment in Fixed Assets of Culture and Related Industries

单位：亿元 (100 million yuan)

年 份 Year	合计 Total	国家预算资金 State Budget	国内贷款 Domestic Loans	利用外资 Foreign Investment	自筹资金 Self-raising Fund	其他资金 Others	新增固定资产 Newly Increased Fixed Assets	固定资产交付使用率(%) of Fixed Assets Completed and Put into Use (%)
2005	2892.3	103.1	297.3	237.5	2063.1	191.2	1796.7	64.3
2006	3404.5	129.4	361.6	173.5	2539.3	200.8	1948.1	59.0
2007	4301.1	186.7	400.3	237.2	3200.0	276.9	2273.0	54.8
2008	5725.7	285.9	431.8	279.8	4359.4	368.8	3142.3	56.0
2009	7803.8	383.8	804.0	209.2	5916.8	490.0	4757.5	63.1
2010	9583.7	496.2	822.1	238.8	7492.5	534.2	5453.9	60.0
2011	11003.6	562.8	895.3	249.9	8741.8	553.7	6609.4	63.3
2012	16256.6	836.9	1284.0	313.0	13095.5	727.1	9567.5	61.2
2013	19862.3	1038.4	1559.4	329.1	16197.3	738.0	12165.3	63.9
2014	24356.0	1029.3	1736.9	312.3	20302.7	974.8	15999.5	67.5
2015	28503.4	1348.3	1723.5	239.6	24223.7	968.3	20913.3	72.4
2016	31983.1	1544.0	2564.4	159.2	26256.6	1458.8	20637.3	61.2

注：不含农户数据(以下相关表同)。
a)Data in the table above exclude rural households.The same applies to the relevent tables following.

2-2-2 文化及相关产业主要行业固定资产投资实际到位资金(2016年)
Actual Funds for Investment in Fixed Assets of Culture and Related Industries by Sector (2016)

单位：亿元,% (100 million yuan,%)

主要行业	Sector	合计 Total	国家预算资金 State Budget	国内贷款 Domestic Loans	利用外资 Foreign Investment	自筹资金 Self-raising Fund	其他资金 Others	新增固定资产 Newly Increased Fixed Assets	固定资产交付使用率 of Fixed Assets Completed and Put into Use
新闻出版业	News and Publishing	101.8	3.5	13.3		82.8	2.2	49.5	49.6
广播、电视、电影和音像业	Radio,TV,Films and Audio-vedio Service	558.5	27.0	22.9		479.5	29.1	364.3	58.9
文化艺术业	Culture and Arts	3211.7	466.2	294.8	1.8	2174.9	274.0	1950.3	57.2
娱乐业	Entertainment	2160.3	81.4	223.0	3.3	1766.3	86.3	1134.5	49.8

2-2-3 按类别分文化及相关产业固定资产投资情况(2016年)
Investment in Fixed Assets of Culture and Related Industries by Category (2016)

类　别	Category	投资额 (万元) Investment (10 000 yuan)	构成 (%) Composition (%)
合　计	**Total**	**337129263**	**100.00**
一、新闻出版发行服务	News,Publishing and Issuing Service	1544561	0.46
二、广播电视电影服务	Radio,TV and Films Service	6191075	1.84
三、文化艺术服务	Culture and Arts	39846552	11.82
四、文化信息传输服务	Transmission of Culture Information	8854973	2.63
五、文化创意和设计服务	Culture Originality and Design	18564635	5.51
六、文化休闲娱乐服务	Culture Leisure and Entertainment	143449969	42.55
七、工艺美术品的生产	Manufacture of Arts and Crafts Products	16944070	5.03
八、文化产品生产的辅助生产	Supplementary Manufacture of Culture Products	41877218	12.42
九、文化用品的生产	Manufacture of Culture Article	53752307	15.94
十、文化专用设备的生产	Manufacture of Culture Equipment	6103903	1.81

2-2-4 分地区文化及相关产业固定资产投资情况
Investment in Fixed Assets of Culture and Related Industries by Region

单位：万元 (10 000 yuan)

地 区	Region	2007	2008	2009	2010	2011
全 国	**National Total**	**41468447**	**56089707**	**75416950**	**90885175**	**104455303**
北 京	Beijing	1203793	1297396	1310447	1763215	1811466
天 津	Tianjin	467752	902252	961984	2003998	2231773
河 北	Hebei	2291215	2685030	3857174	5238031	5576719
山 西	Shanxi	455422	628416	1281867	1701377	1834253
内蒙古	Inner Mongolia	1017800	1016661	1484789	1960465	2689276
辽 宁	Liaoning	1738882	2245970	3226859	3755347	4715288
吉 林	Jilin	940322	1288835	1538414	2369582	1800830
黑龙江	Heilongjiang	563714	523812	953215	1416331	1795016
上 海	Shanghai	607393	1219930	1881511	1143150	806375
江 苏	Jiangsu	3553261	4935334	6058482	7636733	8716819
浙 江	Zhejiang	3482220	4419420	4968869	5192974	5531592
安 徽	Anhui	1606892	1901992	2906888	3511837	3918544
福 建	Fujian	1306734	1835369	2330089	2825877	4078631
江 西	Jiangxi	1203140	1935472	3091304	4296084	5150786
山 东	Shandong	4914805	8446692	11509288	12889573	14113621
河 南	Henan	2934909	3692764	5242120	6791654	6805527
湖 北	Hubei	1392459	1886427	3032072	3527568	3968475
湖 南	Hunan	1371074	1955866	2954063	3347813	4815219
广 东	Guangdong	4310554	4395724	5189135	5500725	7068278
广 西	Guangxi	784185	1150620	1694818	2125396	2844772
海 南	Hainan	177811	532732	875456	923593	683962
重 庆	Chongqing	760797	1195337	1214712	1940720	2346382
四 川	Sichuan	1649983	2310197	3245313	4048637	3782082
贵 州	Guizhou	299948	366132	347571	460871	642014
云 南	Yunnan	527189	686182	985359	1247579	1996848
西 藏	Tibet	54558	84952	98769	118720	165556
陕 西	Shaanxi	1153154	1635420	2068751	1948269	2816240
甘 肃	Gansu	206302	225669	348308	439954	780165
青 海	Qinghai	104951	121105	158547	161868	176607
宁 夏	Ningxia	172700	211118	184700	138612	169311
新 疆	Xinjiang	214528	356881	416076	458622	622876

2-2-4 续表 continued

单位：万元 (10 000 yuan)

地 区	Region	2012	2013	2014	2015	2016
全 国	**National Total**	**156426250**	**190460073**	**236950339**	**288979574**	**337129263**
北 京	Beijing	2958510	2919865	2283402	3542565	3590935
天 津	Tianjin	4087848	3583568	4417790	5549753	5399061
河 北	Hebei	9624071	13324296	14794559	19268584	20348582
山 西	Shanxi	2722256	3715333	5089109	6429921	8561269
内蒙古	Inner Mongolia	3061915	2947674	5608522	4027952	5050202
辽 宁	Liaoning	7366250	8618131	10111973	8316394	2581986
吉 林	Jilin	3041038	3068861	3790223	4954848	5961489
黑龙江	Heilongjiang	3638691	4235141	3871063	4486806	5256524
上 海	Shanghai	1915334	2255632	2551302	1959561	2134231
江 苏	Jiangsu	14383597	18226189	24098064	26412230	28242972
浙 江	Zhejiang	6965973	8515517	10747329	14423125	16597737
安 徽	Anhui	6674015	8198415	9139672	11734126	14627707
福 建	Fujian	6108062	7577615	8393680	10873550	12662398
江 西	Jiangxi	8097499	9566445	11839336	14574845	16012504
山 东	Shandong	20163093	22219885	26127932	27991192	33037485
河 南	Henan	8466733	10396060	13909698	18418138	24747142
湖 北	Hubei	6222233	8740314	11091809	13851636	15988591
湖 南	Hunan	8643378	10458199	12277538	16621908	20009505
广 东	Guangdong	8767815	10044910	12332375	14012029	15097828
广 西	Guangxi	4078112	5398113	7109740	8963321	10303705
海 南	Hainan	842654	1114087	1481849	1680414	1664874
重 庆	Chongqing	3675129	4131973	7593029	11873347	17245903
四 川	Sichuan	5194133	6708817	8070662	9387277	12568452
贵 州	Guizhou	715251	1063878	2205423	5208059	8865502
云 南	Yunnan	2113237	2711661	3704349	4536707	4740680
西 藏	Tibet	320715	639234	510105	1089240	423404
陕 西	Shaanxi	3715436	5591742	8148262	9442561	14641484
甘 肃	Gansu	1266001	2358266	2747763	3850166	5204014
青 海	Qinghai	428814	628911	661121	1235122	1193933
宁 夏	Ningxia	225405	335158	550228	1190989	1409512
新 疆	Xinjiang	943052	1166183	1692432	3073208	2959652

2-2-5 文化及相关产业施工和投产项目情况
Basic Statistics on Projects of Culture and Related Industries under Construction and Put into Use

单位：个，% (unit,%)

年 份 Year	施工项目 Number of Projects under Construction	#新开工 Projects Started This Year	全部建成投产项目 Number of Projects Completed and Put into Use	项目建成投产率 Rate of Construction Projects Completed and Put into Use
2005	18748	14099	10712	57.1
2006	18932	13733	10432	55.1
2007	20474	14440	11358	55.5
2008	23379	16423	13529	57.9
2009	28392	21096	17729	62.4
2010	27674	19363	17724	64.0
2011	21803	14366	13279	60.9
2012	27774	19492	16679	60.1
2013	29739	20329	18132	61.0
2014	34662	23992	23039	66.5
2015	41090	30695	29532	71.9
2016	51485	40103	33684	65.4

2-2-6 文化及相关产业主要行业施工和投产项目情况(2016年)
Basic Statistics on Projects of Culture and Related Industries under Construction and Put into Use by Sector (2016)

单位：个，% (unit,%)

主要行业	Sector	施工项目 Number of Projects under Construction	#新开工 Projects Started This Year	全部建成投产项目 Number of Projects Completed and Put into Use	项目建成投产率 Rate of Construction Projects Completed and Put into Use
新闻出版业	News and Publishing	120	70	59	49.2
广播、电视、电影和音像业	Radio,TV,Films and Audio-vedio Service	905	707	617	68.2
文化艺术业	Culture and Arts	6310	4750	4043	64.1
娱乐业	Entertainment	2946	2311	1985	67.4

2-3-1 居民人均可支配收入与文化娱乐消费支出
Per Capita Disposable Income and Consumption Expenditure on Education,Culture and Recreation of Households

单位：元，% (yuan, %)

指　标	Item	2013	2014	2015	2016
全国居民	**Nationwide Households**				
人均可支配收入	Per Capita Disposable Income	18310.8	20167.1	21966.2	23821.0
人均消费支出	Per Capita Consumption Expenditure	13220.4	14491.4	15712.4	17110.7
#文化娱乐	Cultural and Recreation	576.7	671.5	760.1	800.0
文化娱乐占消费支出比重	Expenditure on Culture and Recreation as Percentage of Consumption Expenditure	4.4	4.6	4.8	4.7
城镇居民	**Urban Households**				
人均可支配收入	Per Capita Disposable Income	26467.0	28843.9	31194.8	33616.2
人均消费支出	Per Capita Consumption Expenditure	18487.5	19968.1	21392.4	23078.9
#文化娱乐	Cultural and Recreation	945.7	1087.9	1216.1	1268.7
文化娱乐占消费支出比重	Expenditure on Culture and Recreation as Percentage of Consumption Expenditure	5.1	5.4	5.7	5.5
农村居民	**Rural Households**				
人均可支配收入	Per Capita Disposable Income	9429.6	10488.9	11421.7	12363.4
人均消费支出	Per Capita Consumption Expenditure	7485.1	8382.6	9222.6	10129.8
#文化娱乐	Cultural and Recreation	174.8	207.0	239.0	251.8
文化娱乐占消费支出比重	Expenditure on Culture and Recreation as Percentage of Consumption Expenditure	2.3	2.5	2.6	2.5

注：从2013年起，国家统计局开展了城乡一体化住户收支与生活状况调查，2-3-1至2-3-5表数据来源于此调查样本，与2013年前的分城镇和农村住户调查的调查范围、调查方法、指标口径有所不同。

a) The NBS started an integrated household income and expenditure survey in 2013, including both urban and rural households. The data shown in Tables 2-3-1 to 2-3-5 are compiled on the basis of the survey. The coverage, methodology and definitions used in the survey are different from those used for the separate urban and rural household surveys prior to 2013.

2-3-2 分地区全国居民人均文化娱乐消费支出
Per Capita Consumption Expenditure on Culture and Recreation of Nationwide Households by Region

单位：元 (yuan)

地 区	Region	2013	2014	2015	2016
全 国	**National Total**	**576.7**	**671.5**	**760.1**	**800.0**
北 京	Beijing	2133.3	2333.7	2592.1	2351.4
天 津	Tianjin	839.3	998.5	1120.0	1173.0
河 北	Hebei	375.0	443.4	553.7	555.6
山 西	Shanxi	350.6	481.6	544.3	546.8
内蒙古	Inner Mongolia	645.7	692.3	828.2	851.4
辽 宁	Liaoning	646.7	794.8	856.0	980.9
吉 林	Jilin	480.8	580.9	616.7	656.2
黑龙江	Heilongjiang	405.7	460.1	500.5	535.8
上 海	Shanghai	1822.1	2149.6	2372.8	2638.2
江 苏	Jiangsu	1141.9	1204.6	1266.7	1311.8
浙 江	Zhejiang	880.5	927.2	1093.0	1209.2
安 徽	Anhui	306.4	350.7	412.4	511.7
福 建	Fujian	658.5	714.4	803.4	770.1
江 西	Jiangxi	379.4	479.3	552.3	538.0
山 东	Shandong	430.0	537.9	640.7	708.3
河 南	Henan	439.9	501.5	573.7	537.1
湖 北	Hubei	417.3	487.6	551.8	589.7
湖 南	Hunan	458.5	639.0	740.7	915.2
广 东	Guangdong	871.6	1015.5	1139.6	1153.0
广 西	Guangxi	341.1	383.2	449.0	441.7
海 南	Hainan	360.9	367.4	387.0	413.1
重 庆	Chongqing	481.5	576.2	653.7	681.4
四 川	Sichuan	419.0	517.2	584.7	625.9
贵 州	Guizhou	347.7	462.4	506.5	519.5
云 南	Yunnan	373.7	446.4	533.8	540.5
西 藏	Tibet	70.5	109.2	144.3	151.7
陕 西	Shaanxi	463.6	506.0	576.7	686.6
甘 肃	Gansu	305.0	348.0	438.5	485.8
青 海	Qinghai	413.8	589.1	594.6	630.0
宁 夏	Ningxia	513.6	538.5	612.6	652.4
新 疆	Xinjiang	373.4	413.3	445.0	527.7

2-3-3 分地区城镇居民人均文化娱乐消费支出
Per Capita Consumption Expenditure on Culture and Recreation of Urban Households by Region

单位：元 (yuan)

地 区	Region	2013	2014	2015	2016
全 国	**National Total**	**945.7**	**1087.9**	**1216.1**	**1268.7**
北 京	Beijing	2409.4	2633.0	2926.3	2634.8
天 津	Tianjin	958.9	1150.3	1278.3	1352.1
河 北	Hebei	626.2	723.0	919.3	910.9
山 西	Shanxi	592.2	800.0	886.7	893.2
内蒙古	Inner Mongolia	979.7	1043.1	1240.8	1277.7
辽 宁	Liaoning	898.6	1101.3	1154.2	1340.3
吉 林	Jilin	707.6	858.5	916.0	968.5
黑龙江	Heilongjiang	577.6	641.0	708.2	743.5
上 海	Shanghai	1999.7	2359.1	2593.2	2898.1
江 苏	Jiangsu	1550.9	1636.2	1700.0	1733.6
浙 江	Zhejiang	1209.1	1272.2	1462.9	1636.3
安 徽	Anhui	520.4	570.7	661.9	847.2
福 建	Fujian	949.6	1016.8	1162.8	1114.6
江 西	Jiangxi	673.6	833.3	921.9	887.8
山 东	Shandong	678.8	846.2	1007.1	1098.8
河 南	Henan	833.4	902.1	1038.6	937.2
湖 北	Hubei	649.7	754.9	823.9	897.3
湖 南	Hunan	805.2	1095.1	1244.3	1514.1
广 东	Guangdong	1202.9	1387.8	1550.3	1542.4
广 西	Guangxi	667.7	733.4	836.1	800.6
海 南	Hainan	586.9	577.8	589.0	622.9
重 庆	Chongqing	759.0	891.3	1002.0	1025.7
四 川	Sichuan	798.6	968.1	1087.1	1159.4
贵 州	Guizhou	797.6	1067.0	1126.6	1129.7
云 南	Yunnan	840.0	1009.0	1168.4	1147.3
西 藏	Tibet	212.5	376.2	479.8	512.4
陕 西	Shaanxi	814.4	893.0	973.6	1171.5
甘 肃	Gansu	634.6	714.1	880.2	1001.8
青 海	Qinghai	740.8	1068.2	1076.6	1120.4
宁 夏	Ningxia	845.0	877.6	992.1	1064.0
新 疆	Xinjiang	691.2	792.8	875.3	1017.5

2-3-4 分地区农村居民人均文化娱乐消费支出

Per Capita Consumption Expenditure on Culture and Recreation of Rural Households by Region

单位：元 (yuan)

地 区	Region	2013	2014	2015	2016
全 国	**National Total**	**174.8**	**207.0**	**239.0**	**251.8**
北 京	Beijing	378.6	437.2	474.4	546.3
天 津	Tianjin	337.1	327.3	398.2	346.9
河 北	Hebei	160.8	202.4	232.1	230.3
山 西	Shanxi	107.9	154.7	183.7	172.8
内蒙古	Inner Mongolia	202.2	215.8	253.7	248.3
辽 宁	Liaoning	190.0	225.7	286.0	289.1
吉 林	Jilin	216.4	252.6	262.5	283.0
黑龙江	Heilongjiang	178.6	218.4	222.9	253.8
上 海	Shanghai	313.7	344.9	473.9	429.0
江 苏	Jiangsu	465.9	469.6	512.7	556.9
浙 江	Zhejiang	328.1	334.6	440.9	441.1
安 徽	Anhui	129.6	162.5	193.0	208.5
福 建	Fujian	247.8	277.5	273.2	253.4
江 西	Jiangxi	127.5	170.1	217.8	212.4
山 东	Shandong	167.1	206.5	235.8	258.9
河 南	Henan	166.5	213.7	228.7	230.0
湖 北	Hubei	163.0	185.1	235.0	222.9
湖 南	Hunan	168.7	253.6	300.4	374.3
广 东	Guangdong	202.5	241.4	276.7	321.4
广 西	Guangxi	102.4	119.1	148.5	157.1
海 南	Hainan	126.3	140.4	164.6	176.2
重 庆	Chongqing	136.1	165.3	184.3	204.8
四 川	Sichuan	141.3	177.1	194.7	200.0
贵 州	Guizhou	101.7	123.8	147.0	150.3
云 南	Yunnan	97.5	108.8	136.5	147.6
西 藏	Tibet	28.0	29.5	42.4	36.0
陕 西	Shaanxi	143.3	147.3	193.8	206.2
甘 肃	Gansu	106.8	123.2	158.4	148.1
青 海	Qinghai	127.4	160.8	159.5	182.1
宁 夏	Ningxia	179.4	193.9	216.0	208.2
新 疆	Xinjiang	124.1	115.3	105.2	131.8

2-3-5 分地区居民人均文化娱乐消费支出(2016年) Per Capita Consumption Expenditure on Culture and Recreation of Households by Region(2016)

单位：元 (yuan)

地区	Region	全国居民 Nationwide Households		城镇居民 Urban Households		农村居民 Rural Households	
		人均消费支出 Per Capita Consumption Expenditure	#文化娱乐 Culture and Recreation	人均消费支出 Per Capita Consumption Expenditure	#文化娱乐 Culture and Recreation	人均消费支出 Per Capita Consumption Expenditure	#文化娱乐 Culture and Recreation
全国	**National Total**	**17110.7**	**800.0**	**23078.9**	**1268.7**	**10129.8**	**251.8**
北京	Beijing	35415.7	2351.4	38255.5	2634.8	17329.0	546.3
天津	Tianjin	26129.3	1173.0	28344.6	1352.1	15912.1	346.9
河北	Hebei	14247.5	555.6	19105.9	910.9	9798.3	230.3
山西	Shanxi	12682.9	546.8	16992.8	893.2	8028.8	172.8
内蒙古	Inner Mongolia	18072.3	851.4	22744.5	1277.7	11462.6	248.3
辽宁	Liaoning	19852.8	980.9	24995.9	1340.3	9953.1	289.1
吉林	Jilin	14772.6	656.2	19166.4	968.5	9521.4	283.0
黑龙江	Heilongjiang	14445.8	535.8	18145.2	743.5	9423.8	253.8
上海	Shanghai	37458.3	2638.2	39856.8	2898.1	17070.8	429.0
江苏	Jiangsu	22129.9	1311.8	26432.9	1733.6	14428.2	556.9
浙江	Zhejiang	25526.6	1209.2	30067.7	1636.3	17358.9	441.1
安徽	Anhui	14711.5	511.7	19606.2	847.2	10287.3	208.5
福建	Fujian	20167.5	770.1	25005.5	1114.6	12910.8	253.4
江西	Jiangxi	13258.6	538.0	17695.6	887.8	9128.3	212.4
山东	Shandong	15926.4	708.3	21495.3	1098.8	9518.9	258.9
河南	Henan	12712.3	537.1	18087.8	937.2	8586.6	230.0
湖北	Hubei	15888.7	589.7	20040.0	897.3	10938.3	222.9
湖南	Hunan	15750.5	915.2	21420.0	1514.1	10629.9	374.3
广东	Guangdong	23448.4	1153.0	28613.3	1542.4	12414.8	321.4
广西	Guangxi	12295.2	441.7	17268.5	800.6	8351.2	157.1
海南	Hainan	14275.4	413.1	19015.5	622.9	8921.2	176.2
重庆	Chongqing	16384.8	681.4	21030.9	1025.7	9954.4	204.8
四川	Sichuan	14838.5	625.9	20659.8	1159.4	10191.6	200.0
贵州	Guizhou	11931.6	519.5	19201.7	1129.7	7533.3	150.3
云南	Yunnan	11768.8	540.5	18622.4	1147.3	7330.5	147.6
西藏	Tibet	9318.7	151.7	19440.5	512.4	6070.3	36.0
陕西	Shaanxi	13943.0	686.6	19368.9	1171.5	8567.7	206.2
甘肃	Gansu	12254.2	485.8	19539.2	1001.8	7487.0	148.1
青海	Qinghai	14774.7	630.0	20853.2	1120.4	9222.2	182.1
宁夏	Ningxia	14965.4	652.4	20364.2	1064.0	9138.4	208.2
新疆	Xinjiang	14066.5	527.7	21228.5	1017.5	8277.0	131.8

2-3-6 文化娱乐用品及服务价格指数
Price Indices of Articles and Service for Culture and Recreation

上年=100 (preceding year=100)

年份 Year	居民消费价格指数 Consumer Price Index	#文娱用耐用消费品及服务 Durable Consumer Goods for Cultural and Recreation Use and Service	#文化娱乐 Culture and Recreation	#旅游 Touring and Outing
2005	101.8	93.8	101.2	99.6
2006	101.5	94.2	101.0	103.1
2007	104.8	93.1	101.0	102.3
2008	105.9	92.3	101.3	101.1
2009	99.3	90.6	102.5	97.5
2010	103.3	94.3	101.0	104.9
2011	105.4	93.7	101.1	103.8
2012	102.6	94.5	101.3	101.7
2013	102.6	96.3	101.4	104.0
2014	102.0	97.3	101.3	105.0
2015	101.4	98.5	101.8	99.5
2016	102.0	97.3	100.9	102.0

2-3-7 按城乡分文化娱乐用品及服务价格指数(2016年)
Price Indices of Articles and Service for Culture and Recreation in Urban and Rural Area (2016)

上年=100 (preceding year=100)

项目	Item	全国 Total	城市 Urban Area	农村 Rural Area
居民消费价格指数	**Consumer Price Index**	**102.0**	**102.1**	**101.9**
#文化娱乐	Culture and Recreation	100.4	100.5	100.0
文娱耐用消费品	Durable Consumer Goods for Culturaland Recreation Use	97.3	97.3	97.5
其他文娱用品	Other Articles	100.8	100.8	100.8
文化娱乐服务	Service for Culture and Recreation	100.9	101.0	100.7
旅游	Touring and Outing	102.0	101.9	102.9

2-4-1 文化产品进出口情况
Imports and Exports of Cultural Commodities

单位：亿美元，% (USD 100 million ,%)

年 份 Year	进出口总额 Total Imports & Exports	出口额 Total Exports	进口额 Total Imports	贸易差额 Balance	增长 Increase Rate 进出口总额 Total Imports & Exports	出口额 Total Exports	进口额 Total Imports
2005	187.2	176.0	11.2	164.7	26.4	27.8	7.2
2006	213.6	201.7	11.9	189.8	14.1	14.6	5.8
2007	382.4	349.2	33.2	315.9	79.0	73.1	180.1
2008	433.0	390.5	42.5	348.0	13.2	11.8	28.0
2009	388.9	346.5	42.4	304.1	-10.2	-11.3	-0.2
2010	487.1	429.0	58.1	370.8	25.2	23.8	37.0
2011	671.4	582.1	89.3	492.9	37.8	35.7	53.6
2012	887.5	766.5	121.0	645.5	32.2	31.7	35.6
2013	1070.8	898.6	172.2	726.4	20.6	17.2	42.3
2014	1273.7	1118.3	155.4	962.9	19.0	24.5	-9.8
2015	1013.1	871.2	141.9	729.3	-20.5	-22.1	-8.7
2016	885.2	786.7	98.6	688.1	-12.6	-9.7	-30.5

注：按照《我国文化产品进出口统计目录》(2015修订)标准统计(下表同)。

a)Data in this table are according to "China's cultural products import and export statistics directory" (2015 Revision) standard statistics. The same applies to the table following.

2-4-2 按商品类别分文化产品进出口情况(2016年)
Imports and Exports of Cultural Commodities by Category of Commodities (2016)

单位：亿美元，% (USD 100 million ,%)

项 目	Item	进出口总额 Total Imports & Exports	出口额 Total Exports	进口额 Total Imports	贸易差额 Balance	增长 Increase Rate 出口额 Total Exports	进口额 Total Imports
合计	**Total**	**885.20**	**786.65**	**98.55**	**688.09**	**-9.7**	**-30.5**
出版物	Publications	45.18	34.74	10.44	24.30	-3.9	-7.4
图书、报纸、期刊	Books,Newspapers and Magazines	21.39	16.46	4.93	11.53	-9.8	-9.3
音像制品及电子出版物	Audio-Vedio Products and Electronic Products	4.50	2.22	2.28	-0.06	83.5	-5.0
其他出版物	Other Publications	19.29	16.06	3.23	12.83	-3.9	-6.1
工艺美术品及收藏品	Arts,Crafts and Collections	294.88	280.89	14.00	266.89	-25.0	-29.2
工艺美术品	Arts and Crafts	294.05	280.54	13.51	267.03	-25.0	-24.5
收藏品	Collections	0.83	0.34	0.49	-0.15	-49.5	-74.0
文化用品	Cultural Products	372.88	355.96	16.91	339.05	7.0	15.4
文具	Stationery	1.43	1.41	0.02	1.39	-4.0	25.5
乐器	Musical Instruments	19.45	15.71	3.74	11.97	-7.3	10.4
玩具	Toys	188.89	183.93	4.95	178.98	17.4	-0.4
游艺器材及娱乐用品	Recreation Equipment and Entertainment Supplies	163.11	154.91	8.20	146.71	-1.7	30.6
文化专用设备	Special Cultural equipment	172.26	115.06	57.20	57.86	-9.9	-40.5
印刷专用设备	Printing Equipment	25.01	14.30	10.72	3.58	2.2	-18.3
广播电视电影专用设备	Radio,Television and Film Special Equipment	147.24	100.76	46.48	54.28	-11.4	-44.0

2-4-3 按贸易方式分文化产品进出口情况(2016年)
Imports and Exports of Cultural Commodities by Type of Trade (2016)

单位：亿美元，% (USD 100 million ,%)

项 目	Item	进出口总额 Total Imports & Exports	出口额 Total Exports	进口额 Total Imports	增长 Increase Rate 出口额 Total Exports	增长 Increase Rate 进口额 Total Imports
贸易总额	**Total**	**885.20**	**786.65**	**98.55**	**-9.7**	**-30.5**
一般贸易	General Trade	371.73	333.77	37.96	-8.3	-4.3
加工贸易	Processing Trade	393.39	354.49	38.90	-14.9	-44.1
其他贸易	Other Trade	120.08	98.39	21.70	8.3	-33.4

2-4-4 按企业性质分文化产品进出口情况(2016年)
Imports and Exports of Cultural Commodities by Registration Status of Enterprises (2016)

单位：亿美元，% (USD 100 million ,%)

项 目	Item	进出口总额 Total Imports & Exports	出口额 Total Exports	进口额 Total Imports	增长 Increase Rate 出口额 Total Exports	增长 Increase Rate 进口额 Total Imports
贸易总额	**Total**	**885.20**	**786.65**	**98.55**	**-9.7**	**-30.5**
国有企业	State-owned Enterprises	57.44	41.74	15.71	-13.1	-21.1
外资企业	Foreign Funded Enterprises	397.52	334.90	62.62	-6.3	-32.0
集体、私营及其他企业	Collectived-owned, Private and Other Enterprises	430.24	410.01	20.22	-12.0	-32.2

2-4-5 文化产品前十五位出口市场

Ranking List of Exports of Cultural Commodities by Country (Region) of Destination

位次 Ranking	2011			2012		
	国别(地区)	Country (Region)	累计金额(亿美元) Total Value (USD 100 million)	国别(地区)	Country (Region)	累计金额(亿美元) Total Value (USD 100 million)
1	美国	United States	150.58	中国香港	Hong Kong,China	257.86
2	中国香港	Hong Kong,China	132.02	美国	United States	163.05
3	日本	Japan	34.86	日本	Japan	31.93
4	德国	Germany	31.19	英国	United Kingdom	25.77
5	英国	United Kingdom	23.33	德国	Germany	24.96
6	荷兰	Netherlands	16.72	荷兰	Netherlands	18.36
7	意大利	Italy	12.36	新加坡	Singapore	11.61
8	韩国	Korea Rep.	11.86	意大利	Italy	11.09
9	法国	France	9.47	韩国	Korea Rep.	10.86
10	加拿大	Canada	8.63	加拿大	Canada	10.75
11	印度	India	8.18	法国	France	10.59
12	澳大利亚	Australia	8.03	澳大利亚	Australia	9.82
13	俄罗斯	Russia	7.82	巴西	Brazil	9.59
14	西班牙	Spain	7.07	印度	India	8.99
15	新加坡	Singapore	6.83	俄罗斯	Russia	8.70

位次 Ranking	2013			2014		
	国别(地区)	Country (Region)	累计金额(亿美元) Total Value (USD 100 million)	国别(地区)	Country (Region)	累计金额(亿美元) Total Value (USD 100 million)
1	中国香港	Hong Kong,China	323.17	中国香港	Hong Kong,China	514.64
2	美国	United States	190.18	美国	United States	217.60
3	日本	Japan	40.90	日本	Japan	36.97
4	德国	Germany	30.89	英国	United Kingdom	31.49
5	英国	United Kingdom	28.49	德国	Germany	27.57
6	荷兰	Netherlands	19.08	荷兰	Netherlands	25.67
7	新加坡	Singapore	15.24	新加坡	Singapore	14.37
8	韩国	Korea Rep.	13.66	俄罗斯	Russia	13.59
9	印度	India	11.68	澳大利亚	Australia	11.79
10	加拿大	Canada	11.64	韩国	Korea Rep.	10.95
11	法国	France	10.96	意大利	Italy	10.69
12	意大利	Italy	10.58	法国	France	10.28
13	俄罗斯	Russia	10.32	加拿大	Canada	10.19
14	澳大利亚	Australia	10.01	印度	India	9.90
15	巴西	Brazil	9.89	巴西	Brazil	8.91

2-4-5 续表 continued

位 次 Ranking	2015 国别(地区)	2015 Country (Region)	2015 累计金额(亿美元) Total Value (USD 100 million)	2016 国别(地区)	2016 Country (Region)	2016 累计金额(亿美元) Total Value (USD 100 million)
1	美国	United States	240.47	美国	United States	227.76
2	中国香港	Hong Kong,China	224.93	中国香港	Hong Kong,China	157.97
3	英国	United Kingdom	36.37	荷兰	Netherlands	41.95
4	荷兰	Netherlands	35.03	英国	United Kingdom	35.03
5	日本	Japan	29.16	日本	Japan	30.47
6	德国	Germany	26.29	德国	Germany	22.17
7	新加坡	Singapore	16.94	加拿大	Canada	18.30
8	加拿大	Canada	15.03	韩国	Korea Rep.	15.50
9	韩国	Korea Rep.	13.52	澳大利亚	Australia	15.08
10	澳大利亚	Australia	12.92	新加坡	Singapore	15.07
11	菲律宾	Philippines	12.22	菲律宾	Philippines	12.57
12	印度	India	11.65	印度	India	12.19
13	法国	France	10.70	阿联酋	United Arab Emirates	12.05
14	意大利	Italy	10.49	意大利	Italy	10.02
15	马来西亚	Malaysia	9.76	法国	France	9.47

2-4-6 文化产品前十五位进口市场
Ranking List of Imports of Cultural Commodities by Country (Region) of Origin

位 次 Ranking	2011 国别(地区)	2011 Country (Region)	2011 累计金额(亿美元) Total Value (USD 100 million)	2012 国别(地区)	2012 Country (Region)	2012 累计金额(亿美元) Total Value (USD 100 million)
1	韩国	Korea Rep.	17.32	韩国	Korea Rep.	20.14
2	日本	Japan	12.93	日本	Japan	11.56
3	德国	Germany	9.30	德国	Germany	8.96
4	美国	United States	4.89	美国	United States	5.38
5	中国台湾	Taiwan,China	3.06	中国台湾	Taiwan,China	4.30
6	意大利	Italy	2.34	意大利	Italy	2.88
7	瑞士	Switzerland	1.85	中国香港	Hong Kong,China	2.60
8	法国	France	1.83	法国	France	2.23
9	英国	United Kingdom	1.38	英国	United Kingdom	1.77
10	中国香港	Hong Kong,China	1.32	瑞士	Switzerland	1.71
11	菲律宾	Philippines	1.22	新加坡	Singapore	1.41
12	加拿大	Canada	0.86	印度尼西亚	Indonesia	1.03
13	印度尼西亚	Indonesia	0.77	菲律宾	Philippines	0.69
14	新加坡	Singapore	0.58	加拿大	Canada	0.56
15	南非	South Africa	0.43	南非	South Africa	0.46

2-4-6 续表 continued

位 次 Ranking	2013 国别(地区)	Country (Region)	累计金额(亿美元) Total Value (USD 100 million)	2014 国别(地区)	Country (Region)	累计金额(亿美元) Total Value (USD 100 million)
1	韩国	Korea Rep.	22.59	韩国	Korea Rep.	22.15
2	日本	Japan	9.92	日本	Japan	8.92
3	德国	Germany	9.30	德国	Germany	8.37
4	美国	United States	5.45	美国	United States	6.31
5	中国香港	Hong Kong,China	5.33	中国香港	Hong Kong,China	5.31
6	中国台湾	Taiwan,China	4.16	新加坡	Singapore	4.26
7	新加坡	Singapore	4.13	意大利	Italy	3.87
8	意大利	Italy	2.95	中国台湾	Taiwan,China	2.49
9	法国	France	2.14	法国	France	2.35
10	英国	United Kingdom	1.92	英国	United Kingdom	2.20
11	瑞士	Switzerland	1.20	印度尼西亚	Indonesia	1.37
12	印度尼西亚	Indonesia	1.16	瑞士	Switzerland	1.15
13	菲律宾	Philippines	0.71	菲律宾	Philippines	0.98
14	巴西	Brazil	0.62	加拿大	Canada	0.88
15	西班牙	Spain	0.56	荷兰	Holland	0.68

位 次 Ranking	2015 国别(地区)	Country (Region)	累计金额(亿美元) Total Value (USD 100 million)	2016 国别(地区)	Country (Region)	累计金额(亿美元) Total Value (USD 100 million)
1	韩国	Korea Rep.	22.35	越南	Vietnam	12.56
2	越南	Vietnam	21.74	韩国	Korea Rep.	8.98
3	日本	Japan	7.29	美国	United States	6.09
4	德国	Germany	6.90	日本	Japan	6.04
5	美国	United States	6.52	德国	Germany	5.96
6	意大利	Italy	4.68	中国台湾	Taiwan,China	4.85
7	缅甸	Myanmar	3.34	意大利	Italy	3.96
8	法国	France	2.91	法国	France	2.66
9	中国台湾	Taiwan,China	2.89	新加坡	Singapore	2.30
10	新加坡	Singapore	2.58	英国	United Kingdom	2.04
11	中国香港	Hong Kong,China	2.30	泰国	Thailand	1.87
12	英国	United Kingdom	2.22	中国香港	Hong Kong,China	1.80
13	印度尼西亚	Indonesia	1.58	印度尼西亚	Indonesia	1.51
14	泰国	Thailand	1.53	瑞士	Switzerland	1.23
15	瑞士	Switzerland	1.23	加拿大	Canada	1.12

2-5-1 全国一般公共预算文化体育与传媒支出
Expenditure for Culture, Sport and Media of National Government Revenue

单位：亿元 (100 million yuan)

年 份 地 区	Year Region	一般公共预算文化体育与传媒支出 Expenditure for Culture, Sport and Media	文化 Culture	文物 Cultural Relics	体育 Sport	广播影视新闻出版 Radio,Film, Television, Press and Publication	其他 Others
	2007	898.64	326.98	96.69	169.75	253.87	51.33
	2008	1095.74	379.10	131.19	205.29	297.26	82.90
	2009	1393.07	485.57	144.30	238.26	376.13	148.81
	2010	1542.70	529.54	157.87	254.17	420.51	180.61
	2011	1893.36	618.74	198.49	266.35	599.69	210.09
	2012	2268.35	757.10	259.53	272.49	663.73	315.49
	2013	2544.39	858.59	314.14	299.08	662.14	410.44
	2014	2691.48	917.42	311.18	370.75	684.28	407.86
	2015	3076.64	1064.54	338.50	356.48	754.79	562.33
	2016	3163.08	1160.46	350.86	389.48	741.47	520.81
中 央	Central-level	247.95	56.56	15.50	21.39	134.78	19.72
地方合计	Regional Total	2915.13	1103.90	335.36	368.09	606.69	501.09
北 京	Beijing	198.35	88.48	28.32	25.91	25.97	29.66
天 津	Tianjin	57.16	25.36	4.14	15.19	6.36	6.11
河 北	Hebei	87.54	29.16	9.08	12.55	18.26	18.49
山 西	Shanxi	72.64	20.51	17.96	5.96	18.57	9.64
内蒙古	Inner Mongolia	89.25	26.79	6.34	14.15	26.94	15.01
辽 宁	Liaoning	84.70	22.09	6.64	17.23	29.74	9.00
吉 林	Jilin	72.03	23.27	8.33	8.82	26.75	4.87
黑龙江	Heilongjiang	53.21	16.90	4.29	9.65	16.19	6.18
上 海	Shanghai	113.34	45.44	13.24	22.10	5.09	27.47
江 苏	Jiangsu	193.28	84.94	12.08	29.09	20.67	46.51
浙 江	Zhejiang	158.72	72.56	19.98	17.17	17.85	31.16
安 徽	Anhui	84.23	24.78	7.43	5.09	33.24	13.69
福 建	Fujian	81.25	31.78	7.55	9.77	15.07	17.09
江 西	Jiangxi	70.49	23.10	10.59	6.45	20.68	9.66
山 东	Shandong	137.47	51.66	13.67	22.16	31.65	18.33
河 南	Henan	97.33	35.80	15.73	7.93	26.12	11.75
湖 北	Hubei	96.61	34.37	14.41	13.74	19.69	14.40
湖 南	Hunan	140.68	59.28	14.83	12.22	19.06	35.29
广 东	Guangdong	229.71	115.82	19.42	26.22	22.22	46.02
广 西	Guangxi	71.08	24.42	6.75	13.28	16.59	10.04
海 南	Hainan	26.90	10.90	2.56	3.75	5.50	4.20
重 庆	Chongqing	47.98	21.19	5.82	6.39	8.52	6.06
四 川	Sichuan	145.20	44.39	18.09	15.34	43.24	24.13
贵 州	Guizhou	67.34	20.84	5.66	6.89	17.59	16.36
云 南	Yunnan	77.93	29.32	6.16	6.57	25.65	10.23
西 藏	Tibet	34.85	12.27	3.48	1.74	15.88	1.48
陕 西	Shaanxi	125.85	36.56	29.00	12.67	18.92	28.70
甘 肃	Gansu	63.84	22.41	10.09	8.67	13.11	9.56
青 海	Qinghai	33.31	10.06	4.00	3.15	8.05	8.06
宁 夏	Ningxia	25.23	13.12	3.69	2.71	4.22	1.49
新 疆	Xinjiang	77.61	26.33	6.00	5.55	29.29	10.43

2-5-2 地方一般公共预算文化体育与传媒支出
Expenditure for Culture, Sport and Media of Regional Government Revenue

单位：亿元 (100 million yuan)

地　区	Region	2008	2009	2010	2011	2012	2013	2014	2015	2016
地方合计	**Regional Total**	**955.13**	**1238.32**	**1392.57**	**1704.64**	**2074.79**	**2339.94**	**2468.48**	**2804.65**	**2915.13**
北　京	Beijing	61.11	74.75	79.36	87.01	141.37	154.71	163.90	188.50	198.35
天　津	Tianjin	18.01	19.81	24.28	29.76	35.85	44.53	47.87	51.73	57.16
河　北	Hebei	29.00	38.02	37.09	50.45	59.29	72.71	82.66	88.34	87.54
山　西	Shanxi	27.19	27.97	31.24	48.17	60.20	66.69	63.95	73.08	72.64
内蒙古	Inner Mongolia	31.62	47.33	52.96	68.78	87.21	88.05	91.90	95.81	89.25
辽　宁	Liaoning	29.94	76.25	56.76	68.60	79.25	95.34	92.60	88.59	84.70
吉　林	Jilin	28.21	29.36	32.93	44.25	47.48	56.55	61.16	73.01	72.03
黑龙江	Heilongjiang	23.96	33.46	39.50	44.94	47.27	52.37	45.63	53.17	53.21
上　海	Shanghai	49.52	53.12	54.95	68.80	72.51	89.17	86.38	108.22	113.34
江　苏	Jiangsu	66.74	77.18	88.67	116.86	150.90	173.54	190.86	196.06	193.28
浙　江	Zhejiang	63.76	64.09	77.15	85.09	94.18	106.00	115.36	165.38	158.72
安　徽	Anhui	32.75	42.14	51.68	62.35	71.43	79.50	82.25	88.19	84.23
福　建	Fujian	22.43	25.77	27.10	35.86	46.07	57.88	64.18	84.82	81.25
江　西	Jiangxi	18.78	22.93	28.38	39.66	44.77	52.62	60.03	68.90	70.49
山　东	Shandong	55.22	70.40	74.03	91.57	114.27	127.53	127.75	137.26	137.47
河　南	Henan	41.46	58.67	54.99	57.54	69.63	80.78	91.16	105.38	97.33
湖　北	Hubei	25.25	36.03	36.67	47.09	62.47	72.44	76.65	84.03	96.61
湖　南	Hunan	25.35	33.08	39.66	44.87	54.50	68.95	80.01	111.74	140.68
广　东	Guangdong	66.72	111.50	166.16	170.56	137.64	141.68	168.16	194.58	229.71
广　西	Guangxi	29.25	29.27	32.77	37.48	45.52	49.85	68.52	79.00	71.08
海　南	Hainan	6.82	9.75	11.61	16.60	19.85	21.90	23.51	25.48	26.90
重　庆	Chongqing	16.54	19.04	24.04	31.16	33.08	34.94	36.02	47.01	47.98
四　川	Sichuan	34.57	45.70	59.37	87.35	120.70	142.40	135.65	139.41	145.20
贵　州	Guizhou	17.84	23.62	23.98	35.31	49.85	48.68	54.69	61.20	67.34
云　南	Yunnan	27.98	32.38	35.53	45.34	62.06	61.35	56.21	61.66	77.93
西　藏	Tibet	9.21	13.36	12.48	18.91	24.18	22.51	34.10	34.73	34.85
陕　西	Shaanxi	31.81	40.89	47.86	61.27	91.81	100.44	93.23	103.09	125.85
甘　肃	Gansu	19.45	24.50	29.78	33.07	49.87	59.76	49.60	62.76	63.84
青　海	Qinghai	9.89	15.58	11.57	14.32	18.92	25.84	34.16	33.60	33.31
宁　夏	Ningxia	7.09	9.03	16.09	13.94	14.44	16.60	16.02	20.97	25.23
新　疆	Xinjiang	27.66	33.34	33.92	47.70	68.23	74.63	74.32	78.96	77.61

2-6-1 国内文化及相关产业专利授权情况
Basic Statistics on Granted Patent Applications on Culture and Related Industries

单位：项 (piece)

年份 地区	Year Region	文化及相关产业专利授权总数 Total Patent Applications Granted	发明专利 Inventions	实用新型专利 Utility Models	外观设计专利 Designs
	2005	17208	791	4472	11945
	2006	20785	866	5758	14161
	2007	29792	1050	8535	20207
	2008	32767	1983	10769	20015
	2009	46067	3898	10754	31415
	2010	64205	4378	16947	42880
	2011	62194	5588	20277	36329
	2012	82769	6491	24281	51997
	2013	90326	5746	30463	54117
	2014	71304	6652	23923	40729
	2015	94652	9324	32785	52543
	2016	101495	12042	36356	53097
北京	Beijing	5416	1840	1701	1875
天津	Tianjin	1963	149	1325	489
河北	Hebei	1531	86	581	864
山西	Shanxi	309	24	167	118
内蒙古	Inner Mongolia	242	14	128	100
辽宁	Liaoning	905	121	407	377
吉林	Jilin	426	74	206	146
黑龙江	Heilongjiang	802	54	572	176
上海	Shanghai	3594	950	1223	1421
江苏	Jiangsu	13578	1446	3463	8669
浙江	Zhejiang	13450	1025	5163	7262
安徽	Anhui	2259	412	1233	614
福建	Fujian	4553	377	1763	2413
江西	Jiangxi	2288	81	837	1370
山东	Shandong	4477	645	2494	1338
河南	Henan	3182	169	1296	1717
湖北	Hubei	1884	215	849	820
湖南	Hunan	2164	179	769	1216
广东	Guangdong	28207	3257	8812	16138
广西	Guangxi	741	104	183	454
海南	Hainan	103	7	60	36
重庆	Chongqing	1428	96	870	462
四川	Sichuan	2380	369	1086	925
贵州	Guizhou	294	29	147	118
云南	Yunnan	410	33	172	205
西藏	Tibet	11		8	3
陕西	Shaanxi	4179	255	589	3335
甘肃	Gansu	271	9	126	136
青海	Qinghai	38	7	16	15
宁夏	Ningxia	67	3	43	21
新疆	Xinjiang	343	12	67	264

2-6-2 按类别分文化及相关产业专利授权情况
Basic Statistics on Granted Patent Applications on Culture and Related Industries by Category

单位：项 (piece)

类别	Category	文化及相关产业专利授权总数 Total Patent Applications Granted	发明专利 Inventions	实用新型专利 Utility Models	外观设计专利 Designs
合计	National Total	**130276**	**14777**	**45760**	**69739**
工艺美术品的制造	Manufacture of Arts and Crafts	22489	957	3795	17737
园林、陈设艺术及其他陶瓷制品的制造	Art of Garden, Furnishings and Manufacture of Other Ceramic Products	1384	550	92	742
印刷复制服务	Printing and Duplicating Services	6683	1494	1420	3769
办公用品的制造	Manufacture of Office Equipment	8075	270	2805	5000
乐器的制造	Manufacture of Musical Instruments	1877	90	1099	688
玩具的制造	Manufacture of Toys	14183	254	2410	11519
游艺器材及娱乐用品的制造	Manufacture of Games and Entertainment	14450	293	1772	12385
视听设备的制造	Manufacture of Audio and Visual Equipment	12030	1295	6005	4730
焰火、鞭炮产品的制造	Manufacture of Fireworks and Firecrackers	276	59	204	13
文化用纸的制造	Manufacture of Cultural Paper	1541	390	541	610
文化用油墨颜料的制造	Manufacture of Cultural Printing Ink	629	609	20	.
文化用化学品的制造	Manufacture of Cultural Chemicals	23	10	4	9
其他文化用品的制造	Manufacture of Other Cultural Products	7087	921	3388	2778
印刷专用设备的制造	Manufacture of Printing Equipment	8584	2100	6369	115
广播电视电影专用设备的制造	Manufacture of Radio, Film and Television Equipment	23161	4151	11538	7472
其他文化专用设备的制造	Manufacture of Other Cultural Equipment	7804	1334	4298	2172

注：1.本表类别使用中类分组,具体类别参见附录三：《文化及相关产业分类(2012)》。
2.同一项专利可能含有多个技术方案，因而在产业统计时可能会在不同的产业中重复出现。

a)Data in the table above is divided by group.Details on more categories refer to Appendix 3: Classification of Culture and Related Industries (2012).

b)The same patent maybe include different technical scheme, so the same patent may appear in different industry category.

3

文化及相关产业法人单位发展情况

Condition on Legal Entities of Culture and Related Industries

3-1-1 规模以上文化及相关产业企业基本情况(2016年)
Basic Statistics on Culture and Related Industries above Designated Size(2016)

单位：万元 (10 000 yuan)

分 组	Group	企业单位数（个）Number of Enterprises (unit)	年末从业人员（人）Engaged Persons at Year-end (person)	资产总计 Total Assets
合 计	**Total**	**54728**	**8716754**	**989928362**
按登记注册类型分	**by Status of Registration**			
内资企业	Domestic Funded Enterprises	49481	6471176	767871160
国有企业	Stats-owned Enterprises	1802	309320	49700031
集体企业	Collective-owned Enterprises	316	76242	2039860
股份合作企业	Cooperative Enterprises	94	10300	628970
联营企业	Joint Ownership Enterprises	18	4450	131529
有限责任公司	Limited Liability Corporations	16939	2403676	367821459
股份有限公司	Share-holding Corporations Ltd.	1879	592752	135396647
私营公司	Private Enterprises	28126	3042079	210551105
其他企业	Other Enterprises	307	32357	1601561
港、澳、台商投资企业	Enterprises with Funds from Hong Kong, Macao and Taiwan	2865	1334703	128122217
外商投资企业	Foreign Funded Enterprises	2382	910875	93934985
按企业控股情况分	**by Status of Holding**			
国有控股	State-holding	6868	1418590	302325677
集体控股	Collective-holding	996	206685	44776186
私人控股	Private-holding	38962	4522749	364825251
港澳台商控股	Hong Kong, Macao and Taiwan-holding	2514	1224288	115413089
外商控股	Foreign-holding	1999	780720	82008628
其他	Others	3389	563722	80579532

3-1-1 续表 1 continued

单位：万元 (10 000 yuan)

分 组	Group	营业收入 Total Revenue	#主营业务收入 Revenue from Principal Business	营业税金及附加 Total Tax and Extra Charges	#主营业务税金及附加 Tax and Extra Charges from Principal Business
合 计	**Total**	**940506213**	**928680022**	**5714486**	**5577318**
按登记注册类型分	**by Status of Registration**				
内资企业	Domestic Funded Enterprises	671087403	662491839	4702720	4594911
国有企业	Stats-owned Enterprises	23074043	22417632	185790	177308
集体企业	Collective-owned Enterprises	4170336	4136206	60759	57763
股份合作企业	Cooperative Enterprises	645134	639791	7767	7690
联营企业	Joint Ownership Enterprises	256331	255450	822	822
有限责任公司	Limited Liability Corporations	277862681	273090692	1776913	1723298
股份有限公司	Share-holding Corporations Ltd.	69350773	68118268	299362	290415
私营公司	Private Enterprises	293429334	291547287	2312431	2279040
其他企业	Other Enterprises	2298772	2286515	58878	58576
港、澳、台商投资企业	Enterprises with Funds from Hong Kong, Macao and Taiwan	123304993	121815167	617996	606555
外商投资企业	Foreign Funded Enterprises	146113817	144373016	393764	375850
按企业控股情况分	**by Status of Holding**				
国有控股	State-holding	156202926	151135237	947094	890122
集体控股	Collective-holding	22100461	21780672	133067	127209
私人控股	Private-holding	439408028	436368832	3341556	3289912
港澳台商控股	Hong Kong, Macao and Taiwan-holding	110646757	109444587	558930	548445
外商控股	Foreign-holding	132726722	131437368	330288	324416
其他	Others	79421320	78513326	403546	397212

3-1-1 续表 2 continued

单位：万元 (10 000 yuan)

分 组	Group	营业利润 Operating Profit	利润总额 Total Profit	应交增值税 Value-added Tax Payable
合 计	**Total**	**66001969**	**71426330**	**16194259**
按登记注册类型分	**by Status of Registration**			
内资企业	Domestic Funded Enterprises	42315626	46436127	11015132
国有企业	Stats-owned Enterprises	1650027	2257962	360005
集体企业	Collective-owned Enterprises	216818	213730	82192
股份合作企业	Cooperative Enterprises	44578	48414	13745
联营企业	Joint Ownership Enterprises	64253	17556	4025
有限责任公司	Limited Liability Corporations	16104691	18162928	4289962
股份有限公司	Share-holding Corporations Ltd.	5279176	5924505	904847
私营公司	Private Enterprises	18716098	19547978	5297474
其他企业	Other Enterprises	239985	263054	62882
港、澳、台商投资企业	Enterprises with Funds from Hong Kong, Macao and Taiwan	17677273	18543919	3423633
外商投资企业	Foreign Funded Enterprises	6009065	6446279	1755491
按企业控股情况分	**by Status of Holding**			
国有控股	State-holding	9245390	11903236	2331336
集体控股	Collective-holding	1571876	1657690	450483
私人控股	Private-holding	28289638	29580597	7926095
港澳台商控股	Hong Kong, Macao and Taiwan-holding	16807709	17413552	3010426
外商控股	Foreign-holding	5528895	5923417	1451209
其他	Others	4558457	4947833	1024709

3-1-2 按类别分规模以上文化及相关产业企业基本情况(2016年)

Basic Statistics on Culture and Related Industries above Designated Size by Category(2016)

单位：万元 (10 000 yuan)

类 别	Category	企业单位数（个） Number of Enterprises (unit)	年末从业人员（人） Engaged Persons at Year-end (person)	资产总计 Total Assets
合 计	**Total**	**54728**	**8716754**	**989928362**
文化制造业	Culture Manufacture	20361	5202723	333990778
文化批发和零售业	Culture Whole and Retail Trade	9604	566996	112964776
文化服务业	Culture Service	24763	2947035	542972809
一、新闻出版发行服务	News,Publishing and Issuing Service	2926	367661	69321075
二、广播电视电影服务	Radio,TV and Films Service	2489	181777	49585567
三、文化艺术服务	Culture and Arts	1524	124355	12868196
四、文化信息传输服务	Transmission of Culture Information	1934	543807	153779434
五、文化创意和设计服务	Culture Originality and Design	11304	1300712	159114827
六、文化休闲娱乐服务	Culture Leisure and Entertainment	4333	450066	86973869
七、工艺美术品的生产	Manufacture of Arts and Crafts Products	8475	1380120	91698436
八、文化产品生产的辅助生产	Supplementary Manufacture of Culture Products	7635	1109409	98720417
九、文化用品的生产	Manufacture of Culture Article	12489	2817378	227631320
十、文化专用设备的生产	Manufacture of Culture Equipment	1619	441469	40235221

3-1-2 续表 1 continued

单位：万元 (10 000 yuan)

类别	Category	营业收入 Total Revenue	#主营业务收入 Revenue from Principal Business	营业税金及附加 Total Tax and Extra Charges	#主营业务税金及附加 Tax and Extra Charges from Principal Business
合计	**Total**	**940506213**	**928680022**	**5714486**	**5577318**
文化制造业	Culture Manufacture	494779537	488470742	2892320	2848977
文化批发和零售业	Culture Whole and Retail Trade	192930501	191230150	600993	575569
文化服务业	Culture Service	252796176	248979130	2221173	2152772
一、新闻出版发行服务	News,Publishing and Issuing Service	34556319	33059480	182850	164909
二、广播电视电影服务	Radio,TV and Films Service	16834967	16383317	183767	169878
三、文化艺术服务	Culture and Arts	3802061	3685244	56532	54785
四、文化信息传输服务	Transmission of Culture Information	60528674	59758148	496463	488990
五、文化创意和设计服务	Culture Originality and Design	134191390	133118914	916698	895012
六、文化休闲娱乐服务	Culture Leisure and Entertainment	13576496	13219458	338122	327385
七、工艺美术品的生产	Manufacture of Arts and Crafts Products	170332874	168306286	884168	869792
八、文化产品生产的辅助生产	Supplementary Manufacture of Culture Products	95896614	95005259	654146	638280
九、文化用品的生产	Manufacture of Culture Article	331216279	327183259	1808113	1777429
十、文化专用设备的生产	Manufacture of Culture Equipment	79570540	78960659	193621	190856

3-1-2 续表 2 continued

单位：万元 (10 000 yuan)

类别	Category	营业利润 Operating Profit	利润总额 Total Profit	应交增值税 Value-added Tax Payable
合计	**Total**	**66001969**	**71426330**	**16194259**
文化制造业	Culture Manufacture	28683242	29766990	10484993
文化批发和零售业	Culture Whole and Retail Trade	4830457	5201393	721138
文化服务业	Culture Service	32488270	36457947	4988128
一、新闻出版发行服务	News,Publishing and Issuing Service	2260424	3375822	192360
二、广播电视电影服务	Radio,TV and Films Service	1944711	2227648	336094
三、文化艺术服务	Culture and Arts	315152	599104	106750
四、文化信息传输服务	Transmission of Culture Information	14770799	15609184	1804032
五、文化创意和设计服务	Culture Originality and Design	12274295	13524467	1972671
六、文化休闲娱乐服务	Culture Leisure and Entertainment	1351317	1610700	379994
七、工艺美术品的生产	Manufacture of Arts and Crafts Products	8898095	8925647	2721715
八、文化产品生产的辅助生产	Supplementary Manufacture of Culture Products	6693297	6923754	2460024
九、文化用品的生产	Manufacture of Culture Article	14419171	15327267	5522079
十、文化专用设备的生产	Manufacture of Culture Equipment	3074704	3302732	698538

3-1-3 分地区规模以上文化及相关产业企业基本情况(2016年)
Basic Statistics on Culture and Related Industries above Designated Size by Region(2016)

单位：万元 (10 000 yuan)

地区	Region	企业单位数(个) Number of Enterprises (unit)	年末从业人员(人) Engaged Persons at Year-end (person)	资产总计 Total Assets	营业收入 Total Revenue	#主营业务收入 Revenue from Principal Business
全 国	**National Total**	**54728**	**8716754**	**989928362**	**940506213**	**928680022**
北 京	Beijing	3539	481281	108702377	81954490	81040687
天 津	Tianjin	1090	153054	24180736	23317388	23083436
河 北	Hebei	1506	181305	14048559	14522835	14455441
山 西	Shanxi	346	39541	3957264	1738531	1709268
内蒙古	Inner Mongolia	266	19189	3842093	1594859	1563393
辽 宁	Liaoning	728	120809	10489752	6625261	6478186
吉 林	Jilin	451	39557	4842338	2618500	2599347
黑龙江	Heilongjiang	258	26509	2430075	1738890	1726115
上 海	Shanghai	2362	420874	97734388	87718650	86848279
江 苏	Jiangsu	7571	1204576	128988578	144131186	142539063
浙 江	Zhejiang	4616	565788	93660166	71466559	70520310
安 徽	Anhui	2280	233482	23822277	24310289	24163463
福 建	Fujian	2880	414160	24185665	34356582	34031853
江 西	Jiangxi	1251	231178	14218304	20068887	19939436
山 东	Shandong	4378	681683	73893855	94855128	93537706
河 南	Henan	3208	485821	32599202	35808936	35590278
湖 北	Hubei	1814	253897	25758886	22561546	22020481
湖 南	Hunan	2937	502829	31346674	40317288	40139312
广 东	Guangdong	7327	1836989	171617127	158740156	155476751
广 西	Guangxi	655	123767	6539339	7403847	7346839
海 南	Hainan	120	22209	5433686	1958721	1877571
重 庆	Chongqing	946	140084	16566390	12676732	12527439
四 川	Sichuan	1543	249368	31591652	25879494	25651799
贵 州	Guizhou	565	55283	5588160	3730935	3690886
云 南	Yunnan	628	81424	13708779	8562798	8450616
西 藏	Tibet	22	2565	268312	85931	84783
陕 西	Shaanxi	810	82367	10655305	6768989	6684291
甘 肃	Gansu	292	23976	3540223	1155625	1112546
青 海	Qinghai	49	11479	1661501	1767035	1763635
宁 夏	Ningxia	99	11780	1702086	510709	487649
新 疆	Xinjiang	191	19930	2354616	1559440	1539165

3-1-3 续表 continued

单位：万元 (10 000 yuan)

地区	Region	营业税金及附加 Total Tax and Extra Charges	#主营业务税金及附加 Tax and Extra Charges from Principal Business	营业利润 Operating Profit	利润总额 Total Profit	应交增值税 Value-added Tax Payable
全 国	**National Total**	**5714486**	**5577318**	**66001969**	**71426330**	**16194259**
北 京	Beijing	470026	465399	4269423	5305158	1074889
天 津	Tianjin	116291	113117	2345298	2465841	377342
河 北	Hebei	75604	73995	901529	911292	266631
山 西	Shanxi	12490	11830	10038	41492	24180
内蒙古	Inner Mongolia	11210	10644	176441	191100	20203
辽 宁	Liaoning	41782	39885	266769	364074	93679
吉 林	Jilin	42832	42024	207114	225626	43673
黑龙江	Heilongjiang	8143	7949	99968	119357	24900
上 海	Shanghai	357036	339002	5796386	6614325	1049638
江 苏	Jiangsu	672067	653496	8377536	8784161	2570896
浙 江	Zhejiang	361131	350498	10487227	10992175	1841732
安 徽	Anhui	115274	110715	1392463	1599950	357351
福 建	Fujian	198061	192655	2141875	2180119	559345
江 西	Jiangxi	262601	260657	1792634	1811024	415524
山 东	Shandong	536996	534014	5612791	5833724	1792361
河 南	Henan	269258	262470	2715425	2876995	533922
湖 北	Hubei	222777	216542	1378593	1500972	388794
湖 南	Hunan	667339	662112	2525752	2447299	803560
广 东	Guangdong	715336	690168	10515787	11549009	2523781
广 西	Guangxi	78373	75328	504217	541502	124638
海 南	Hainan	23527	22781	224593	236357	93357
重 庆	Chongqing	82915	81285	943170	1033144	303597
四 川	Sichuan	194029	187971	1657277	1918350	584134
贵 州	Guizhou	37918	36528	266353	286651	51494
云 南	Yunnan	40844	38812	596255	640736	134069
西 藏	Tibet	433	425	4671	6432	756
陕 西	Shaanxi	72153	69679	449865	501600	92777
甘 肃	Gansu	11995	11857	107958	168501	13746
青 海	Qinghai	3923	3882	56865	64994	1778
宁 夏	Ningxia	4824	4616	15687	30107	9747
新 疆	Xinjiang	7292	6981	162007	184260	21763

3-2-1 规模以上文化制造业企业基本情况(2016年)
Basic Statistics on Cultural Industrial Enterprises above Designated Size(2016)

分组	Group	企业单位数(个) Number of Enterprises (unit)	年末从业人员(人) Engaged Persons at Year-end (person)	资产总计(万元) Total Assets (10 000 yuan)
合计	**Total**	**20361**	**5202723**	**333990778**
按企业规模分	**Grouped by Size of Enterprises**			
大型	Large	481	1397498	131789608
中型	Medium-sized	3456	1917902	90584208
小型	Small	15844	1880382	108175324
微型	Micro-sized	453	6941	3056009
按登记注册类型分	**by Status of Registration**			
内资企业	Domestic Funded Enterprises	16773	3372908	218131085
国有企业	Stats-owned Enterprises	87	19362	1505985
集体企业	Collective-owned Enterprises	126	61433	1008770
股份合作企业	Cooperative Enterprises	51	7730	387222
联营企业	Joint Ownership Enterprises	5	1922	38706
有限责任公司	Limited Liability Corporations	4210	988655	81511583
股份有限公司	Share-holding Corporations Ltd.	489	244576	38777084
私营公司	Private Enterprises	11722	2033993	94390805
其他企业	Other Enterprises	83	15237	510931
港、澳、台商投资企业	Enterprises with Funds from Hong Kong, Macao and Taiwan	2053	1127188	55259056
外商投资企业	Foreign Funded Enterprises	1535	702627	60600636
按企业控股情况分	**by Status of Holding**			
国有控股	State-holding	477	277938	45524553
集体控股	Collective-holding	272	126724	7055655
私人控股	Private-holding	15720	2921974	157869066
港澳台商控股	Hong Kong, Macao and Taiwan-holding	1792	1027731	45115923
外商控股	Foreign-holding	1241	599808	54829156
其他	Others	859	248548	23596425

3-2-1 续表 1 continued

单位：万元 (10 000 yuan)

分组	Group	营业收入 Total Revenue	#主营业务收入 Revenue from Principal Business	营业税金及附加 Total Tax and Extra Charges
合　计	**Total**	**494779537**	**488470742**	**2892317**
按企业规模分	**Grouped by Size of Enterprises**			
大型	Large	162011676	158425237	501837
中型	Medium-sized	140461171	139373460	849253
小型	Small	188909810	187359823	1516679
微型	Micro-sized	2979567	2898138	22382
按登记注册类型分	**by Status of Registration**			
内资企业	Domestic Funded Enterprises	325165734	321288196	2335333
国有企业	Stats-owned Enterprises	828708	789015	7275
集体企业	Collective-owned Enterprises	3365057	3348507	48446
股份合作企业	Cooperative Enterprises	498885	493658	5677
联营企业	Joint Ownership Enterprises	201033	201004	195
有限责任公司	Limited Liability Corporations	111218889	108742741	657588
股份有限公司	Share-holding Corporations Ltd.	22685861	22180159	107976
私营公司	Private Enterprises	184825364	183992040	1460265
其他企业	Other Enterprises	1541938	1541073	47911
港、澳、台商投资企业	Enterprises with Funds from Hong Kong, Macao and Taiwan	80995418	80129748	284848
外商投资企业	Foreign Funded Enterprises	88618384	87052797	272137
按企业控股情况分	**by Status of Holding**			
国有控股	State-holding	39999291	37438171	197566
集体控股	Collective-holding	10988567	10824285	74906
私人控股	Private-holding	266756799	265332233	2015058
港澳台商控股	Hong Kong, Macao and Taiwan-holding	69673574	69019527	236224
外商控股	Foreign-holding	77972778	76841387	216299
其他	Others	29388527	29015139	152265

3-2-1 续表 2 continued

单位：万元 (10 000 yuan)

分 组	Group	#主营业务税金及附加 Tax and Extra Charges from Principal Business	营业利润 Operating Profit	应交增值税 Value-added Tax Payable
合 计	**Total**	**2848976**	**28683241**	**10484992**
按企业规模分	**Grouped by Size of Enterprises**			
大型	Large	485126	8308225	2997696
中型	Medium-sized	840641	8902838	3124197
小型	Small	1500152	11341763	4304091
微型	Micro-sized	21296	108967	50830
按登记注册类型分	**by Status of Registration**			
内资企业	Domestic Funded Enterprises	2309270	20390407	7456068
国有企业	Stats-owned Enterprises	6517	34244	41429
集体企业	Collective-owned Enterprises	46090	165294	75806
股份合作企业	Cooperative Enterprises	5665	36199	12195
联营企业	Joint Ownership Enterprises	195	51437	1826
有限责任公司	Limited Liability Corporations	648659	6303066	2596767
股份有限公司	Share-holding Corporations Ltd.	107067	1517952	523310
私营公司	Private Enterprises	1447171	12168812	4162129
其他企业	Other Enterprises	47907	113404	42607
港、澳、台商投资企业	Enterprises with Funds from Hong Kong, Macao and Taiwan	282872	4041800	1709486
外商投资企业	Foreign Funded Enterprises	256835	4251034	1319438
按企业控股情况分	**by Status of Holding**			
国有控股	State-holding	180333	1456529	1179954
集体控股	Collective-holding	71979	568311	266661
私人控股	Private-holding	1998089	17834078	6064220
港澳台商控股	Hong Kong, Macao and Taiwan-holding	234894	3266676	1311484
外商控股	Foreign-holding	211751	3886578	1095854
其他	Others	151930	1671070	566820

3-2-1 续表 3 continued

单位：万元 (10 000 yuan)

分 组	Group	工业总产值（当年价格） Gross Industrial Output Value (current prices)	工业销售产值（当年价格） Industrial Sales Output Value (current prices)
合 计	**Total**	**502166029**	**491057580**
按企业规模分	**Grouped by Size of Enterprises**		
大型	Large	163082724	159264517
中型	Medium-sized	142518993	139173230
小型	Small	193003288	189139595
微型	Micro-sized	3157368	3084565
按登记注册类型分	**by Status of Registration**		
内资企业	Domestic Funded Enterprises	329366591	322521284
国有企业	Stats-owned Enterprises	695872	676017
集体企业	Collective-owned Enterprises	3160026	3104223
股份合作企业	Cooperative Enterprises	507214	489246
联营企业	Joint Ownership Enterprises	200823	201033
有限责任公司	Limited Liability Corporations	110377370	108223407
股份有限公司	Share-holding Corporations Ltd.	23496420	22865576
私营公司	Private Enterprises	189367265	185416180
其他企业	Other Enterprises	1561601	1545602
港、澳、台商投资企业	Enterprises with Funds from Hong Kong, Macao and Taiwan	84482396	81847759
外商投资企业	Foreign Funded Enterprises	88317042	86688538
按企业控股情况分	**by Status of Holding**		
国有控股	State-holding	35841300	35376132
集体控股	Collective-holding	10945032	10733886
私人控股	Private-holding	274640549	268278761
港澳台商控股	Hong Kong, Macao and Taiwan-holding	72450152	70267422
外商控股	Foreign-holding	77852377	76753532
其他	Others	30436619	29647848

3-2-2 按类别分规模以上文化制造业企业基本情况(2016年) Basic Statistics on Cultural Industrial Enterprises above Designated Size by Category(2016)

类 别	Category	企业单位数(个) Number of Enterprises (unit)	#亏损企业 Unprofitable Enterprise	年末从业人员(人) Engaged Persons at Year-end (person)	资产总计(万元) Total Assets (10 000 yuan)
合 计	**Total**	**20361**	**2154**	**5202723**	**333990778**
工艺美术品的制造	Manufacture of Arts and Crafts	5216	396	1069666	55693115
园林、陈设艺术及其他陶瓷制品制造	Art of Garden, Furnishings and Manufacture of Other Ceramic Products	537	46	156872	4199308
印刷复制服务	Printing and Duplicating Services	5561	688	966719	59253782
办公用品的制造	Manufacture of Office Equipment	618	60	134731	5043681
乐器的制造	Manufacture of Musical Instruments	247	20	60417	2576057
玩具的制造	Manufacture of Toys	1546	159	619914	11956871
游艺器材及娱乐用品的制造	Manufacture of Games and Entertainment	273	23	57019	3133171
视听设备的制造	Manufacture of Audio and Visual Equipment	1034	198	615128	51224729
焰火、鞭炮产品制造	Manufacture of Fireworks and Firecrackers	1081	13	266850	5515947
文化用纸的制造	Manufacture of Cultural Paper	1228	161	368101	66458133
文化用油墨颜料的制造	Manufacture of Cultural Printing Ink	556	50	75313	7503300
文化用化学品的制造	Manufacture of Cultural Chemicals	160	24	62458	11652466
其他文化用品的制造	Manufacture of Other Cultural Products	1046	113	333734	22577663
印刷专用设备的制造	Manufacture of Printing Equipment	298	48	45244	3742447
广播电视电影专用设备的制造	Manufacture of Radio, Film and Television Equipment	678	102	234720	16428139
其他文化专用设备的制造	Manufacture of Other Cultural Equipment	282	53	135837	7031970

3-2-2　续表　continued

单位：万元　　(10 000 yuan)

类　别	Category	营业收入 Total Revenue	营业成本 Total Cost	营业税金及附加 Total Tax and Extra Charges	利润总额 Total Profit
合　计	**Total**	**494779537**	**428018252**	**2892317**	**29766990**
工艺美术品的制造	Manufacture of Arts and Crafts	111051138	97710891	537488	6529236
园林、陈设艺术及其他陶瓷制品制造	Art of Garden, Furnishings and Manufacture of Other Ceramic Products	9911085	8333415	84521	686625
印刷复制服务	Printing and Duplicating Services	81005348	68327468	543945	5737776
办公用品的制造	Manufacture of Office Equipment	8883239	7543235	45119	565441
乐器的制造	Manufacture of Musical Instruments	3981467	3375647	25262	290113
玩具的制造	Manufacture of Toys	23557451	20273506	136167	1258592
游艺器材及娱乐用品的制造	Manufacture of Games and Entertainment	5163737	4343142	27648	379498
视听设备的制造	Manufacture of Audio and Visual Equipment	82286735	73416249	231065	3194634
焰火、鞭炮产品制造	Manufacture of Fireworks and Firecrackers	15447674	12333063	620568	1260358
文化用纸的制造	Manufacture of Cultural Paper	55144515	47996925	222802	3118655
文化用油墨颜料的制造	Manufacture of Cultural Printing Ink	10102033	8363996	65320	725205
文化用化学品的制造	Manufacture of Cultural Chemicals	12250408	10628853	46129	927801
其他文化用品的制造	Manufacture of Other Cultural Products	40126095	35118113	139825	2604079
印刷专用设备的制造	Manufacture of Printing Equipment	4432860	3699857	25544	300553
广播电视电影专用设备的制造	Manufacture of Radio, Film and Television Equipment	20169421	16741568	94643	1537067
其他文化专用设备的制造	Manufacture of Other Cultural Equipment	11266330	9812323	46273	651359

3-2-3 分地区规模以上文化制造业企业基本情况(2016年)
Basic Statistics on Cultural Industrial Enterprises above Designated Size by Region(2016)

地 区	Region	企业单位数(个) Number of Enterprises (unit)	#亏损企业 Unprofitable Enterprise	年末从业人员(人) Engaged Persons at Year-end (person)	资产总计(万元) Total Assets (10 000 yuan)
全 国	**National Total**	**20361**	**2154**	**5202723**	**333990778**
北 京	Beijing	159	38	34799	4438859
天 津	Tianjin	288	60	76012	6518635
河 北	Hebei	678	46	106951	6245544
山 西	Shanxi	54	22	11790	601341
内蒙古	Inner Mongolia	33	4	4743	434360
辽 宁	Liaoning	129	27	36273	4167735
吉 林	Jilin	93	8	11083	1129119
黑龙江	Heilongjiang	72	12	11084	532871
上 海	Shanghai	389	103	91785	9329110
江 苏	Jiangsu	2831	314	754733	57049421
浙 江	Zhejiang	2218	311	353880	28334856
安 徽	Anhui	1089	71	155221	11249572
福 建	Fujian	1406	81	318642	12830096
江 西	Jiangxi	692	25	177372	9077637
山 东	Shandong	2181	132	512398	48495523
河 南	Henan	1034	47	306128	16646351
湖 北	Hubei	569	67	100662	7900664
湖 南	Hunan	1464	30	382564	13292689
广 东	Guangdong	3554	599	1391412	65290171
广 西	Guangxi	244	29	86167	2682229
海 南	Hainan	7	1	3376	3165490
重 庆	Chongqing	189	11	48289	4320357
四 川	Sichuan	483	46	137330	13439992
贵 州	Guizhou	131	11	17340	848398
云 南	Yunnan	143	20	27271	2022040
西 藏	Tibet	6	1	828	81185
陕 西	Shaanxi	131	12	23166	1734669
甘 肃	Gansu	29	7	6482	325479
青 海	Qinghai	19	5	7600	1073401
宁 夏	Ningxia	21	6	4299	522222
新 疆	Xinjiang	25	8	3043	210764

3-2-3 续表 continued

单位：万元 (10 000 yuan)

地 区	Region	营业收入 Total Revenue	营业成本 Total Cost	营业税金及附加 Total Tax and Extra Charges	利润总额 Total Profit
全 国	**National Total**	**494779537**	**428018252**	**2892317**	**29766990**
北 京	Beijing	3895421	3251378	17401	209713
天 津	Tianjin	11730573	9991578	42389	939335
河 北	Hebei	10948296	9518145	52884	798541
山 西	Shanxi	415531	348345	2801	12209
内蒙古	Inner Mongolia	738523	582315	2143	112324
辽 宁	Liaoning	2597681	2181149	13116	164422
吉 林	Jilin	1420484	1141325	32654	136754
黑龙江	Heilongjiang	1033885	926087	2578	58054
上 海	Shanghai	13108639	11366279	28142	717783
江 苏	Jiangsu	89488423	77873857	364143	5656760
浙 江	Zhejiang	27212352	23148919	134547	1582846
安 徽	Anhui	15640310	13521320	71315	963461
福 建	Fujian	25837963	22013047	136768	1706555
江 西	Jiangxi	16936470	14571927	219227	1457905
山 东	Shandong	74731286	65558382	372648	4396072
河 南	Henan	26525528	23024315	144373	1985910
湖 北	Hubei	11859901	10130988	78617	597860
湖 南	Hunan	30868410	25858813	569647	1774648
广 东	Guangdong	92492344	81617131	318905	4120677
广 西	Guangxi	5500391	4765713	63794	388262
海 南	Hainan	940696	743015	5767	66500
重 庆	Chongqing	5593824	4740413	32090	488408
四 川	Sichuan	16898804	14339796	120982	794745
贵 州	Guizhou	1748573	1408596	23996	139186
云 南	Yunnan	2315495	1697471	17381	277921
西 藏	Tibet	40913	37124	169	1742
陕 西	Shaanxi	2676800	2270597	18606	140235
甘 肃	Gansu	220974	177162	1117	14162
青 海	Qinghai	944789	867177	2465	32555
宁 夏	Ningxia	215331	189047	933	7816
新 疆	Xinjiang	200928	156840	719	23629

3-2-4　按类别分规模以上文化制造业企业主要财务指标(2016年)
Main Economic Indicators of Cultural Industrial Enterprises above Designated Size by Category(2016)

单位：万元　　　　(10 000 yuan)

类　别	Category	企业单位数(个) Number of Enterprises (unit)	固定资产原价 Original Value of Fixed Assets	本年折旧 Depreciation This Year	主营业务收入 Revenue of Principal Business
合　计	**Total**	**20361**	**194996343**	**12985769**	**488470742**
工艺美术品的制造	Manufacture of Arts and Crafts	5216	23321631	1758485	109636543
园林、陈设艺术及其他陶瓷制品制造	Art of Garden, Furnishings and Manufacture of Other Ceramic Products	537	2839189	210117	9888566
印刷复制服务	Printing and Duplicating Services	5561	36782707	2613917	80324656
办公用品的制造	Manufacture of Office Equipment	618	2526504	186557	8863368
乐器的制造	Manufacture of Musical Instruments	247	1453650	85194	3958731
玩具的制造	Manufacture of Toys	1546	6168032	412461	23427915
游艺器材及娱乐用品的制造	Manufacture of Games and Entertainment	273	1239813	93240	5128267
视听设备的制造	Manufacture of Audio and Visual Equipment	1034	12841228	1220939	80025294
焰火、鞭炮产品制造	Manufacture of Fireworks and Firecrackers	1081	3511589	138662	15442030
文化用纸的制造	Manufacture of Cultural Paper	1228	44537430	2881314	54393169
文化用油墨颜料的制造	Manufacture of Cultural Printing Ink	556	4124408	323146	10042376
文化用化学品的制造	Manufacture of Cultural Chemicals	160	6317216	544160	12114056
其他文化用品的制造	Manufacture of Other Cultural Products	1046	37252466	1552866	39833266
印刷专用设备的制造	Manufacture of Printing Equipment	298	1821004	125919	4414419
广播电视电影专用设备的制造	Manufacture of Radio, Film and Television Equipment	678	6444406	541184	19777100
其他文化专用设备的制造	Manufacture of Other Cultural Equipment	282	3815072	297609	11200988

类　别	Category	主营业务成本 Cost of Principal Business	主营业务税金及附加 Tax and Extra Charges from Principal Business	营业利润 Operating Profit	营业外收入 Non-operating Revenue
合　计	**Total**	**422691284**	**2848976**	**28683241**	**1921022**
工艺美术品的制造	Manufacture of Arts and Crafts	96547198	532920	6598167	169051
园林、陈设艺术及其他陶瓷制品制造	Art of Garden, Furnishings and Manufacture of Other Ceramic Products	8311677	83933	683858	13859
印刷复制服务	Printing and Duplicating Services	67869467	534774	5634328	246289
办公用品的制造	Manufacture of Office Equipment	7525696	44639	554126	22499
乐器的制造	Manufacture of Musical Instruments	3361612	24992	290193	7229
玩具的制造	Manufacture of Toys	20188218	133493	1246326	43691
游艺器材及娱乐用品的制造	Manufacture of Games and Entertainment	4312783	27470	375827	8242
视听设备的制造	Manufacture of Audio and Visual Equipment	71322037	217075	2833308	474212
焰火、鞭炮产品制造	Manufacture of Fireworks and Firecrackers	12322099	615501	1260439	8902
文化用纸的制造	Manufacture of Cultural Paper	47383064	221205	2695870	520531
文化用油墨颜料的制造	Manufacture of Cultural Printing Ink	8319063	64649	718793	28608
文化用化学品的制造	Manufacture of Cultural Chemicals	10459463	45882	904895	36715
其他文化用品的制造	Manufacture of Other Cultural Products	34956986	138595	2521988	150714
印刷专用设备的制造	Manufacture of Printing Equipment	3620858	25503	276052	30096
广播电视电影专用设备的制造	Manufacture of Radio, Film and Television Equipment	16457180	92266	1452149	125978
其他文化专用设备的制造	Manufacture of Other Cultural Equipment	9733884	46080	636921	34406

3-2-4 续表 continued

单位：万元 (10 000 yuan)

类别	Category	#政府补助 Government Subsidy	营业外支出 Non-operating Cost	应付职工薪酬 Employee Benefits Payable
合　计	**Total**	**687909**	**879277**	**30479726**
工艺美术品的制造	Manufacture of Arts and Crafts	46412	245258	5874433
园林、陈设艺术及其他陶瓷制品制造	Art of Garden, Furnishings and Manufacture of Other Ceramic Products	9637	11697	717747
印刷复制服务	Printing and Duplicating Services	100270	144537	5715813
办公用品的制造	Manufacture of Office Equipment	6550	10816	705003
乐器的制造	Manufacture of Musical Instruments	3321	7986	393440
玩具的制造	Manufacture of Toys	12602	35577	3047346
游艺器材及娱乐用品的制造	Manufacture of Games and Entertainment	5741	4578	316790
视听设备的制造	Manufacture of Audio and Visual Equipment	223422	137764	4345563
焰火、鞭炮产品制造	Manufacture of Fireworks and Firecrackers	3795	8983	1270755
文化用纸的制造	Manufacture of Cultural Paper	140870	89083	2089275
文化用油墨颜料的制造	Manufacture of Cultural Printing Ink	14731	23598	503402
文化用化学品的制造	Manufacture of Cultural Chemicals	13501	13613	552412
其他文化用品的制造	Manufacture of Other Cultural Products	49680	69283	2154903
印刷专用设备的制造	Manufacture of Printing Equipment	9329	5597	308771
广播电视电影专用设备的制造	Manufacture of Radio, Film and Television Equipment	39709	45925	1558033
其他文化专用设备的制造	Manufacture of Other Cultural Equipment	8341	24981	926040

类别	Category	应交增值税 Value-added Tax Payable	工业总产值（当年价格） Gross Industrial Output Value (current prices)	工业销售产值（当年价格） Industrial Sales Output Value (current prices)
合　计	**Total**	**10484992**	**502166029**	**491057580**
工艺美术品的制造	Manufacture of Arts and Crafts	2140956	111652537	108569967
园林、陈设艺术及其他陶瓷制品制造	Art of Garden, Furnishings and Manufacture of Other Ceramic Products	253660	10162918	9865042
印刷复制服务	Printing and Duplicating Services	2162322	83582565	81513224
办公用品的制造	Manufacture of Office Equipment	223623	9086878	8909089
乐器的制造	Manufacture of Musical Instruments	89496	4039672	3949972
玩具的制造	Manufacture of Toys	469064	23927219	23510822
游艺器材及娱乐用品的制造	Manufacture of Games and Entertainment	116667	5225058	5097394
视听设备的制造	Manufacture of Audio and Visual Equipment	1301286	82265772	80278080
焰火、鞭炮产品制造	Manufacture of Fireworks and Firecrackers	368325	16161573	15893263
文化用纸的制造	Manufacture of Cultural Paper	1419600	56250831	55357729
文化用油墨颜料的制造	Manufacture of Cultural Printing Ink	282029	10283775	10034290
文化用化学品的制造	Manufacture of Cultural Chemicals	252622	12690139	12496100
其他文化用品的制造	Manufacture of Other Cultural Products	807443	40108642	39706779
印刷专用设备的制造	Manufacture of Printing Equipment	100327	4614445	4428695
广播电视电影专用设备的制造	Manufacture of Radio, Film and Television Equipment	329645	20717521	20239222
其他文化专用设备的制造	Manufacture of Other Cultural Equipment	167929	11396485	11207913

3-2-5 分地区规模以上文化制造业企业主要财务指标(2016年) Main Economic Indicators of Cultural Industrial Enterprises above Designated Size by Region(2016)

单位：万元 (10 000 yuan)

地区	Region	企业单位数(个) Number of Enterprises (unit)	固定资产原价 Original Value of Fixed Assets	本年折旧 Depreciation This Year	主营业务收入 Revenue of Principal Business	主营业务成本 Cost of Principal Business
全　国	**National Total**	**20361**	**194996343**	**12985769**	**488470742**	**422691284**
北　京	Beijing	159	1861556	92045	3782143	3184681
天　津	Tianjin	288	3381888	218822	11598748	9936070
河　北	Hebei	678	4257521	302868	10921689	9433090
山　西	Shanxi	54	292480	15040	413184	346833
内蒙古	Inner Mongolia	33	151743	8767	729857	577195
辽　宁	Liaoning	129	1245471	78206	2504868	2094415
吉　林	Jilin	93	809087	77417	1418677	1140599
黑龙江	Heilongjiang	72	478992	40190	1032318	922674
上　海	Shanghai	389	3768011	209232	12823469	11157510
江　苏	Jiangsu	2831	35261400	2791188	88683722	77256399
浙　江	Zhejiang	2218	11023587	657547	26807847	22831127
安　徽	Anhui	1089	5160569	426717	15591027	13488451
福　建	Fujian	1406	5181456	379688	25697919	21908226
江　西	Jiangxi	692	6149546	501267	16906440	14534840
山　东	Shandong	2181	55108018	2803877	73605223	64565826
河　南	Henan	1034	9417872	524089	26451298	22988420
湖　北	Hubei	569	5764007	485707	11827258	10090687
湖　南	Hunan	1464	7868132	456993	30826354	25840741
广　东	Guangdong	3554	21830080	1556069	89850443	79217840
广　西	Guangxi	244	1513285	118375	5483306	4760587
海　南	Hainan	7	2343791	89031	895725	715661
重　庆	Chongqing	189	3150248	345416	5538123	4718025
四　川	Sichuan	483	4683507	453102	16806682	14248164
贵　州	Guizhou	131	300355	21488	1740350	1402445
云　南	Yunnan	143	1048654	58821	2293311	1680954
西　藏	Tibet	6	20730	1085	40346	36096
陕　西	Shaanxi	131	1171951	88269	2634553	2233348
甘　肃	Gansu	29	137637	7516	215267	174049
青　海	Qinghai	19	1219036	157730	944782	867176
宁　夏	Ningxia	21	251116	11873	208787	184702
新　疆	Xinjiang	25	144617	7334	197026	154454

3-2-5 续表 1 continued

单位：万元 (10 000 yuan)

地 区	Region	主营业务税金及附加 Tax and Extra Charges from Principal Business	营业利润 Operating Profit	营业外收入 Non-operating Revenue	#政府补助 Government Subsidy	营业外支出 Non-operating Cost
全 国	**National Total**	**2848976**	**28683241**	**1921022**	**687909**	**879277**
北 京	Beijing	15546	186840	26795	12414	8165
天 津	Tianjin	41996	980606	66751	14621	109334
河 北	Hebei	51719	799181	14842	10051	14575
山 西	Shanxi	2654	8804	4382	2784	977
内蒙古	Inner Mongolia	2128	116995	1525	323	6196
辽 宁	Liaoning	12385	131665	37619	10258	5440
吉 林	Jilin	32651	135011	1965	1020	224
黑龙江	Heilongjiang	2578	55142	3012	643	101
上 海	Shanghai	27838	670678	67634	24112	21123
江 苏	Jiangsu	359436	5555385	209911	93383	139009
浙 江	Zhejiang	130754	1462817	162933	68095	45216
安 徽	Anhui	70309	923632	83235	31274	43582
福 建	Fujian	134278	1731220	42074	30486	68115
江 西	Jiangxi	218650	1451449	24813	5979	18358
山 东	Shandong	371213	4263347	179998	90050	44597
河 南	Henan	143062	1972616	24591	5999	11701
湖 北	Hubei	78171	571238	34809	18103	8184
湖 南	Hunan	566374	1802888	106824	37187	135224
广 东	Guangdong	303834	3645163	609382	129200	137288
广 西	Guangxi	61480	381304	10908	2598	4186
海 南	Hainan	5767	61278	5440	4830	219
重 庆	Chongqing	32005	470710	20154	9373	2455
四 川	Sichuan	119954	691654	141126	61749	38287
贵 州	Guizhou	23597	137092	5641	2577	3548
云 南	Yunnan	16742	272406	7608	4425	2142
西 藏	Tibet	169	1050	694	127	2
陕 西	Shaanxi	18468	145236	4760	2508	9761
甘 肃	Gansu	1104	10540	3820	2657	198
青 海	Qinghai	2465	29286	3768	354	500
宁 夏	Ningxia	931	-1395	9687	8432	477
新 疆	Xinjiang	719	19403	4323	2296	96

3-2-5 续表 2 continued

单位：万元 (10 000 yuan)

地区	Region	应付职工薪酬 Employee Benefits Payable	应交增值税 Value-added Tax Payable	工业总产值（当年价格） Gross Industrial Output Value (current prices)	工业销售产值（当年价格） Industrial Sales Output Value (current prices)
全国	**National Total**	**30479726**	**10484992**	**502166029**	**491057580**
北京	Beijing	424144	107900	3296776	3296771
天津	Tianjin	939922	165898	12124354	11656975
河北	Hebei	581079	241448	11328988	11054470
山西	Shanxi	47314	10608	466906	429812
内蒙古	Inner Mongolia	22067	4935	748967	730680
辽宁	Liaoning	215554	40414	1892984	1893369
吉林	Jilin	65536	33755	1495121	1422716
黑龙江	Heilongjiang	39206	15421	1058937	1031974
上海	Shanghai	883213	175938	11610653	11563147
江苏	Jiangsu	4965700	2155367	89008664	88170670
浙江	Zhejiang	2005441	764445	28765600	27802977
安徽	Anhui	827571	295794	16705938	16235973
福建	Fujian	1859581	492486	26888320	26358867
江西	Jiangxi	776448	375112	16965637	16663611
山东	Shandong	2725707	1621085	74447591	73951264
河南	Henan	1419853	453021	27393755	26865016
湖北	Hubei	521534	259725	12834899	12279513
湖南	Hunan	2039330	721282	31842499	31363471
广东	Guangdong	7784600	1500313	93797895	89767906
广西	Guangxi	447324	110715	5860928	5634577
海南	Hainan	30172	48851	871939	888319
重庆	Chongqing	323660	237763	5799950	5632669
四川	Sichuan	1035149	450019	17751556	17595028
贵州	Guizhou	82292	39508	1933442	1881915
云南	Yunnan	155471	87263	2575098	2352070
西藏	Tibet	3043	572	45002	47464
陕西	Shaanxi	144589	62951	2819754	2698587
甘肃	Gansu	25649	3822	258609	251891
青海	Qinghai	42100	-2428	1126139	1111673
宁夏	Ningxia	23869	5028	234265	216367
新疆	Xinjiang	22608	5985	214866	207842

3-2-6 规模以上文化制造业企业科技活动情况(2016年)

Basic Statistics on Science and Technology Activities of Cultural Industrial Enterprises above Designated Size(2016)

分 组	Group	有R&D活动的企业(个) Number of R&D Enterprises (unit)	R&D人员折合全时当量(人年) Full-time Equivalent of R&D Personnel (man-year)
合 计	**Total**	**4419**	**122788**
按企业规模分	**Grouped by Size of Enterprises**		
大型	Large	284	51943
中型	Medium-sized	1159	36840
小型	Small	2955	33823
微型	Micro-sized	21	182
按登记注册类型分	**by Status of Registration**		
内资企业	Domestic Funded Enterprises	3423	82646
国有企业	Stats-owned Enterprises	9	256
集体企业	Collective-owned Enterprises	15	387
股份合作企业	Cooperative Enterprises	5	37
联营企业	Joint Ownership Enterprises	1	10
有限责任公司	Limited Liability Corporations	839	30670
股份有限公司	Share-holding Corporations Ltd.	231	17040
私营公司	Private Enterprises	2315	34043
其他企业	Other Enterprises	8	204
港、澳、台商投资企业	Enterprises with Funds from Hong Kong, Macao and Taiwan	541	21833
外商投资企业	Foreign Funded Enterprises	455	18309
按企业控股情况分	**by Status of Holding**		
国有控股	State-holding	139	18236
集体控股	Collective-holding	67	2529
私人控股	Private-holding	3191	56920
港澳台商控股	Hong Kong, Macao and Taiwan-holding	431	18036
外商控股	Foreign-holding	369	16419
其他	Others	222	10647

3-2-6 续表 1 continued

分 组	Group	R&D经费内部支出(万元) Internal Expenditure on R&D (10 000 yuan)	R&D项目数(个) R&D Projects (item)
合 计	**Total**	**4606076**	**15856**
按企业规模分	**Grouped by Size of Enterprises**		
大型	Large	2253551	3493
中型	Medium-sized	1221559	4557
小型	Small	1127158	7766
微型	Micro-sized	3809	40
按登记注册类型分	**by Status of Registration**		
内资企业	Domestic Funded Enterprises	3178391	11771
国有企业	Stats-owned Enterprises	5428	37
集体企业	Collective-owned Enterprises	11342	32
股份合作企业	Cooperative Enterprises	1038	16
联营企业	Joint Ownership Enterprises	172	1
有限责任公司	Limited Liability Corporations	1383678	3890
股份有限公司	Share-holding Corporations Ltd.	585050	1562
私营公司	Private Enterprises	1183366	6213
其他企业	Other Enterprises	8318	20
港、澳、台商投资企业	Enterprises with Funds from Hong Kong, Macao and Taiwan	769055	2198
外商投资企业	Foreign Funded Enterprises	658630	1887
按企业控股情况分	**by Status of Holding**		
国有控股	State-holding	881427	1651
集体控股	Collective-holding	128480	398
私人控股	Private-holding	2065001	9425
港澳台商控股	Hong Kong, Macao and Taiwan-holding	639964	1761
外商控股	Foreign-holding	580165	1437
其他	Others	311039	1184

3-2-6 续表 2 continued

分 组	Group	新产品开发项目数(个) Number of New Products (unit)	新产品开发经费支出(万元) Expenditure on New Products Development (10 000 yuan)
合 计	**Total**	**18324**	**5213364**
按企业规模分	**Grouped by Size of Enterprises**		
大型	Large	3816	2570353
中型	Medium-sized	5328	1405695
小型	Small	9132	1232831
微型	Micro-sized	48	4485
按登记注册类型分	**by Status of Registration**		
内资企业	Domestic Funded Enterprises	13379	3337092
国有企业	Stats-owned Enterprises	41	5549
集体企业	Collective-owned Enterprises	41	12553
股份合作企业	Cooperative Enterprises	10	859
联营企业	Joint Ownership Enterprises	1	172
有限责任公司	Limited Liability Corporations	4129	1394278
股份有限公司	Share-holding Corporations Ltd.	1803	617075
私营公司	Private Enterprises	7340	1301952
其他企业	Other Enterprises	14	4653
港、澳、台商投资企业	Enterprises with Funds from Hong Kong, Macao and Taiwan	2715	982106
外商投资企业	Foreign Funded Enterprises	2230	894166
按企业控股情况分	**by Status of Holding**		
国有控股	State-holding	1651	893461
集体控股	Collective-holding	373	113180
私人控股	Private-holding	11065	2253637
港澳台商控股	Hong Kong, Macao and Taiwan-holding	2179	815023
外商控股	Foreign-holding	1673	821947
其他	Others	1383	316116

3-2-6 续表 3 continued

分 组	Group	新产品销售收入（万元） Sales Revenue of New Products (10 000 yuan)	#出口 Export
合 计	**Total**	**84209476**	**22476567**
按企业规模分	**Grouped by Size of Enterprises**		
大型	Large	51066832	14684756
中型	Medium-sized	20844159	5285465
小型	Small	12249406	2496483
微型	Micro-sized	49080	9863
按登记注册类型分	**by Status of Registration**		
内资企业	Domestic Funded Enterprises	47174920	9844100
国有企业	Stats-owned Enterprises	69389	
集体企业	Collective-owned Enterprises	228998	63
股份合作企业	Cooperative Enterprises	16730	2672
联营企业	Joint Ownership Enterprises		
有限责任公司	Limited Liability Corporations	23807185	4761812
股份有限公司	Share-holding Corporations Ltd.	7845684	1799493
私营公司	Private Enterprises	15114982	3266682
其他企业	Other Enterprises	91953	13379
港、澳、台商投资企业	Enterprises with Funds from Hong Kong, Macao and Taiwan	20953086	7190213
外商投资企业	Foreign Funded Enterprises	16081470	5442253
按企业控股情况分	**by Status of Holding**		
国有控股	State-holding	17663330	2613201
集体控股	Collective-holding	1718582	214361
私人控股	Private-holding	27949342	6579456
港澳台商控股	Hong Kong, Macao and Taiwan-holding	15980530	5674570
外商控股	Foreign-holding	14690643	5410579
其他	Others	6207049	1984399

3-2-6 续表 4 continued

分 组	Group	专利申请数(件) Patent Applications (piece)	#发明专利 Inventions	有效发明专利数(件) Number of Patents in Force (piece)
合 计	**Total**	**39134**	**13093**	**31338**
按企业规模分	**Grouped by Size of Enterprises**			
大型	Large	12536	6494	10684
中型	Medium-sized	10807	2763	9892
小型	Small	15737	3807	10667
微型	Micro-sized	54	29	95
按登记注册类型分	**by Status of Registration**			
内资企业	Domestic Funded Enterprises	30458	10301	20952
国有企业	Stats-owned Enterprises	52	6	79
集体企业	Collective-owned Enterprises	116	7	47
股份合作企业	Cooperative Enterprises	20	4	4
联营企业	Joint Ownership Enterprises			
有限责任公司	Limited Liability Corporations	9974	4588	8167
股份有限公司	Share-holding Corporations Ltd.	5481	2297	3929
私营公司	Private Enterprises	14811	3397	8713
其他企业	Other Enterprises	4	2	13
港、澳、台商投资企业	Enterprises with Funds from Hong Kong, Macao and Taiwan	4885	1407	4734
外商投资企业	Foreign Funded Enterprises	3791	1385	5652
按企业控股情况分	**by Status of Holding**			
国有控股	State-holding	5932	3641	5772
集体控股	Collective-holding	437	131	508
私人控股	Private-holding	23899	6357	14511
港澳台商控股	Hong Kong, Macao and Taiwan-holding	3971	1069	3729
外商控股	Foreign-holding	2943	1105	4680
其他	Others	1952	790	2138

3-2-7 按类别分规模以上文化制造业企业科技活动情况(2016年)
Basic Statistics on Science and Technology Activities of Cultural Industrial Enterprises above Designated Size by Category(2016)

类 别	Category	有R&D活动的企业(个) Number of R&D Enterprises (unit)	R&D人员折合全时当量(人年) Full-time Equivalent of R&D Personnel (man-year)	R&D经费内部支出(万元) Internal Expenditure on R&D (10 000 yuan)
合 计	**Total**	**4419**	**122788**	**4606076**
工艺美术品的制造	Manufacture of Arts and Crafts	788	12492	401016
园林、陈设艺术及其他陶瓷制品制造	Art of Garden, Furnishings and Manufacture of Other Ceramic Products	136	2109	69417
印刷复制服务	Printing and Duplicating Services	862	15988	467218
办公用品的制造	Manufacture of Office Equipment	159	2628	62683
乐器的制造	Manufacture of Musical Instruments	83	1401	59121
玩具的制造	Manufacture of Toys	286	5966	137224
游艺器材及娱乐用品的制造	Manufacture of Games and Entertainment	87	1818	67460
视听设备的制造	Manufacture of Audio and Visual Equipment	403	28548	1287409
焰火、鞭炮产品制造	Manufacture of Fireworks and Firecrackers	58	440	15408
文化用纸的制造	Manufacture of Cultural Paper	267	11673	692732
文化用油墨颜料的制造	Manufacture of Cultural Printing Ink	202	3314	99517
文化用化学品的制造	Manufacture of Cultural Chemicals	83	3769	159264
其他文化用品的制造	Manufacture of Other Cultural Products	400	12183	396757
印刷专用设备的制造	Manufacture of Printing Equipment	137	2390	81632
广播电视电影专用设备的制造	Manufacture of Radio, Film and Television Equipment	333	13647	478021
其他文化专用设备的制造	Manufacture of Other Cultural Equipment	135	4423	131197

类 别	Category	R&D项目数(个) R&D Projects (item)	新产品开发项目数(个) Number of New Products (unit)	新产品开发经费支出(万元) Expenditure on New Products Development (10 000 yuan)
合 计	**Total**	**15856**	**18324**	**5213364**
工艺美术品的制造	Manufacture of Arts and Crafts	1754	2096	460227
园林、陈设艺术及其他陶瓷制品制造	Art of Garden, Furnishings and Manufacture of Other Ceramic Products	255	220	59320
印刷复制服务	Printing and Duplicating Services	2615	2676	471032
办公用品的制造	Manufacture of Office Equipment	555	672	74537
乐器的制造	Manufacture of Musical Instruments	185	220	64859
玩具的制造	Manufacture of Toys	745	1050	182275
游艺器材及娱乐用品的制造	Manufacture of Games and Entertainment	327	415	83401
视听设备的制造	Manufacture of Audio and Visual Equipment	2696	3385	1576599
焰火、鞭炮产品制造	Manufacture of Fireworks and Firecrackers	62	63	11613
文化用纸的制造	Manufacture of Cultural Paper	1176	1077	611219
文化用油墨颜料的制造	Manufacture of Cultural Printing Ink	825	879	108918
文化用化学品的制造	Manufacture of Cultural Chemicals	446	419	154227
其他文化用品的制造	Manufacture of Other Cultural Products	1389	1759	552872
印刷专用设备的制造	Manufacture of Printing Equipment	556	605	96157
广播电视电影专用设备的制造	Manufacture of Radio, Film and Television Equipment	1733	2139	547876
其他文化专用设备的制造	Manufacture of Other Cultural Equipment	537	649	158233

3-2-7 续表 continued

类 别	Category	新产品销售收入（万元）Sales Revenue of New Products (10 000 yuan)	#出口 Export
合 计	**Total**	**84209476**	**22476567**
工艺美术品的制造	Manufacture of Arts and Crafts	6980627	1737515
园林、陈设艺术及其他陶瓷制品制造	Art of Garden, Furnishings and Manufacture of Other Ceramic Products	648651	190653
印刷复制服务	Printing and Duplicating Services	6428529	917224
办公用品的制造	Manufacture of Office Equipment	940380	284650
乐器的制造	Manufacture of Musical Instruments	435092	74811
玩具的制造	Manufacture of Toys	1666144	759934
游艺器材及娱乐用品的制造	Manufacture of Games and Entertainment	1604288	1058954
视听设备的制造	Manufacture of Audio and Visual Equipment	30995111	10519218
焰火、鞭炮产品制造	Manufacture of Fireworks and Firecrackers	394266	86648
文化用纸的制造	Manufacture of Cultural Paper	12033536	1518685
文化用油墨颜料的制造	Manufacture of Cultural Printing Ink	1745057	215983
文化用化学品的制造	Manufacture of Cultural Chemicals	4005847	726739
其他文化用品的制造	Manufacture of Other Cultural Products	8357602	1990744
印刷专用设备的制造	Manufacture of Printing Equipment	921992	93967
广播电视电影专用设备的制造	Manufacture of Radio, Film and Television Equipment	4947938	1209698
其他文化专用设备的制造	Manufacture of Other Cultural Equipment	2104416	1091148

类 别	Category	专利申请数（件）Patent Applications (piece)	#发明专利 Inventions	有效发明专利数（件）Number of Patents in Force (piece)
合 计	**Total**	**39134**	**13093**	**31338**
工艺美术品的制造	Manufacture of Arts and Crafts	7562	1112	2517
园林、陈设艺术及其他陶瓷制品制造	Art of Garden, Furnishings and Manufacture of Other Ceramic Products	625	168	416
印刷复制服务	Printing and Duplicating Services	3698	1093	3310
办公用品的制造	Manufacture of Office Equipment	1332	227	455
乐器的制造	Manufacture of Musical Instruments	483	122	612
玩具的制造	Manufacture of Toys	2797	399	1299
游艺器材及娱乐用品的制造	Manufacture of Games and Entertainment	498	111	358
视听设备的制造	Manufacture of Audio and Visual Equipment	8568	4609	7973
焰火、鞭炮产品制造	Manufacture of Fireworks and Firecrackers	70	35	61
文化用纸的制造	Manufacture of Cultural Paper	1245	461	1516
文化用油墨颜料的制造	Manufacture of Cultural Printing Ink	822	393	1043
文化用化学品的制造	Manufacture of Cultural Chemicals	1030	694	1206
其他文化用品的制造	Manufacture of Other Cultural Products	3768	1101	3404
印刷专用设备的制造	Manufacture of Printing Equipment	1067	288	1484
广播电视电影专用设备的制造	Manufacture of Radio, Film and Television Equipment	4466	1872	4772
其他文化专用设备的制造	Manufacture of Other Cultural Equipment	1103	408	912

3-2-8 分地区规模以上文化制造业企业科技活动情况(2016年)

Basic Statistics on Science and Technology Activities of Cultural Industrial Enterprises above Designated Size by Region(2016)

地 区	Region	有R&D活动的企业(个) Enterprises (unit)	R&D人员折合全时当量(人年) Equivalent of R&D Personnel (man-year)	R&D经费内部支出(万元) Expenditure on R&D (10 000 yuan)	R&D项目数(个) (item)	新产品开发项目数(个) New Products (unit)
全 国	**National Total**	**4419**	**122788**	**4606076**	**15856**	**18324**
北 京	Beijing	34	1062	27928	152	263
天 津	Tianjin	107	4526	201328	641	624
河 北	Hebei	66	1688	34518	231	196
山 西	Shanxi	6	108	2125	17	15
内蒙古	Inner Mongolia	2	2	904	2	
辽 宁	Liaoning	15	832	38255	144	140
吉 林	Jilin	1	3	189	3	4
黑龙江	Heilongjiang	7	34	1411	13	6
上 海	Shanghai	79	2886	138155	414	552
江 苏	Jiangsu	1116	27493	860286	3109	3358
浙 江	Zhejiang	770	13531	405124	2621	2876
安 徽	Anhui	161	5010	202246	611	1000
福 建	Fujian	232	6029	233419	620	612
江 西	Jiangxi	117	1365	46709	238	345
山 东	Shandong	305	12844	858061	1683	1553
河 南	Henan	106	3948	97511	340	284
湖 北	Hubei	105	2363	104046	337	297
湖 南	Hunan	181	3732	134685	307	355
广 东	Guangdong	811	25564	798784	3679	5120
广 西	Guangxi	12	249	9620	50	34
海 南	Hainan	2	94	1437	6	7
重 庆	Chongqing	47	830	51692	128	155
四 川	Sichuan	50	7320	307700	242	270
贵 州	Guizhou	13	91	12590	28	28
云 南	Yunnan	43	628	18898	140	130
西 藏	Tibet					
陕 西	Shaanxi	23	417	16526	74	76
甘 肃	Gansu	2	56	387	8	6
青 海	Qinghai	2	42	306	4	8
宁 夏	Ningxia	4	44	1236	14	9
新 疆	Xinjiang					1

3-2-8 续表 continued

地 区	Region	新产品开发经费支出（万元）New Products Development (10 000 yuan)	新产品销售收入（万元）Sales of New Products (10 000 yuan)	#出口 Export	专利申请数（件）Patent Applications (piece)	#发明专利 Inventions	有效发明专利数（件）Number of Patents in Force (piece)
全 国	**National Total**	**5213364**	**84209476**	**22476567**	**39134**	**13093**	**31338**
北 京	Beijing	65176	744121	31456	406	82	1005
天 津	Tianjin	184714	3801159	1282685	947	362	1794
河 北	Hebei	30869	408756	30803	191	99	481
山 西	Shanxi	1504	11885	351	16	5	17
内蒙古	Inner Mongolia		99874		3	3	9
辽 宁	Liaoning	40265	293338	245106	110	48	291
吉 林	Jilin	288	29141	158	2		2
黑龙江	Heilongjiang	1097	451	50	6	6	6
上 海	Shanghai	168896	2974385	991763	1268	527	1868
江 苏	Jiangsu	1066060	15443370	4148882	8483	2090	5365
浙 江	Zhejiang	422398	10765070	3544181	5256	703	1141
安 徽	Anhui	258104	3135720	410512	1900	1028	1979
福 建	Fujian	222286	3366523	1720866	2479	502	1127
江 西	Jiangxi	84052	745502	172329	501	123	320
山 东	Shandong	768454	10599109	2790426	4934	3176	3394
河 南	Henan	71880	802086	175640	521	99	466
湖 北	Hubei	95567	1231136	49255	376	136	629
湖 南	Hunan	134661	5535301	1031267	723	194	561
广 东	Guangdong	1186468	15251616	5680634	8099	2720	8767
广 西	Guangxi	4292	120194	957	54	17	102
海 南	Hainan	1443	53		24	17	20
重 庆	Chongqing	50686	1726215	37408	226	63	92
四 川	Sichuan	303786	6401578	120987	2136	947	1319
贵 州	Guizhou	12853	285935	783	94	44	28
云 南	Yunnan	20728	219762	485	166	52	295
西 藏	Tibet						
陕 西	Shaanxi	11607	98179	2764	154	18	183
甘 肃	Gansu	259	4004		2		23
青 海	Qinghai	3048	89757	5000	45	22	15
宁 夏	Ningxia	1923	23954	1820			39
新 疆	Xinjiang	3	1305		12	10	

3-2-9 按类别分规模以下文化制造业企业主要财务指标(2016年)
Main Economic Indicators of Cultural Industrial Enterprises under Designated Size by Category(2016)

类别	Category	年末从业人员(人) Engaged Persons at Year-end (person)	营业收入(万元) Total Revenue (10 000 yuan)	#主营业务收入 Revenue from Principal Business
合计	**Total**	**3389450**	**89083162**	**87965477**
工艺美术品的制造	Manufacture of Arts and Crafts	979210	25422915	25238367
园林、陈设艺术及其他陶瓷制品制造	Art of Garden, Furnishings and Manufacture of Other Ceramic Products	86031	1878048	1856463
印刷复制服务	Printing and Duplicating Services	1090649	32159176	31733984
办公用品的制造	Manufacture of Office Equipment	111147	2967579	2943047
乐器的制造	Manufacture of Musical Instruments	38393	912977	889971
玩具的制造	Manufacture of Toys	278219	4892637	4844551
游艺器材及娱乐用品的制造	Manufacture of Games and Entertainment	28882	723454	713640
视听设备的制造	Manufacture of Audio and Visual Equipment	97045	2622523	2551728
焰火、鞭炮产品制造	Manufacture of Fireworks and Firecrackers	311038	6071691	5937609
文化用纸的制造	Manufacture of Cultural Paper	87081	2901165	2863618
文化用油墨颜料的制造	Manufacture of Cultural Printing Ink	28513	1089329	1076226
文化用化学品的制造	Manufacture of Cultural Chemicals	6283	227700	224273
其他文化用品的制造	Manufacture of Other Cultural Products	124834	3848007	3809737
印刷专用设备的制造	Manufacture of Printing Equipment	38387	1352107	1323351
广播电视电影专用设备的制造	Manufacture of Radio, Film and Television Equipment	63093	1430449	1387309
其他文化专用设备的制造	Manufacture of Other Cultural Equipment	20645	583406	571605

3-2-9 续表 continued

单位：万元 (10 000 yuan)

类 别	Category	营业税金及附加 Total Tax and Extra Charges	#主营业务税金及附加 Tax and Extra Charges from Principal Business	资产总计 Total Assets
合 计	**Total**	**1797734**	**1784888**	**97189052**
工艺美术品的制造	Manufacture of Arts and Crafts	449734	449105	31116424
园林、陈设艺术及其他陶瓷制品制造	Art of Garden, Furnishings and Manufacture of Other Ceramic Products	48661	49573	2016269
印刷复制服务	Printing and Duplicating Services	621815	609535	33287354
办公用品的制造	Manufacture of Office Equipment	61920	60904	2541631
乐器的制造	Manufacture of Musical Instruments	20306	21981	1256713
玩具的制造	Manufacture of Toys	92343	89143	3862362
游艺器材及娱乐用品的制造	Manufacture of Games and Entertainment	12900	13175	903309
视听设备的制造	Manufacture of Audio and Visual Equipment	30096	28079	3394737
焰火、鞭炮产品制造	Manufacture of Fireworks and Firecrackers	278469	283651	4581593
文化用纸的制造	Manufacture of Cultural Paper	47025	46655	3843601
文化用油墨颜料的制造	Manufacture of Cultural Printing Ink	16742	16647	1180921
文化用化学品的制造	Manufacture of Cultural Chemicals	4559	4541	475941
其他文化用品的制造	Manufacture of Other Cultural Products	58435	58152	4882742
印刷专用设备的制造	Manufacture of Printing Equipment	26283	26953	1487003
广播电视电影专用设备的制造	Manufacture of Radio, Film and Television Equipment	19653	18230	1579116
其他文化专用设备的制造	Manufacture of Other Cultural Equipment	8793	8568	779335

3-2-10 分地区规模以下文化制造业企业主要财务指标(2016年)
Main Economic Indicators of Cultural Industrial Enterprises under Designated Size by Region(2016)

单位：万元 (10 000 yuan)

地区	Region	年末从业人员(人) Engaged Persons at Year-end (person)	营业收入 Total Revenue	#主营业务收入 Revenue from Principal Business	营业税金及附加 Total Tax and Extra Charges	#主营业务税金及附加 Tax and Extra Charges from Principal Business	资产总计 Total Assets
全　国	**National Total**	**3389450**	**89083162**	**87965477**	**1797734**	**1784888**	**97189052**
北　京	Beijing	26475	875665	843231	4865	4181	1848154
天　津	Tianjin	43313	1394886	1388310	26605	25332	1368207
河　北	Hebei	129824	3537456	3380639	64248	61576	3197613
山　西	Shanxi	15562	165338	154440	2624	2299	604218
内蒙古	Inner Mongolia	6161	102007	101120	4393	4386	272853
辽　宁	Liaoning	19827	396260	382000	4997	5454	1061628
吉　林	Jilin	13476	289258	286008	7667	7542	483015
黑龙江	Heilongjiang	20735	519807	511511	19046	17913	549495
上　海	Shanghai	49242	1571899	1522807	14422	14250	2174183
江　苏	Jiangsu	376730	14291626	14230041	218808	209141	12064737
浙　江	Zhejiang	449527	13796000	13709811	269727	278169	13806699
安　徽	Anhui	97084	2910503	2897748	38574	36913	2812257
福　建	Fujian	174173	4855092	4712282	91147	89112	4579159
江　西	Jiangxi	227559	4229938	4210997	110318	109360	4026075
山　东	Shandong	337954	9241302	9206082	158536	176844	9032943
河　南	Henan	118810	2367887	2325150	72943	71412	2602264
湖　北	Hubei	48462	1221837	1190023	38189	37365	1870552
湖　南	Hunan	195610	4665193	4517048	222679	222268	3484034
广　东	Guangdong	714309	12640327	12587123	249804	220889	21432701
广　西	Guangxi	30208	436695	435700	13624	18769	469758
海　南	Hainan	2001	54978	54772	1714	1504	143641
重　庆	Chongqing	42606	2023434	1993573	20134	19801	1631774
四　川	Sichuan	59943	1835605	1786687	29534	26858	2221637
贵　州	Guizhou	62210	1300600	1291025	15234	30540	1857759
云　南	Yunnan	26172	767508	749484	10935	10497	1009244
西　藏	Tibet	2160	28495	26877	178	132	53151
陕　西	Shaanxi	31339	2754716	2686630	72111	69525	951512
甘　肃	Gansu	44034	342850	327372	6128	4603	836740
青　海	Qinghai	7760	225076	221903	4343	4231	210894
宁　夏	Ningxia	3920	83008	80638	1475	1415	251924
新　疆	Xinjiang	12264	157916	154449	2732	2609	280230

3-3-1 限额以上文化批发和零售业企业基本情况(2016年)
Basic Statistics on Cultural Wholesale and Retail Trades Enterprises above Designated Size(2016)

单位：万元 (10 000 yuan)

分 组	Group	企业单位数(个) Number of Enterprises (unit)	年末从业人员(人) Engaged Persons at Year-end (person)	资产总计 Total Assets	营业收入 Total Revenue	#主营业务收入 Revenue from Principal Business
合 计	**Total**	**9604**	**566996**	**112964776**	**192930501**	**191230150**
按登记注册类型分	**Grouped by Status of Registration**					
内资企业	Domestic Funded Enterprises	9261	493730	94720734	148848416	147350602
国有企业	Stats-owned Enterprises	380	28772	8379828	8069586	7975937
集体企业	Collective-owned Enterprises	72	5092	159877	560879	560040
股份合作企业	Cooperative Enterprises	12	707	33820	43751	43751
联营企业	Joint Ownership Enterprises	3	1332	10958	21656	21656
有限责任公司	Limited Liability Corporations	3208	221730	39770765	68750511	67839137
股份有限公司	Share-holding Corporations Ltd.	251	40833	20987796	23477024	23338212
私营公司	Private Enterprises	5310	194767	25349346	47877354	47524433
其他企业	Other Enterprises	25	497	28344	47654	47438
港、澳、台商投资企业	Enterprises with Funds from Hong Kong, Macao and Taiwan	195	32646	5331357	8023905	7881827
外商投资企业	Foreign Funded Enterprises	148	40620	12912685	36058180	35997721
按企业控股情况分	**by Status of Holding**					
国有控股	State-holding	1436	144908	33068880	38270817	37608622
集体控股	Collective-holding	167	13333	2884436	6411488	6373281
私人控股	Private-holding	7042	286200	41340059	75574320	74990725
港澳台商控股	Hong Kong, Macao and Taiwan-holding	177	31882	5110464	7353049	7255189
外商控股	Foreign-holding	142	37186	12159607	35294483	35241604
其他	Others	640	53487	18401330	30026345	29760730

3-3-1 续表 continued

单位：万元 (10 000 yuan)

分　组	Group	营业税金及附加 Total Tax and Extra Charges	#主营业务税金及附加 Tax and Extra Charges from Principal Business	营业利润 Operating Profit	应交增值税 Value-added Tax Payable
合　计	**Total**	**600992**	**575569**	**4830455**	**1277053**
按登记注册类型分	**Grouped by Status of Registration**				
内资企业	Domestic Funded Enterprises	494894	472861	4180303	835822
国有企业	Stats-owned Enterprises	18314	16004	511107	60784
集体企业	Collective-owned Enterprises	7363	7361	36100	6891
股份合作企业	Cooperative Enterprises	566	566	1196	338
联营企业	Joint Ownership Enterprises	347	347	1510	41
有限责任公司	Limited Liability Corporations	230176	217188	1831015	128910
股份有限公司	Share-holding Corporations Ltd.	29321	25741	471494	92129
私营公司	Private Enterprises	208142	204989	1323770	545922
其他企业	Other Enterprises	665	665	4111	806
港、澳、台商投资企业	Enterprises with Funds from Hong Kong, Macao and Taiwan	64298	61499	279698	221272
外商投资企业	Foreign Funded Enterprises	41800	41209	370453	219959
按企业控股情况分	**by Status of Holding**				
国有控股	State-holding	90617	73039	1663461	55826
集体控股	Collective-holding	13271	13213	90843	-127557
私人控股	Private-holding	331292	327418	2115703	780529
港澳台商控股	Hong Kong, Macao and Taiwan-holding	59540	56712	248907	213981
外商控股	Foreign-holding	39345	38752	348975	208663
其他	Others	66927	66436	362566	145612

3-3-2 按类别分限额以上文化批发和零售业企业基本情况(2016年)
Basic Statistics on Cultural Wholesale and Retail Trades Enterprises above Designated Size by Category(2016)

单位：万元 (10 000 yuan)

类 别	Category	企业单位数(个) Number of Enterprises (unit)	#亏损企业 Unprofitable Enterprise	年末从业人员(人) Engaged Persons at Year-end (person)	资产总计 Total Assets
合 计	**Total**	**9604**	**1628**	**566996**	**112964776**
发行服务	Distribution Service	1688	239	159505	26096517
工艺美术品的销售	Retail Sale of Arts and Crafts	2722	525	153582	31806014
文化贸易代理与拍卖服务	Culture Trade Agency and Auction Service	133	30	4528	2040277
文具乐器照相器材的销售	Retail Sale of Stationery, Musical Instruments and Photographic Equipment	1712	266	51994	10228286
文化用家电的销售	Retail Sale of Cultural Household Electric Appliances	2194	364	140034	24437712
其他文化用品的销售	Retail Sale of Other Cultural Products	794	135	31685	5323304
广播电视电影专用设备的批发	Wholesale of Radio, Film and Television Equipment	282	58	22651	12399862
舞台照明设备的批发	Wholesale of Stage Lighting Equipment	79	11	3017	632804

类 别	Category	营业收入 Total Revenue	营业成本 Total Cost	营业税金及附加 Total Tax and Extra Charges	利润总额 Total Profit
合 计	**Total**	**192930501**	**174525747**	**600992**	**5201393**
发行服务	Distribution Service	21642646	17344808	52262	1573981
工艺美术品的销售	Retail Sale of Arts and Crafts	49370651	44242054	262160	1709787
文化贸易代理与拍卖服务	Culture Trade Agency and Auction Service	3942350	3582268	11201	100981
文具乐器照相器材的销售	Retail Sale of Stationery, Musical Instruments and Photographic Equipment	18903402	17624679	48459	277145
文化用家电的销售	Retail Sale of Cultural Household Electric Appliances	46978191	42881066	162254	478606
其他文化用品的销售	Retail Sale of Other Cultural Products	8391332	7311283	37497	247140
广播电视电影专用设备的批发	Wholesale of Radio, Film and Television Equipment	42148906	40136258	21687	762828
舞台照明设备的批发	Wholesale of Stage Lighting Equipment	1553023	1403332	5473	50925

3-3-3 分地区限额以上文化批发和零售业企业基本情况(2016年)
Basic Statistics on Cultural Wholesale and Retail Trades Enterprises above Designated Size by Region(2016)

地 区	Region	企业单位数(个) Number of Enterprises (unit)	#亏损企业 Unprofitable Enterprise	年末从业人员(人) Engaged Persons at Year-end (person)	资产总计(万元) Total Assets (10 000 yuan)
全 国	**National Total**	**9604**	**1628**	**566996**	**112964776**
北 京	Beijing	348	84	45476	15174737
天 津	Tianjin	201	62	8469	2228492
河 北	Hebei	281	42	17815	1343891
山 西	Shanxi	132	27	6044	761604
内蒙古	Inner Mongolia	68	16	2788	375602
辽 宁	Liaoning	190	74	9829	788077
吉 林	Jilin	102	14	4141	301429
黑龙江	Heilongjiang	83	12	3110	316636
上 海	Shanghai	288	79	33622	14950474
江 苏	Jiangsu	1180	157	70172	18752071
浙 江	Zhejiang	853	212	44390	7697852
安 徽	Anhui	452	59	17121	4244026
福 建	Fujian	519	57	12219	2674607
江 西	Jiangxi	77	11	9633	1186516
山 东	Shandong	703	81	46695	7755499
河 南	Henan	727	50	39635	2601543
湖 北	Hubei	452	55	21742	1932294
湖 南	Hunan	402	35	18192	2610222
广 东	Guangdong	1262	274	83010	15538402
广 西	Guangxi	186	43	6497	982634
海 南	Hainan	20	6	1237	181902
重 庆	Chongqing	175	23	13931	1585439
四 川	Sichuan	284	50	19547	3892391
贵 州	Guizhou	113	21	4077	664392
云 南	Yunnan	152	36	9216	1572883
西 藏	Tibet	5	2	177	18034
陕 西	Shaanxi	178	11	9153	836085
甘 肃	Gansu	98	17	4288	1136659
青 海	Qinghai	11	1	850	138507
宁 夏	Ningxia	20	4	685	100150
新 疆	Xinjiang	42	13	3235	621730

3-3-3 续表 continued

单位：万元 (10 000 yuan)

地 区	Region	营业收入 Total Revenue	营业成本 Total Cost	营业税金及附加 Total Tax and Extra Charges	利润总额 Total Profit
全 国	**National Total**	**192930501**	**174525747**	**600992**	**5201393**
北 京	Beijing	18380430	16182058	38987	685964
天 津	Tianjin	2763894	2521469	9595	57934
河 北	Hebei	1752579	1393041	9460	61619
山 西	Shanxi	862844	747093	3587	28747
内蒙古	Inner Mongolia	386367	334661	3061	12272
辽 宁	Liaoning	1429147	1214794	11053	33364
吉 林	Jilin	393644	326393	2416	14773
黑龙江	Heilongjiang	291877	253936	1034	6052
上 海	Shanghai	39258418	36365068	81429	623970
江 苏	Jiangsu	31049426	28282159	65146	795865
浙 江	Zhejiang	12592890	11432731	27179	217733
安 徽	Anhui	5070317	4603280	11661	294513
福 建	Fujian	4611412	4122357	22510	135259
江 西	Jiangxi	1233784	998682	7866	95003
山 东	Shandong	14077408	13025606	57306	366470
河 南	Henan	4838709	4112972	44400	308593
湖 北	Hubei	3215987	2672345	30274	168624
湖 南	Hunan	3612273	2999199	40291	178621
广 东	Guangdong	31589174	29173174	63683	565580
广 西	Guangxi	840925	718214	1704	24027
海 南	Hainan	100745	79748	661	-4447
重 庆	Chongqing	2609590	2300325	8991	150928
四 川	Sichuan	3803471	3359862	13708	83239
贵 州	Guizhou	612334	533507	1910	19699
云 南	Yunnan	4040302	3783229	5129	90101
西 藏	Tibet	16494	13581	8	1576
陕 西	Shaanxi	1992715	1677082	30922	106660
甘 肃	Gansu	563185	476287	5548	55246
青 海	Qinghai	409894	392369	231	2911
宁 夏	Ningxia	51787	40957	225	1382
新 疆	Xinjiang	478480	389570	1020	19117

3-3-4 按类别分限额以上文化批发和零售业企业主要财务指标(2016年) Main Economic Indicators of Cultural Wholesale and Retail Trades Enterprises above Designated Size by Category(2016)

单位：万元 (10 000 yuan)

类别	Category	企业单位数(个) Number of Enterprises (unit)	固定资产原价 Original Value of Fixed Assets	本年折旧 Depreciation This Year
合　计	**Total**	**9604**	**8289626**	**446912**
发行服务	Distribution Service	1688	3793906	156663
工艺美术品的销售	Retail Sale of Arts and Crafts	2722	1824904	119093
文化贸易代理与拍卖服务	Culture Trade Agency and Auction Service	133	91969	7448
文具乐器照相器材的销售	Retail Sale of Stationery, Musical Instruments and Photographic Equipment	1712	663852	37329
文化用家电的销售	Retail Sale of Cultural Household Electric Appliances	2194	1092986	75298
其他文化用品的销售	Retail Sale of Other Cultural Products	794	552645	27133
广播电视电影专用设备的批发	Wholesale of Radio, Film and Television Equipment	282	236133	21690
舞台照明设备的批发	Wholesale of Stage Lighting Equipment	79	33231	2259

类别	Category	主营业务收入 Revenue of Principal Business	主营业务成本 Cost of Principal Business	主营业务税金及附加 Tax and Extra Charges from rincipal PBusiness
合　计	**Total**	**191230150**	**173092789**	**575569**
发行服务	Distribution Service	21007022	16879022	42190
工艺美术品的销售	Retail Sale of Arts and Crafts	48781178	43648861	252939
文化贸易代理与拍卖服务	Culture Trade Agency and Auction Service	3919010	3405612	9503
文具乐器照相器材的销售	Retail Sale of Stationery, Musical Instruments and Photographic Equipment	18823599	17579271	47266
文化用家电的销售	Retail Sale of Cultural Household Electric Appliances	46792947	42798477	159761
其他文化用品的销售	Retail Sale of Other Cultural Products	8338243	7281671	36903
广播电视电影专用设备的批发	Wholesale of Radio, Film and Television Equipment	42022800	40102382	21537
舞台照明设备的批发	Wholesale of Stage Lighting Equipment	1545352	1397493	5470

3-3-4 续表 continued

单位：万元 (10 000 yuan)

类别	Category	营业利润 Operating Profit	营业外收入 Non-operating Revenue	#政府补助 Government Subsidy
合 计	**Total**	**4830455**	**658843**	**161624**
发行服务	Distribution Service	1383831	230188	61541
工艺美术品的销售	Retail Sale of Arts and Crafts	1616069	127378	58606
文化贸易代理与拍卖服务	Culture Trade Agency and Auction Service	103567	9812	5760
文具乐器照相器材的销售	Retail Sale of Stationery, Musical Instruments and Photographic Equipment	272973	19227	4765
文化用家电的销售	Retail Sale of Cultural Household Electric Appliances	480407	128141	19595
其他文化用品的销售	Retail Sale of Other Cultural Products	264025	33260	3628
广播电视电影专用设备的批发	Wholesale of Radio, Film and Television Equipment	657727	107884	6028
舞台照明设备的批发	Wholesale of Stage Lighting Equipment	51855	2953	1701

类别	Category	应付职工薪酬 Employee Benefits Payable	应交增值税 Value-added Tax Payable
合 计	**Total**	**4291194**	**1277053**
发行服务	Distribution Service	1402000	120837
工艺美术品的销售	Retail Sale of Arts and Crafts	1092377	173393
文化贸易代理与拍卖服务	Culture Trade Agency and Auction Service	58690	36514
文具乐器照相器材的销售	Retail Sale of Stationery, Musical Instruments and Photographic Equipment	313173	182511
文化用家电的销售	Retail Sale of Cultural Household Electric Appliances	848998	524117
其他文化用品的销售	Retail Sale of Other Cultural Products	253584	107162
广播电视电影专用设备的批发	Wholesale of Radio, Film and Television Equipment	288833	123181
舞台照明设备的批发	Wholesale of Stage Lighting Equipment	33540	9339

3-3-5 分地区限额以上文化批发和零售业企业主要财务指标(2016年)
Main Economic Indicators of Cultural Wholesale and Retail Trades Enterprises above Designated Size by Region(2016)

单位：万元 (10 000 yuan)

地 区	Region	企业单位数(个) Number of Enterprises (unit)	固定资产原价 Original Value of Fixed Assets	本年折旧 Depreciation This Year	主营业务收入 Revenue of Principal Business	主营业务成本 Cost of Principal Business
全 国	**National Total**	**9604**	**8289626**	**446912**	**191230150**	**173092789**
北 京	Beijing	348	574012	50525	18132716	16079480
天 津	Tianjin	201	303281	10608	2734857	2515645
河 北	Hebei	281	199220	10318	1735394	1386185
山 西	Shanxi	132	135740	7199	855918	744243
内蒙古	Inner Mongolia	68	63856	1801	380478	333791
辽 宁	Liaoning	190	155372	11064	1420684	1213765
吉 林	Jilin	102	60172	2638	387084	325282
黑龙江	Heilongjiang	83	147058	3781	290153	253836
上 海	Shanghai	288	458545	40193	39135191	36135154
江 苏	Jiangsu	1180	882904	58067	30757733	28060996
浙 江	Zhejiang	853	605894	28500	12529414	11404046
安 徽	Anhui	452	190435	8264	5047244	4590414
福 建	Fujian	519	280812	12174	4558547	4088298
江 西	Jiangxi	77	164324	7365	1223967	995827
山 东	Shandong	703	712432	32175	14007745	12962204
河 南	Henan	727	359875	13763	4764675	4077730
湖 北	Hubei	452	399714	21719	3029191	2499798
湖 南	Hunan	402	228384	13296	3587939	2974700
广 东	Guangdong	1262	906401	52418	31257147	28843195
广 西	Guangxi	186	90818	4453	830338	714612
海 南	Hainan	20	47560	1724	94875	78896
重 庆	Chongqing	175	227047	5193	2560046	2174070
四 川	Sichuan	284	363297	18657	3782117	3352390
贵 州	Guizhou	113	27270	1881	605506	530706
云 南	Yunnan	152	194133	11420	4026587	3776663
西 藏	Tibet	5	7755	303	15978	13571
陕 西	Shaanxi	178	201567	5338	1984195	1674064
甘 肃	Gansu	98	104132	3976	562589	476206
青 海	Qinghai	11	20231	629	408574	388343
宁 夏	Ningxia	20	24942	1064	50978	40806
新 疆	Xinjiang	42	152444	6406	472290	387878

3-3-5 续表 continued

单位：万元 (10 000 yuan)

地 区	Region	主营业务税金及附加 Tax and Extra Charges from Principal Business	营业利润 Operating Profit	营业外收入 Non-operating Revenue	#政府补助 Government Subsidy	应付职工薪酬 Employee Benefits Payable	应交增值税 Value-added Tax Payable
全 国	**National Total**	**575569**	**4830455**	**658843**	**161624**	**4291194**	**1277053**
北 京	Beijing	38713	609400	46826	34126	555517	224519
天 津	Tianjin	9473	46478	8557	2640	72202	34562
河 北	Hebei	9414	82698	5768	1034	87994	70080
山 西	Shanxi	3490	26819	2346	82	29942	4165
内蒙古	Inner Mongolia	2590	12053	1004		14274	5316
辽 宁	Liaoning	10936	21642	6516	113	49156	9960
吉 林	Jilin	2387	15787	1734	545	21599	1440
黑龙江	Heilongjiang	996	5964	587	79	14130	473
上 海	Shanghai	76374	449914	173738	42260	542328	-259957
江 苏	Jiangsu	64030	773485	44879	5716	475309	289509
浙 江	Zhejiang	26187	204405	23199	7905	358860	185627
安 徽	Anhui	11423	195880	89634	634	87253	36721
福 建	Fujian	20621	139165	21332	4334	112754	30394
江 西	Jiangxi	7865	101334	1537	834	61770	27779
山 东	Shandong	57029	357296	25562	20052	261044	92167
河 南	Henan	43508	310002	9476	643	161084	49402
湖 北	Hubei	26654	202630	17727	237	120419	44487
湖 南	Hunan	38920	226773	5665	2569	130591	38706
广 东	Guangdong	59547	527024	124741	16425	658637	256735
广 西	Guangxi	1644	23177	2394	1475	43148	3237
海 南	Hainan	656	-3593	1289	180	7040	782
重 庆	Chongqing	8773	143684	9483	196	83758	55480
四 川	Sichuan	10394	72150	16126	12385	121767	18868
贵 州	Guizhou	1646	22212	1053	17	22884	4227
云 南	Yunnan	4861	83414	8795	4514	74253	13414
西 藏	Tibet	8	1014	547	158	967	18
陕 西	Shaanxi	30550	106139	2281	147	50772	31296
甘 肃	Gansu	5529	54495	983	2	20529	4109
青 海	Qinghai	231	1812	1367	877	7979	365
宁 夏	Ningxia	214	762	683	1	6257	93
新 疆	Xinjiang	908	16440	3016	1446	36979	3080

3-3-6 按类别分限额以下文化批发和零售业企业主要财务指标(2016年) Main Economic Indicators of Cultural Wholesale and Retail Trades Enterprises under Designated Size by Category(2016)

单位：万元 (10 000 yuan)

类别	Category	年末从业人员(人) Engaged Persons at Year-end	营业收入 Total Revenue	#主营业务收入 Revenue from Principal Business
合 计	**Total**	**1187830**	**87928692**	**87298213**
发行服务	Distribution Service	123465	6353751	6250220
工艺美术品的销售	Retail Sale of Arts and Crafts	363958	23564500	23452547
文化贸易代理与拍卖服务	Culture Trade Agency and Auction Service	71357	8531741	8538068
文具乐器照相器材的销售	Retail Sale of Stationery, Musical Instruments and Photographic Equipment	271557	19741839	19524154
文化用家电的销售	Retail Sale of Cultural Household Electric Appliances	139419	11102867	10977348
其他文化用品的销售	Retail Sale of Other Cultural Products	149373	10528874	10455556
广播电视电影专用设备的批发	Wholesale of Radio, Film and Television Equipment	40035	3983668	3951260
舞台照明设备的批发	Wholesale of Stage Lighting Equipment	28666	4121451	4149061

类别	Category	营业税金及附加 Total Tax and Extra Charges	#主营业务税金及附加 Tax and Extra Charges from Principal Business	资产总计 Total Assets
合 计	**Total**	**1160077**	**1176057**	**77277397**
发行服务	Distribution Service	81919	80774	7682346
工艺美术品的销售	Retail Sale of Arts and Crafts	326389	335838	26908925
文化贸易代理与拍卖服务	Culture Trade Agency and Auction Service	124547	126419	5799451
文具乐器照相器材的销售	Retail Sale of Stationery, Musical Instruments and Photographic Equipment	226254	226077	15938302
文化用家电的销售	Retail Sale of Cultural Household Electric Appliances	158602	163871	6988681
其他文化用品的销售	Retail Sale of Other Cultural Products	136498	135986	9192425
广播电视电影专用设备的批发	Wholesale of Radio, Film and Television Equipment	42684	42880	3017053
舞台照明设备的批发	Wholesale of Stage Lighting Equipment	63185	64213	1750213

3-3-7 分地区限额以下文化批发和零售业企业主要财务指标(2016年)

Main Economic Indicators of Cultural Wholesale and Retail Trades Enterprises under Designated Size by Region(2016)

单位：万元 (10 000 yuan)

地 区	Region	年末从业人员(人) Engaged Persons at Year-end (person)	营业收入 Total Revenue	#主营业务收入 Revenue from Principal Business
全 国	**National Total**	**1187830**	**87928692**	**87298213**
北 京	Beijing	50281	2653501	2589424
天 津	Tianjin	19173	2045486	2008029
河 北	Hebei	53923	2178894	2013684
山 西	Shanxi	9780	307243	299480
内蒙古	Inner Mongolia	15625	895897	861077
辽 宁	Liaoning	24834	944145	942966
吉 林	Jilin	6928	193940	190693
黑龙江	Heilongjiang	8225	236295	230060
上 海	Shanghai	64744	5550802	5436547
江 苏	Jiangsu	139736	22376690	22869827
浙 江	Zhejiang	101481	7349384	7257268
安 徽	Anhui	36604	2668015	2656629
福 建	Fujian	37296	2745896	2695828
江 西	Jiangxi	14505	568387	561059
山 东	Shandong	181030	10563107	10499742
河 南	Henan	67987	2755776	2713782
湖 北	Hubei	39611	1525018	1405056
湖 南	Hunan	33830	1594215	1583137
广 东	Guangdong	142798	8506607	8408381
广 西	Guangxi	15923	541696	538526
海 南	Hainan	3832	203517	200308
重 庆	Chongqing	26725	1099461	1069152
四 川	Sichuan	17951	2596285	2517342
贵 州	Guizhou	13961	1025356	1011453
云 南	Yunnan	15112	2204783	2187741
西 藏	Tibet	1772	38144	36867
陕 西	Shaanxi	23693	3907112	3881789
甘 肃	Gansu	11725	355023	339945
青 海	Qinghai	2501	15130	14732
宁 夏	Ningxia	2155	77224	76152
新 疆	Xinjiang	4089	205664	201539

3-3-7 续表 continued

单位：万元 (10 000 yuan)

地 区	Region	营业税金及附加 Total Tax and Extra Charges	#主营业务税金及附加 Tax and Extra Charges from Principal Business	资产总计 Total Assets
全 国	**National Total**	**1160077**	**1176057**	**77277397**
北 京	Beijing	10331	9092	4541891
天 津	Tianjin	14447	14570	2584180
河 北	Hebei	36268	35370	1850424
山 西	Shanxi	3569	3205	544634
内蒙古	Inner Mongolia	13635	14045	1337456
辽 宁	Liaoning	19635	19618	791947
吉 林	Jilin	3199	3141	169855
黑龙江	Heilongjiang	9782	8462	301183
上 海	Shanghai	48065	41366	4501290
江 苏	Jiangsu	151568	152322	14020295
浙 江	Zhejiang	65925	64366	7153218
安 徽	Anhui	27914	27256	2719421
福 建	Fujian	22649	30042	2970598
江 西	Jiangxi	11704	10998	544635
山 东	Shandong	261831	263739	6235703
河 南	Henan	51034	71372	2671350
湖 北	Hubei	31798	27981	1717650
湖 南	Hunan	57165	56230	1529156
广 东	Guangdong	105816	108713	9635238
广 西	Guangxi	12179	10944	798331
海 南	Hainan	1828	1763	334461
重 庆	Chongqing	4974	4828	1134264
四 川	Sichuan	18091	14773	2913673
贵 州	Guizhou	7863	6719	874471
云 南	Yunnan	8352	8303	1976825
西 藏	Tibet	1110	914	76083
陕 西	Shaanxi	146660	154470	1551690
甘 肃	Gansu	8090	7632	1113242
青 海	Qinghai	318	277	101971
宁 夏	Ningxia	1961	1537	273534
新 疆	Xinjiang	2319	2009	308729

3-4-1 规模以上文化服务业企业基本情况(2016年)
Basic Statistics on Cultural Enterprises of Service Industry above Designated Size(2016)

分 组	Group	企业单位数(个) Number of Enterprises (unit)	年末从业人员(人) Engaged Persons at Year-end (person)	资产总计(万元) Total Assets (10 000 yuan)
合 计	**Total**	**24763**	**2947035**	**542972809**
按登记注册类型分	**Grouped by Status of Registration**			
内资企业	Domestic Funded Enterprises	23447	2604538	455019341
国有企业	Stats-owned Enterprises	1335	261186	39814217
集体企业	Collective-owned Enterprises	118	9717	871213
股份合作企业	Cooperative Enterprises	31	1863	207928
联营企业	Joint Ownership Enterprises	10	1196	81865
有限责任公司	Limited Liability Corporations	9521	1193291	246539111
股份有限公司	Share-holding Corporations Ltd.	1139	307343	75631767
私营公司	Private Enterprises	11094	813319	90810955
其他企业	Other Enterprises	199	16623	1062286
港、澳、台商投资企业	Enterprises with Funds from Hong Kong, Macao and Taiwan	617	174869	67531804
外商投资企业	Foreign Funded Enterprises	699	167628	20421664
按企业控股情况分	**by Status of Holding**			
国有控股	State-holding	4955	995744	223732244
集体控股	Collective-holding	557	66628	34836094
私人控股	Private-holding	16200	1314575	165616127
港澳台商控股	Hong Kong, Macao and Taiwan-holding	545	164675	65186702
外商控股	Foreign-holding	616	143726	15019865
其他	Others	1890	261687	38581776

3-4-1 续表 1 continued

单位：万元 (10 000 yuan)

分 组	Group	营业收入 Total Revenue	#主营业务收入 Revenue from Principal Business
合 计	**Total**	**252796176**	**248979130**
按登记注册类型分	**Grouped by Status of Registration**		
内资企业	Domestic Funded Enterprises	197073254	193853041
国有企业	Stats-owned Enterprises	14175749	13652680
集体企业	Collective-owned Enterprises	244400	227659
股份合作企业	Cooperative Enterprises	102497	102381
联营企业	Joint Ownership Enterprises	33643	32790
有限责任公司	Limited Liability Corporations	97893282	96508814
股份有限公司	Share-holding Corporations Ltd.	23187888	22599898
私营公司	Private Enterprises	60726616	60030814
其他企业	Other Enterprises	709180	698005
港、澳、台商投资企业	Enterprises with Funds from Hong Kong, Macao and Taiwan	34285669	33803592
外商投资企业	Foreign Funded Enterprises	21437253	21322498
按企业控股情况分	**by Status of Holding**		
国有控股	State-holding	77932818	76088444
集体控股	Collective-holding	4700406	4583107
私人控股	Private-holding	97076909	96045874
港澳台商控股	Hong Kong, Macao and Taiwan-holding	33620135	33169871
外商控股	Foreign-holding	19459461	19354377
其他	Others	20006448	19737457

3-4-1 续表 2 continued

单位：万元 (10 000 yuan)

分　组	Group	营业税金及附加 Total Tax and Extra Charges	#主营业务税金及附加 Tax and Extra Charges from Principal Business
合　计	**Total**	**2221170**	**2152771**
按登记注册类型分	**Grouped by Status of Registration**		
内资企业	Domestic Funded Enterprises	1872494	1812780
国有企业	Stats-owned Enterprises	160201	154787
集体企业	Collective-owned Enterprises	4950	4311
股份合作企业	Cooperative Enterprises	1524	1458
联营企业	Joint Ownership Enterprises	281	281
有限责任公司	Limited Liability Corporations	889149	857451
股份有限公司	Share-holding Corporations Ltd.	162065	157607
私营公司	Private Enterprises	644023	626881
其他企业	Other Enterprises	10302	10004
港、澳、台商投资企业	Enterprises with Funds from Hong Kong, Macao and Taiwan	268850	262185
外商投资企业	Foreign Funded Enterprises	79827	77806
按企业控股情况分	**by Status of Holding**		
国有控股	State-holding	658911	636750
集体控股	Collective-holding	44891	42017
私人控股	Private-holding	995207	964406
港澳台商控股	Hong Kong, Macao and Taiwan-holding	263165	256839
外商控股	Foreign-holding	74644	73913
其他	Others	184353	178846

3-4-1 续表 3 continued

单位：万元 (10 000 yuan)

分 组	Group	营业利润 Operating Profit	应交增值税 Value-added Tax Payable
合 计	**Total**	**32488268**	**5425803**
按登记注册类型分	**Grouped by Status of Registration**		
内资企业	Domestic Funded Enterprises	17744916	4071396
国有企业	Stats-owned Enterprises	1104676	487021
集体企业	Collective-owned Enterprises	15423	4554
股份合作企业	Cooperative Enterprises	7183	3245
联营企业	Joint Ownership Enterprises	11306	1085
有限责任公司	Limited Liability Corporations	7970610	2140368
股份有限公司	Share-holding Corporations Ltd.	3289731	402332
私营公司	Private Enterprises	5223516	1016659
其他企业	Other Enterprises	122470	16133
港、澳、台商投资企业	Enterprises with Funds from Hong Kong, Macao and Taiwan	13355775	1035522
外商投资企业	Foreign Funded Enterprises	1387577	318885
按企业控股情况分	**by Status of Holding**		
国有控股	State-holding	6125400	1674771
集体控股	Collective-holding	912723	88771
私人控股	Private-holding	8339857	1864082
港澳台商控股	Hong Kong, Macao and Taiwan-holding	13292127	1026774
外商控股	Foreign-holding	1293341	271341
其他	Others	2524822	500065

3-4-2 按类别分规模以上文化服务业企业基本情况(2016年)

Basic Statistics on Cultural Enterprises of Service Industry above Designated Size by Category(2016)

类 别	Category	企业单位数(个) Number of Enterprises (unit)	#亏损企业 Unprofitable Enterprise	年末从业人员(人) Engaged Persons at Year-end (person)	资产总计(万元) Total Assets (10 000 yuan)
合 计	**Total**	**24763**	**6604**	**2947035**	**542972809**
新闻服务	News Service	20	9	5810	1644527
出版服务	Publishing Service	1218	457	202346	41580031
广播电视服务	Radio and Television Service	224	87	60493	17493117
电影和影视录音服务	Film and Video Recording Service	2265	821	121284	32092450
文艺创作与表演服务	Art Creation and Performance Service	816	277	69907	5672388
图书馆与档案馆服务	Library and Archive Service	6	1	545	22187
文化遗产保护服务	Cultural Heritage Protection Service	132	39	10868	3380941
群众文化服务	Mass Culture Service	85	15	5198	707100
文化研究和社团服务	Cultural Studies and Social Organization Service	3	1	103	4658
文化艺术培训服务	Culture and Arts Training Service	144	29	19979	682782
其他文化艺术业服务	Other Culture and Art Industry Service	338	72	17755	2398140
互联网信息服务	Internet Information Service	1279	418	310850	116865127
增值电信服务(文化部分)	Value-Added Telecommunication Service(Culture Part)	126	34	40116	5685843
广播电视传输服务	Radio and Television Transmission Service	529	186	192841	31228464
广告服务	Advertisement Service	4677	1000	236985	36443031
文化软件服务	Cultural Software Service	2522	728	472165	63199498
建筑设计服务	Architectural Design Service	2984	447	463043	44159543
专业设计服务	Professional Design Service	1121	251	128519	15312755
景区游览服务	Scenic Touring Service	2321	745	280968	65830986
娱乐休闲服务	Entertainment and Recreation Service	1832	470	152256	20720042
摄影扩印服务	Photography and Enlarge-Printing Service	180	45	16842	422841
版权服务	Copyright Service	141	21	16748	1824352
文化经纪代理服务	Culture Broker and Agency Service	105	29	5210	1899372
文化出租服务	Cultural Rental Service	20	4	1508	143543
会展服务	Exhibition Service	1075	265	65343	22718394
其他文化辅助服务	Other Cultural Support Service	600	153	49353	10840697

3-4-2 续表 continued

单位：万元 (10 000 yuan)

类 别	Category	营业收入 Total Revenue	营业成本 Total Cost	营业税金及附加 Total Tax and Extra Charges	利润总额 Total Profit
合 计	**Total**	**252796176**	**168198797**	**2221170**	**36457942**
新闻服务	News Service	166542	99235	4096	38327
出版服务	Publishing Service	12747131	8458663	126492	1763515
广播电视服务	Radio and Television Service	5068505	3458153	50469	848313
电影和影视录音服务	Film and Video Recording Service	11766463	8773534	133298	1379335
文艺创作与表演服务	Art Creation and Performance Service	1573174	1019425	22252	282341
图书馆与档案馆服务	Library and Archive Service	10767	5556	122	1383
文化遗产保护服务	Cultural Heritage Protection Service	326432	145013	7609	84662
群众文化服务	Mass Culture Service	259383	182651	3439	33106
文化研究和社团服务	Cultural Studies and Social Organization Service	3047	1984	43	180
文化艺术培训服务	Culture and Arts Training Service	487876	245828	6799	67466
其他文化艺术业服务	Other Culture and Art Industry Service	1141382	769161	16269	129966
互联网信息服务	Internet Information Service	49186395	22604486	450399	14219693
增值电信服务(文化部分)	Value-Added Telecommunication Service(Culture Part)	2625497	1863365	13045	356896
广播电视传输服务	Radio and Television Transmission Service	8716782	5884917	33019	1032596
广告服务	Advertisement Service	42525600	34824217	360898	2899275
文化软件服务	Cultural Software Service	43993462	27839811	207900	6850356
建筑设计服务	Architectural Design Service	30370857	23373032	264338	2872124
专业设计服务	Professional Design Service	17301471	14693438	83563	902712
景区游览服务	Scenic Touring Service	8623437	4391364	184498	1240556
娱乐休闲服务	Entertainment and Recreation Service	4539377	2368968	143899	327158
摄影扩印服务	Photography and Enlarge-Printing Service	413682	189858	9725	42987
版权服务	Copyright Service	1196211	533709	4836	225710
文化经纪代理服务	Culture Broker and Agency Service	444957	288126	4195	90103
文化出租服务	Cultural Rental Service	86443	59808	552	6239
会展服务	Exhibition Service	6007155	4003391	54763	576090
其他文化辅助服务	Other Cultural Support Service	3214151	2121105	34654	186857

3-4-3　分地区规模以上文化服务业企业基本情况(2016年)
Basic Statistics on Cultural Enterprises of Service Industry above Designated Size by Region(2016)

单位：万元　　(10 000 yuan)

地　区	Region	企业单位数(个) Number of Enterprises (unit)	#亏损企业 Unprofitable Enterprise	年末从业人员(人) Engaged Persons at Year-end (person)	资产总计 Total Assets
全　国	**National Total**	**24763**	**6604**	**2947035**	**542972809**
北　京	Beijing	3032	935	401006	89088781
天　津	Tianjin	601	169	68573	15433610
河　北	Hebei	547	209	56539	6459124
山　西	Shanxi	160	74	21707	2594320
内蒙古	Inner Mongolia	165	73	11658	3032131
辽　宁	Liaoning	409	158	74707	5533940
吉　林	Jilin	256	70	24333	3411790
黑龙江	Heilongjiang	103	41	12315	1580568
上　海	Shanghai	1685	507	295467	73454804
江　苏	Jiangsu	3560	730	379671	53187086
浙　江	Zhejiang	1545	506	167518	57627459
安　徽	Anhui	739	193	61140	8328679
福　建	Fujian	955	254	83299	8680962
江　西	Jiangxi	482	100	44173	3954151
山　东	Shandong	1494	287	122590	17642832
河　南	Henan	1447	216	140058	13351309
湖　北	Hubei	793	197	131493	15925929
湖　南	Hunan	1071	246	102073	15443762
广　东	Guangdong	2511	684	362567	90788555
广　西	Guangxi	225	96	31103	2874476
海　南	Hainan	93	38	17596	2086294
重　庆	Chongqing	582	136	77864	10660594
四　川	Sichuan	776	209	92491	14259269
贵　州	Guizhou	321	87	33866	4075369
云　南	Yunnan	333	92	44937	10113855
西　藏	Tibet	11	5	1560	169093
陕　西	Shaanxi	501	180	50048	8084551
甘　肃	Gansu	165	50	13206	2078085
青　海	Qinghai	19	4	3029	449593
宁　夏	Ningxia	58	25	6796	1079715
新　疆	Xinjiang	124	33	13652	1522122

3-4-3 续表 continued

单位：万元 (10 000 yuan)

地 区	Region	营业收入 Total Revenue	营业成本 Total Cost	营业税金及附加 Total Tax and Extra Charges	利润总额 Total Profit
全 国	**National Total**	**252796176**	**168198797**	**2221170**	**36457942**
北 京	Beijing	59678639	42956467	413638	4409481
天 津	Tianjin	8822921	6057991	64307	1468572
河 北	Hebei	1821960	1283497	13261	51132
山 西	Shanxi	460156	301713	6102	536
内蒙古	Inner Mongolia	469969	282948	6006	66504
辽 宁	Liaoning	2598433	1782944	17613	166288
吉 林	Jilin	804372	559609	7763	74099
黑龙江	Heilongjiang	413128	250782	4532	55252
上 海	Shanghai	35351593	23839311	247465	5272572
江 苏	Jiangsu	23593336	17262779	242778	2331535
浙 江	Zhejiang	31661317	16960952	199405	9191596
安 徽	Anhui	3599663	2502199	32299	341976
福 建	Fujian	3907207	2219232	38783	338305
江 西	Jiangxi	1898633	1131223	35507	258116
山 东	Shandong	6046435	3740356	107042	1071181
河 南	Henan	4444699	3032654	80485	582492
湖 北	Hubei	7485657	5433544	113885	734488
湖 南	Hunan	5836606	4173534	57401	494030
广 东	Guangdong	34658638	21843329	332748	6862752
广 西	Guangxi	1062531	670564	12875	129213
海 南	Hainan	917280	484053	17099	174304
重 庆	Chongqing	4473318	2948096	41834	393808
四 川	Sichuan	5177219	3135897	59340	1040366
贵 州	Guizhou	1370028	1040593	12012	127766
云 南	Yunnan	2207001	1545499	18335	272714
西 藏	Tibet	28523	7915	256	3114
陕 西	Shaanxi	2099474	1407980	22625	254705
甘 肃	Gansu	371466	220618	5331	99093
青 海	Qinghai	412352	356132	1227	29529
宁 夏	Ningxia	243592	148234	3665	20909
新 疆	Xinjiang	880033	618153	5553	141514

3-4-4 按类别分规模以上文化服务业企业主要财务指标(2016年)
Main Economic Indicators of Cultural Enterprises of Service Industry above Designated Size by Category(2016)

单位：万元 (10 000 yuan)

类别	Category	企业单位数(个) Number of Enterprises (unit)	固定资产原价 Original Value of Fixed Assets	本年折旧 Depreciation This Year	主营业务收入 Revenue of Principal Business	主营业务成本 Cost of Principal Business
合计	**Total**	**24763**	**106834100**	**7350881**	**248979130**	**163607221**
新闻服务	News Service	20	235787	6964	137396	92881
出版服务	Publishing Service	1218	7069770	343697	11915062	7767686
广播电视服务	Radio and Television Service	224	3293545	219269	4968679	3421581
电影和影视录音服务	Film and Video Recording Service	2265	3930653	594249	11414638	8559539
文艺创作与表演服务	Art Creation and Performance Service	816	1438216	84788	1484601	941151
图书馆与档案馆服务	Library and Archive Service	6	12575	423	10437	5444
文化遗产保护服务	Cultural Heritage Protection Service	132	494426	22938	316248	141091
群众文化服务	Mass Culture Service	85	108207	5916	258839	181451
文化研究和社团服务	Cultural Studies and Social Organization Service	3	435	106	3047	1984
文化艺术培训服务	Culture and Arts Training Service	144	131849	8416	483604	231343
其他文化艺术业服务	Other Culture and Art Industry Service	338	539881	24622	1128468	761170
互联网信息服务	Internet Information Service	1279	8467655	1076846	48713826	21970233
增值电信服务（文化部分）	Value-Added Telecommunication Service(Culture Part)	126	2229266	166666	2575227	1789469
广播电视传输服务	Radio and Television Transmission Service	529	19960375	1381255	8469095	5664509
广告服务	Advertisement Service	4677	3716171	284406	42231823	34017903
文化软件服务	Cultural Software Service	2522	5681383	543026	43554521	27232537
建筑设计服务	Architectural Design Service	2984	5351128	328945	30065588	22992157
专业设计服务	Professional Design Service	1121	2900674	206216	17266982	14248153
景区游览服务	Scenic Touring Service	2321	20779298	1003862	8386952	4246381
娱乐休闲服务	Entertainment and Recreation Service	1832	11658738	615227	4427450	2297025
摄影扩印服务	Photography and Enlarge-Printing Service	180	171595	14039	405056	182104
版权服务	Copyright Service	141	189194	15639	1192725	529094
文化经纪代理服务	Culture Broker and Agency Service	105	191103	7929	435495	278033
文化出租服务	Cultural Rental Service	20	74436	6640	84020	59642
会展服务	Exhibition Service	1075	7044183	317124	5919729	3952295
其他文化辅助服务	Other Cultural Support Service	600	1163558	71672	3129625	2042366

3-4-4 续表 continued

单位：万元 (10 000 yuan)

类 别	Category	主营业务税金及附加 Tax and Extra Charges from Principal Business	营业利润 Operating Profit	应付职工薪酬 Employee Benefits Payable	应交增值税 Value-added Tax Payable
合 计	**Total**	**2152771**	**32488268**	**37936122**	**5425803**
新闻服务	News Service	3937	17345	42227	3999
出版服务	Publishing Service	118782	859248	2846568	453876
广播电视服务	Radio and Television Service	50074	797394	862231	121128
电影和影视录音服务	Film and Video Recording Service	119803	1147316	1095840	252381
文艺创作与表演服务	Art Creation and Performance Service	21303	71556	402974	34421
图书馆与档案馆服务	Library and Archive Service	116	1204	2802	108
文化遗产保护服务	Cultural Heritage Protection Service	7121	27628	59592	5617
群众文化服务	Mass Culture Service	3390	31195	28770	5328
文化研究和社团服务	Cultural Studies and Social Organization Service	43	179	550	38
文化艺术培训服务	Culture and Arts Training Service	6672	66643	130132	10764
其他文化艺术业服务	Other Culture and Art Industry Service	16140	116747	150894	21615
互联网信息服务	Internet Information Service	444787	13542662	6923051	865423
增值电信服务（文化部分）	Value-Added Telecommunication Service(Culture Part)	11660	326969	461048	79087
广播电视传输服务	Radio and Television Transmission Service	32544	901168	2113617	37906
广告服务	Advertisement Service	353128	2687872	2817509	545995
文化软件服务	Cultural Software Service	202951	6062570	8148298	1354198
建筑设计服务	Architectural Design Service	256456	2752246	6117806	890343
专业设计服务	Professional Design Service	82478	771606	1825272	240923
景区游览服务	Scenic Touring Service	178128	1080167	1473046	157848
娱乐休闲服务	Entertainment and Recreation Service	139866	229513	844006	84906
摄影扩印服务	Photography and Enlarge-Printing Service	9391	41637	95014	11646
版权服务	Copyright Service	4789	209614	282791	31211
文化经纪代理服务	Culture Broker and Agency Service	3953	69053	52687	9058
文化出租服务	Cultural Rental Service	552	6182	12840	2028
会展服务	Exhibition Service	51732	516079	699198	136178
其他文化辅助服务	Other Cultural Support Service	32977	154474	447361	69779

3-4-5 分地区规模以上文化服务业企业主要财务指标(2016年)

Main Economic Indicators of Cultural Enterprises of Service Industry above Designated Size by Region(2016)

单位：万元 (10 000 yuan)

地区	Region	企业单位数(个) Number of Enterprises (unit)	固定资产原价 Original Value of Fixed Assets	本年折旧 Depreciation This Year	主营业务收入 Revenue of Principal Business	主营业务成本 Cost of Principal Business
全　国	**National Total**	**24763**	**106834100**	**7350881**	**248979130**	**163607221**
北　京	Beijing	3032	12145197	997277	59125828	42678842
天　津	Tianjin	601	2785301	198379	8749831	5908327
河　北	Hebei	547	1879447	154499	1798358	1268376
山　西	Shanxi	160	1345234	73415	440166	294120
内蒙古	Inner Mongolia	165	1195292	69948	453057	273808
辽　宁	Liaoning	409	2692291	194439	2552633	1718812
吉　林	Jilin	256	1108476	65605	793586	550266
黑龙江	Heilongjiang	103	624862	36258	403644	243075
上　海	Shanghai	1685	13327216	1083643	34889619	23133475
江　苏	Jiangsu	3560	12421836	806923	23097609	16721372
浙　江	Zhejiang	1545	7895605	679253	31183049	16811433
安　徽	Anhui	739	2188235	129226	3525192	2366775
福　建	Fujian	955	2711441	155317	3775387	2154824
江　西	Jiangxi	482	1296143	91028	1809029	1068830
山　东	Shandong	1494	5178583	253495	5924739	3647149
河　南	Henan	1447	4086331	223017	4374305	2919386
湖　北	Hubei	793	4984239	283208	7164031	4950835
湖　南	Hunan	1071	3570309	202998	5725019	4105426
广　东	Guangdong	2511	9783574	682904	34369161	20783829
广　西	Guangxi	225	1071275	52331	1033196	652516
海　南	Hainan	93	1045853	52852	886971	473737
重　庆	Chongqing	582	2329703	148198	4429270	2838548
四　川	Sichuan	776	4771845	365977	5063000	2927095
贵　州	Guizhou	321	1079216	70482	1345029	934412
云　南	Yunnan	333	1968183	109267	2130718	1498911
西　藏	Tibet	11	29361	5147	28459	7674
陕　西	Shaanxi	501	2192631	106881	2065543	1372989
甘　肃	Gansu	165	419992	14908	334690	195871
青　海	Qinghai	19	121109	8659	410279	354396
宁　夏	Ningxia	58	316669	18547	227885	140764
新　疆	Xinjiang	124	268653	16800	869849	611349

3-4-5 续表 continued

单位：万元 (10 000 yuan)

地 区	Region	主营业务税金及附加 Tax and Extra Charges from Principal Business	营业利润 Operating Profit	应付职工薪酬 Employee Benefits Payable	应交增值税 Value-added Tax Payable
全 国	**National Total**	**2152771**	**32488268**	**37936122**	**5425803**
北 京	Beijing	411141	3473183	8000564	1043284
天 津	Tianjin	61648	1318213	1310056	230942
河 北	Hebei	12862	19650	382165	34354
山 西	Shanxi	5686	-25585	102783	11288
内蒙古	Inner Mongolia	5925	47394	89452	9415
辽 宁	Liaoning	16564	113461	830003	52144
吉 林	Jilin	6987	56316	162015	14103
黑龙江	Heilongjiang	4376	38862	67770	17205
上 海	Shanghai	234790	4675794	6200408	1076064
江 苏	Jiangsu	230030	2048666	3562545	430770
浙 江	Zhejiang	193557	8820006	3408701	769447
安 徽	Anhui	28983	272952	563342	67625
福 建	Fujian	37756	271490	747260	73007
江 西	Jiangxi	34143	239852	230518	30091
山 东	Shandong	105772	992148	907889	163660
河 南	Henan	75900	432807	727855	109326
湖 北	Hubei	111718	604725	1433664	241298
湖 南	Hunan	56818	496091	844538	122338
广 东	Guangdong	326788	6343600	5162208	485627
广 西	Guangxi	12204	99736	269082	27374
海 南	Hainan	16358	166907	150512	23314
重 庆	Chongqing	40507	328775	745713	90556
四 川	Sichuan	57624	893473	757779	118090
贵 州	Guizhou	11285	107048	265806	31407
云 南	Yunnan	17210	240435	371105	41633
西 藏	Tibet	248	2607	5182	1271
陕 西	Shaanxi	20661	198490	355655	53066
甘 肃	Gansu	5224	42923	68084	21244
青 海	Qinghai	1185	25767	24604	3742
宁 夏	Ningxia	3471	16320	47596	5927
新 疆	Xinjiang	5354	126165	141270	26193

3-4-6 按类别分规模以下文化服务业企业主要财务指标(2016年)

Main Economic Indicators of Cultural Enterprises of Service Industry under Designated Size by Category(2016)

单位：万元 (10 000 yuan)

类 别	Category	年末从业人员(人) Engaged Persons at Year-end (person)	营业收入 Total Revenue	#主营业务收入 Revenue from Principal Business
合　计	**Total**	**5679673**	**159410102**	**155115250**
新闻服务	News Service	4331	111634	108632
出版服务	Publishing Service	96824	3646170	3507589
广播电视服务	Radio and Television Service	40921	1864534	1832345
电影和影视录音服务	Film and Video Recording Service	186840	5832978	5630755
文艺创作与表演服务	Art Creation and Performance Service	169851	2264063	2202295
图书馆与档案馆服务	Library and Archive Service	3723	69657	68064
文化遗产保护服务	Cultural Heritage Protection Service	19251	449750	433889
群众文化服务	Mass Culture Service	39335	777372	710671
文化研究和社团服务	Cultural Studies and Social Organization Service	25077	986796	975639
文化艺术培训服务	Culture and Arts Training Service	71795	1044576	1024763
其他文化艺术业服务	Other Culture and Art Industry Service	122147	2887284	2803149
互联网信息服务	Internet Information Service	207697	5735137	5641995
增值电信服务（文化部分）	Value-Added Telecommunication Service (Culture Part)	27326	1178286	1140037
广播电视传输服务	Radio and Television Transmission Service	135219	4485523	4331301
广告服务	Advertisement Service	1358903	45995238	44981706
文化软件服务	Cultural Software Service	329954	10323039	10110466
建筑设计服务	Architectural Design Service	531110	18542413	18062316
专业设计服务	Professional Design Service	437330	13528616	13089443
景区游览服务	Scenic Touring Service	258162	5607251	5344622
娱乐休闲服务	Entertainment and Recreation Service	973390	17207103	16753582
摄影扩印服务	Photography and Enlarge-Printing Service	89627	1637971	1573709
版权服务	Copyright Service	19829	521658	512252
文化经纪代理服务	Culture Broker and Agency Service	28776	700795	685098
文化出租服务	Cultural Rental Service	34702	1184745	1157796
会展服务	Exhibition Service	225826	6882158	6588620
其他文化辅助服务	Other Cultural Support Service	241727	5945355	5844517

3-4-6 续表 continued

单位：万元 (10 000 yuan)

类 别	Category	营业税金及附加 Total Tax and Extra Charges	#主营业务税金及附加 Tax and Extra Charges from Principal Business	资产总计 Total Assets
合 计	**Total**	**3076908**	**2883582**	**465457936**
新闻服务	News Service	2040	1844	295167
出版服务	Publishing Service	53436	53832	16666170
广播电视服务	Radio and Television Service	23291	21914	5007239
电影和影视录音服务	Film and Video Recording Service	111816	108288	21170150
文艺创作与表演服务	Art Creation and Performance Service	46033	45130	7553240
图书馆与档案馆服务	Library and Archive Service	1798	1625	149566
文化遗产保护服务	Cultural Heritage Protection Service	10932	10105	4334867
群众文化服务	Mass Culture Service	12624	12654	3707934
文化研究和社团服务	Cultural Studies and Social Organization Service	15984	16645	8548924
文化艺术培训服务	Culture and Arts Training Service	23630	23839	2175775
其他文化艺术业服务	Other Culture and Art Industry Service	51069	50506	13258614
互联网信息服务	Internet Information Service	96006	93868	13615504
增值电信服务（文化部分）	Value-Added Telecommunication Service (Culture Part)	14315	14123	1773969
广播电视传输服务	Radio and Television Transmission Service	67306	67220	23005733
广告服务	Advertisement Service	913480	815133	112540478
文化软件服务	Cultural Software Service	132382	128072	25746771
建筑设计服务	Architectural Design Service	400964	362095	32486653
专业设计服务	Professional Design Service	209942	202649	24551235
景区游览服务	Scenic Touring Service	117216	112452	69892117
娱乐休闲服务	Entertainment and Recreation Service	477030	450740	25001429
摄影扩印服务	Photography and Enlarge-Printing Service	34679	34486	1943955
版权服务	Copyright Service	7636	7556	2408800
文化经纪代理服务	Culture Broker and Agency Service	14597	14529	2853976
文化出租服务	Cultural Rental Service	15469	15946	1858846
会展服务	Exhibition Service	112690	108237	20325767
其他文化辅助服务	Other Cultural Support Service	110544	110096	24585057

3-4-7 分地区规模以下文化服务业企业主要财务指标(2016年)
Main Economic Indicators of Cultural Enterprises of Service Industry under Designated Size by Region(2016)

单位：万元 (10 000 yuan)

地区	Region	年末从业人员(人) Engaged Persons at Year-end (person)	营业收入 Total Revenue	#主营业务收入 Revenue from Principal Business
全国	**National Total**	**5679673**	**159410102**	**155115250**
北京	Beijing	341565	12887760	12645737
天津	Tianjin	103811	4498085	4538293
河北	Hebei	188082	3423692	3081905
山西	Shanxi	76222	784456	705075
内蒙古	Inner Mongolia	132201	3798352	3574367
辽宁	Liaoning	78776	1465059	1450382
吉林	Jilin	58116	1180273	1137311
黑龙江	Heilongjiang	46736	870050	838314
上海	Shanghai	265219	10395392	9735763
江苏	Jiangsu	459635	19152437	18610186
浙江	Zhejiang	345756	12345119	12267423
安徽	Anhui	255066	6454871	6769065
福建	Fujian	229368	5147738	4991921
江西	Jiangxi	110283	2698363	2614218
山东	Shandong	396354	13302482	12882549
河南	Henan	265701	4990837	4893291
湖北	Hubei	252650	5467554	5076042
湖南	Hunan	350795	6921748	6849287
广东	Guangdong	635656	16581064	16270885
广西	Guangxi	63062	739627	708311
海南	Hainan	32837	342075	340537
重庆	Chongqing	189134	5197103	5273289
四川	Sichuan	260419	5879750	5713430
贵州	Guizhou	142279	3477166	3312879
云南	Yunnan	100004	2606804	2565208
西藏	Tibet	6304	128691	119532
陕西	Shaanxi	147340	6206886	6033943
甘肃	Gansu	96560	1253984	1040842
青海	Qinghai	10205	640180	601669
宁夏	Ningxia	21567	296609	239383
新疆	Xinjiang	17970	275897	234216

3-4-7 续表 continued

单位：万元 (10 000 yuan)

地 区	Region	营业税金及附加 Total Tax and Extra Charges	#主营业务税金及附加 Tax and Extra Charges from Principal Business	资产总计 Total Assets
全 国	**National Total**	**3076908**	**2883582**	**465457936**
北 京	Beijing	106292	102217	46122317
天 津	Tianjin	60214	66151	21905088
河 北	Hebei	39266	37325	21051484
山 西	Shanxi	12138	10959	3839325
内蒙古	Inner Mongolia	45937	45896	10976324
辽 宁	Liaoning	33566	34654	5542571
吉 林	Jilin	26757	31066	3559309
黑龙江	Heilongjiang	17388	16740	4402484
上 海	Shanghai	309237	228129	25915666
江 苏	Jiangsu	318306	307114	40268868
浙 江	Zhejiang	171453	173142	30272566
安 徽	Anhui	103526	93726	10557630
福 建	Fujian	72632	72041	8580246
江 西	Jiangxi	92169	86866	5658328
山 东	Shandong	325514	322743	63568022
河 南	Henan	146360	148852	14676097
湖 北	Hubei	100610	102967	23336083
湖 南	Hunan	107352	105765	11549363
广 东	Guangdong	341009	329975	44664288
广 西	Guangxi	20524	20239	2866929
海 南	Hainan	11785	10547	3782550
重 庆	Chongqing	133669	132786	7309247
四 川	Sichuan	107399	104151	15431312
贵 州	Guizhou	61385	52593	12453980
云 南	Yunnan	49830	44780	10631037
西 藏	Tibet	867	882	133946
陕 西	Shaanxi	132146	125744	7407509
甘 肃	Gansu	89687	54710	5665005
青 海	Qinghai	6302	5389	846762
宁 夏	Ningxia	9568	7837	1656416
新 疆	Xinjiang	24024	7596	827184

3-4-8　按类别分文化服务业事业和其他单位主要财务指标(2016年)

Main Economic Indicators of Public and Other Cultural Institutions of Service Industry by Category(2016)

单位：万元　　(10 000 yuan)

类　别	Category	年　末从业人员(人) Engaged Persons at Year-end (person)	非企业单位支出(费用) Non-enterprise Units Spending (Cost)	年末资产 Assets at the Year-end
合　计	**Total**	**2805148**	**49212421**	**125633615**
新闻服务	News Service	35794	986578	1920591
出版服务	Publishing Service	100079	2371375	9282965
广播电视服务	Radio and Television Service	349898	11623153	28779548
电影和影视录音服务	Film and Video Recording Service	53939	1377054	4061602
文艺创作与表演服务	Art Creation and Performance Service	197208	2511539	4611292
图书馆与档案馆服务	Library and Archive Service	123668	2891754	8154600
文化遗产保护服务	Cultural Heritage Protection Service	175724	4826016	17617294
群众文化服务	Mass Culture Service	250688	2873008	5801360
文化研究和社团服务	Cultural Studies and Social Organization Service	660744	4815729	7409297
文化艺术培训服务	Culture and Arts Training Service	196092	2899228	4153390
其他文化艺术业服务	Other Culture and Art Industry Service	36229	527078	1084996
互联网信息服务	Internet Information Service	14047	266230	814438
增值电信服务(文化部分)	Value-Added Telecommunication Service (Culture Part)	658	45220	182496
广播电视传输服务	Radio and Television Transmission Service	103070	2007828	7425159
广告服务	Advertisement Service	41576	217235	412144
文化软件服务	Cultural Software Service	3589	25306	40296
建筑设计服务	Architectural Design Service	38778	936220	1759888
专业设计服务	Professional Design Service	17513	293539	542470
景区游览服务	Scenic Touring Service	234035	6235837	19132894
娱乐休闲服务	Entertainment and Recreation Service	127442	246432	510811
摄影扩印服务	Photography and Enlarge-Printing Service	9336	11901	12254
版权服务	Copyright Service	1209	26688	67994
文化经纪代理服务	Culture Broker and Agency Service	1998	29577	95294
文化出租服务	Cultural Rental Service	3140	16976	45564
会展服务	Exhibition Service	13119	924373	1254893
其他文化辅助服务	Other Cultural Support Service	15575	226548	460088

3-4-9 分地区文化服务业事业和其他单位主要财务指标(2016年)
Main Economic Indicators of Public and Other Cultural Institutions of Service Industry by Region(2016)

单位：万元 (10 000 yuan)

地 区	Region	年末从业人员(人) Engaged Persons at Year-end (person)	非企业单位支出(费用) Non-enterprise Units Spending (Cost)	年末资产 Assets at the Year-end
全 国	**National Total**	**2805148**	**49212421**	**125633615**
北 京	Beijing	105963	7101384	18686326
天 津	Tianjin	34887	942127	1732799
河 北	Hebei	119065	1405587	3766283
山 西	Shanxi	83654	565106	1206058
内蒙古	Inner Mongolia	69368	1702463	3267708
辽 宁	Liaoning	52598	814755	2171919
吉 林	Jilin	58271	592262	1642735
黑龙江	Heilongjiang	60084	775166	1436466
上 海	Shanghai	36656	968533	4134733
江 苏	Jiangsu	140402	3630611	16060423
浙 江	Zhejiang	128719	3866013	8558950
安 徽	Anhui	90150	1732339	2772398
福 建	Fujian	97755	1113687	2124869
江 西	Jiangxi	63740	734432	1452080
山 东	Shandong	160978	3372298	7124542
河 南	Henan	275950	2779393	6124196
湖 北	Hubei	124127	1527779	3416366
湖 南	Hunan	215116	1850904	3016511
广 东	Guangdong	159294	3341686	12443288
广 西	Guangxi	48669	532456	1386469
海 南	Hainan	12912	178030	429507
重 庆	Chongqing	60515	793653	997466
四 川	Sichuan	196946	2954957	7262858
贵 州	Guizhou	72033	598744	2084132
云 南	Yunnan	83109	1354231	3527259
西 藏	Tibet	16488	175757	429108
陕 西	Shaanxi	88458	1893251	3154624
甘 肃	Gansu	70747	437161	2647298
青 海	Qinghai	18399	616866	552171
宁 夏	Ningxia	21757	222173	828201
新 疆	Xinjiang	38338	638620	1195874

4

主要文化行业发展情况

Development of Main Cultural Industries

4-1-1 出版物基本情况
Basic Statistics on Publications

年份 Year 地区 Region		图书 Books Published		期刊 Magazines Published	
		种数（种）Number of Publications (kind)	总印数（万册、万张）Printed Copies (10 000 copies)	种数（种）Number of Publications (kind)	总印数（万册）Printed Copies (10 000 copies)
	2005	222473	646597	9468	275894
	2006	233971	640809	9468	285216
	2007	248283	629331	9468	304106
	2008	274123	706185	9549	310490
	2009	301719	703675	9851	315250
	2010	328387	717051	9884	321535
	2011	369523	770518	9849	328522
	2012	414005	792464	9867	334798
	2013	444427	831048	9877	327243
	2014	448431	818465	9966	309452
	2015	475768	866233	10014	287833
	2016	499884	903682	10084	269669
中　央	Central Level	199701	241215	3047	87501
地　方	Local Level	300183	662467	7037	182168
北　京	Beijing	13712	28144	174	3371
天　津	Tianjin	6789	6425	254	3100
河　北	Hebei	9263	26865	227	4605
山　西	Shanxi	3513	9860	202	2421
内蒙古	Inner Mongolia	3249	6172	147	1714
辽　宁	Liaoning	10385	14758	321	8767
吉　林	Jilin	26919	23922	240	7731
黑龙江	Heilongjiang	7336	7694	314	4340
上　海	Shanghai	27481	41806	637	11205
江　苏	Jiangsu	27569	62656	470	11954
浙　江	Zhejiang	14165	39900	226	7690
安　徽	Anhui	9441	24892	186	5017
福　建	Fujian	3954	9710	176	4215
江　西	Jiangxi	7491	21423	165	7291
山　东	Shandong	15925	53037	270	10241
河　南	Henan	8588	24608	248	8166
湖　北	Hubei	15105	27044	429	18544
湖　南	Hunan	12618	51704	256	13966
广　东	Guangdong	10841	31196	388	12270
广　西	Guangxi	7406	29197	184	4236
海　南	Hainan	3797	5717	44	718
重　庆	Chongqing	5685	12751	138	4854
四　川	Sichuan	10878	24296	359	5045
贵　州	Guizhou	1013	8823	90	1713
云　南	Yunnan	8563	15244	127	3387
西　藏	Tibet	588	1497	37	233
陕　西	Shaanxi	10284	19304	287	3067
甘　肃	Gansu	3484	7541	134	9562
青　海	Qinghai	613	1030	54	318
宁　夏	Ningxia	3098	4552	37	669
新　疆	Xinjiang	10430	20699	216	1760

4-1-1 续表 continued

年 份 地 区	Year Region	报纸 Newspapers Published		音像制品 Audio-Vedio Products		电子出版物 Electronic Products	
		种数（种）Number of Publications (kind)	总印数（万份）Printed Copies (10 000 copies)	种数（种）Number of Publications (kind)	出版数量（万盒、万张）Volume of Publication (10 000 cassettes,	种数（种）Number of Publications (kind)	数量（万张）Volume of Publication (10 000 discs)
	2005	1931	4126040	34961	61543.1	6152	14009.0
	2006	1938	4245172	33706	58306.7	7207	16035.7
	2007	1938	4379882	31955	49098.0	8652	13584.0
	2008	1943	4429222	23493	43268.0	9668	15770.6
	2009	1937	4391132	25384	39146.5	10708	22914.0
	2010	1939	4521391	21552	42383.9	11175	25911.9
	2011	1928	4674326	19408	46431.0	11154	21322.2
	2012	1918	4822568	18485	39365.8	11822	26344.9
	2013	1915	4824132	16972	40604.6	11708	35220.2
	2014	1912	4638987	15355	32839.0	11823	35048.8
	2015	1906	4300869	15372	29418.2	10091	21438.4
	2016	1894	3900666	14384	27584.6	9836	29064.7
中 央	Central Level	217	787648	5776	16725.2	5569	20893.3
地 方	Local Level	1677	3113017	8608	10859.4	4267	8171.4
北 京	Beijing	35	72308	233	61.7	51	46.8
天 津	Tianjin	24	49324	72	49.9	51	15.7
河 北	Hebei	64	128177	148	596.3	129	138.5
山 西	Shanxi	60	201619	204	337.9	49	18.2
内蒙古	Inner Mongolia	58	30227	64	11.9	22	8.0
辽 宁	Liaoning	68	103862	320	138.1	202	292.7
吉 林	Jilin	51	78857	235	231.1	93	31.7
黑龙江	Heilongjiang	68	62387	8	0.3		
上 海	Shanghai	70	100393	3289	4921.5	808	1545.7
江 苏	Jiangsu	81	232495	281	1199.4	498	3066.2
浙 江	Zhejiang	67	261247	236	339.1	308	711.7
安 徽	Anhui	51	79488	90	41.9	15	3.1
福 建	Fujian	42	90608	75	17.1	52	22.5
江 西	Jiangxi	41	107365	248	113.8	69	37.6
山 东	Shandong	87	262037	340	119.7	543	242.0
河 南	Henan	77	192109	53	22.4	149	203.7
湖 北	Hubei	73	122128	143	39.3	262	52.0
湖 南	Hunan	48	98425	385	575.5	117	203.7
广 东	Guangdong	99	298845	1051	1469.6	304	1178.5
广 西	Guangxi	53	64275	158	69.7	25	1.2
海 南	Hainan	14	21536	31	4.9	6	5.6
重 庆	Chongqing	27	44041	94	30.5	145	96.4
四 川	Sichuan	85	152764	87	56.3	218	85.3
贵 州	Guizhou	30	30224	1	0.5		
云 南	Yunnan	42	40062	226	118.7	45	115.2
西 藏	Tibet	25	7972	103	81.0	13	5.3
陕 西	Shaanxi	43	57328	201	56.0	92	44.0
甘 肃	Gansu	50	50207	38	8.3	1	0.1
青 海	Qinghai	26	9566	22	33.4		
宁 夏	Ningxia	14	10439	18	3.3		
新 疆	Xinjiang	104	52703	154	110.3		

4-1-2 分地区少年儿童读物和课本出版情况(2016年)
Number of Books Published for Children and Textbooks by Region(2016)

地 区	Region	种数(种) Number of Publications (kind)		总印数（万册） Printed Copies (10 000 copies)		总印张(千印张) Printed Sheets (1000 sheets)	
		少儿读物 Books for Children	课 本 Textbooks	少儿读物 Books for Children	课 本 Textbooks	少儿读物 Books for Children	课 本 Textbooks
全 国	**National Total**	**43639**	**89001**	**77789**	**327691**	**4528085**	**26250786**
中 央	Central Level	9238	51684	14198	92549	814790	9430944
北 京	Beijing	2947	885	7310	2059	585405	205094
天 津	Tianjin	958	591	1688	1422	79565	117983
河 北	Hebei	851	367	988	11741	53120	791602
山 西	Shanxi	198	127	125	4604	9004	326111
内蒙古	Inner Mongolia	266	831	79	4140	3595	299444
辽 宁	Liaoning	1103	3176	1750	6294	130589	465976
吉 林	Jilin	4427	1225	4279	4158	203463	295491
黑龙江	Heilongjiang	1347	776	273	3569	15972	245927
上 海	Shanghai	1278	6304	7566	13890	238157	1195268
江 苏	Jiangsu	2121	3264	3455	20061	178547	1355909
浙 江	Zhejiang	3020	1597	7638	12314	559422	812692
安 徽	Anhui	1111	950	3931	8544	237680	608753
福 建	Fujian	447	447	503	4485	32928	318990
江 西	Jiangxi	2347	289	5560	6944	296036	547372
山 东	Shandong	2475	1496	4871	18411	283431	1168485
河 南	Henan	918	978	1177	13099	37807	949553
湖 北	Hubei	1059	2500	1125	8321	104881	643832
湖 南	Hunan	922	858	1391	14125	82042	885430
广 东	Guangdong	988	1577	1798	16053	87671	1154850
广 西	Guangxi	1315	389	2909	9561	193552	635325
海 南	Hainan	80	74	50	1414	4707	85499
重 庆	Chongqing	65	1994	57	6520	1895	432937
四 川	Sichuan	1675	2018	2298	9547	141367	751910
贵 州	Guizhou	101	92	147	5966	11741	440176
云 南	Yunnan	658	175	767	6900	55497	483911
西 藏	Tibet	18	148	6	1097	200	76632
陕 西	Shaanxi	716	2205	1342	7978	46992	616990
甘 肃	Gansu	210	45	171	2944	12964	231996
青 海	Qinghai	6	148	2	837	37	66408
宁 夏	Ningxia	221	10	140	810	11932	61029
新 疆	Xinjiang	553	1781	195	7334	13096	548267

4-1-3 全国出版机构及人员情况
Institutions and Engaged Persons of Publication Industry

年份 地区	Year Region	图书出版社 Press Publishing Books 机构数（个） Number of Institutions (unit)	图书出版社 Press Publishing Books 职工人数（人） Number of Personnel (person)	音像出版单位 Units Publishing Audio-Vedio Products 机构数（个） Number of Institutions (unit)	音像出版单位 Units Publishing Audio-Vedio Products 职工人数（人） Number of Personnel (person)
	2005	573	54605	328	6171
	2006	573	58405	339	6060
	2007	578	58849	363	6327
	2008	579	60906	378	5696
	2009	580	62890	380	5993
	2010	581	63903	374	5010
	2011	580	67173	369	5130
	2012	580	67125	369	4563
	2013	582	64757	370	4171
	2014	583	66074	371	4926
	2015	584	67103	368	4159
	2016	584	66820	372	4153
中 央	Central Level	219	29428	141	917
北 京	Beijing	19	943	13	100
天 津	Tianjin	12	959	7	70
河 北	Hebei	8	874	5	43
山 西	Shanxi	8	673	3	98
内蒙古	Inner Mongolia	7	561	1	28
辽 宁	Liaoning	18	1546	19	95
吉 林	Jilin	15	1881	9	42
黑龙江	Heilongjiang	13	859	5	20
上 海	Shanghai	40	3548	25	382
江 苏	Jiangsu	18	3093	7	138
浙 江	Zhejiang	14	1305	7	72
安 徽	Anhui	11	1089	7	185
福 建	Fujian	11	755	5	236
江 西	Jiangxi	7	1122	5	128
山 东	Shandong	17	1697	14	107
河 南	Henan	12	1425	5	345
湖 北	Hubei	14	2040	6	103
湖 南	Hunan	13	1363	12	123
广 东	Guangdong	19	1492	22	271
广 西	Guangxi	8	1106	5	55
海 南	Hainan	4	367	2	
重 庆	Chongqing	3	1835	6	35
四 川	Sichuan	16	1513	10	226
贵 州	Guizhou	6	329	1	2
云 南	Yunnan	8	765	9	57
西 藏	Tibet	2	107	2	20
陕 西	Shaanxi	17	1725	11	39
甘 肃	Gansu	9	323	3	60
青 海	Qinghai	2	160	2	12
宁 夏	Ningxia	3	1013	1	8
新 疆	Xinjiang	11	924	2	136

4-1-4 出版物发行购、销、存情况

Basic Statistics on Purchase,Sales and Stock of Publications

单位：万册(张、份、盒)，万元 (10 000 copies,10 000 cassettes,10 000 yuan)

年份 地区	Year Region	购进 Purchase		销售 Sales		库存 Stock	
		数量 Number	金额 Value	数量 Number	金额 Value	数量 Number	金额 Value
	2005	1601918	12760018	1579753	12298056	424758	4829178
	2006	1605144	13360474	1565333	12909439	445924	5249714
	2007	1615739	14060746	1611944	13666742	447828	5659045
	2008	1701945	15438415	1664305	14563927	511036	6727773
	2009	1620914	16005755	1594152	15569553	506247	6582141
	2010	1725342	17753997	1697036	17541569	529995	7377979
	2011	1840642	20248910	1781734	19534916	558558	8040534
	2012	1890434	21609143	1900761	21598845	559953	8418751
	2013	2053467	24182149	1993343	23461488	651911	9643972
	2014	1998604	24478617	1990456	24155210	663851	10101107
	2015	2030884	26693829	1994465	25637427	678329	10824358
	2016	2077831	28571116	680402	8330971	657455	11430050
中 央	Central Level	244150	6272887	247738	5810167	135928	4418011
北 京	Beijing	14007	393276	13249	366419	8370	269185
天 津	Tianjin	12504	188928	12450	186892	4842	105557
河 北	Hebei	97610	1205918	100225	1202341	56533	172283
山 西	Shanxi	45038	559457	45437	563797	16480	216963
内蒙古	Inner Mongolia	16464	207865	16869	202601	3640	39420
辽 宁	Liaoning	23562	321643	23171	315589	9611	204746
吉 林	Jilin	19400	316584	20024	316159	6199	123880
黑龙江	Heilongjiang	22455	308279	23267	308669	5323	89424
上 海	Shanghai	46540	1106486	44274	1025661	21175	632256
江 苏	Jiangsu	200430	2084793	192089	1985503	67739	886063
浙 江	Zhejiang	126382	1850357	132438	1893859	50052	871332
安 徽	Anhui	114528	1351613	116438	1324892	18314	283248
福 建	Fujian	38717	405126	38416	404868	7989	83567
江 西	Jiangxi	88136	1087667	85762	1052983	9792	161099
山 东	Shandong	138708	1450691	144885	1492716	56624	462755
河 南	Henan	153680	1273074	153229	1260126	15671	199268
湖 北	Hubei	72666	897178	72657	840621	9981	267788
湖 南	Hunan	147923	1978369	148751	1944037	41742	488833
广 东	Guangdong	71998	815594	71594	804718	30922	323809
广 西	Guangxi	58281	520764	58158	521022	6872	89954
海 南	Hainan	13703	162943	13645	155368	1696	29723
重 庆	Chongqing	30426	424928	30640	422413	10722	189118
四 川	Sichuan	67027	924898	66489	896623	14522	291631
贵 州	Guizhou	34694	319498	34384	311968	3244	31948
云 南	Yunnan	41621	556162	41820	551674	6505	109420
西 藏	Tibet	1843	24758	2571	24274	1500	7916
陕 西	Shaanxi	63805	658299	60579	640448	21803	212536
甘 肃	Gansu	34237	373231	33354	363382	4229	51287
青 海	Qinghai	2051	32996	2319	34201	1147	11497
宁 夏	Ningxia	4777	70115	4818	67686	576	15351
新 疆	Xinjiang	30468	426736	30917	421677	7709	90180

注：本表数据为全国新华书店系统和出版社自办发行单位的数据(以下相关表同)。
a)Data in the table above refer to data of issuing units owned by Xinhua bookstores and presses. The same applies to the relevant tables following.

4-1-5 出版物纯销售情况
Basic Statistics on Sales of Publications

单位：万元 (10 000 yuan)

年份 地区	Year Region	总额 Total Sales	零售 Retails	批发给县以下单位或个人 Wholesale for Units or Individuals Under County Level	出口 Export	其他 Others
	2005	4932215	4039509	589874	21350	281482
	2006	5043320	4159807	651421	25580	206512
	2007	5126213	4293952	618122	23274	190865
	2008	5396638	4639733	495855	22468	238582
	2009	5809916	4989994	540550	28208	251165
	2010	5998777	5332174	196320	25290	444993
	2011	6535864	5823950	271063	19902	420949
	2012	7125801	6480018	315181	21617	308985
	2013	7356363	6879350	240630	29439	206944
	2014	7779914	7178775	232693	23986	344459
	2015	7798865	7515938	261064	21863	
	2016	8524928	8330971	175440	18517	
中　央	Central Level	462313	427354	20481	14478	
北　京	Beijing	120159	119495		665	
天　津	Tianjin	46283	46245		38	
河　北	Hebei	369723	369291	432		
山　西	Shanxi	265716	260707	5009		
内蒙古	Inner Mongolia	20537	20456	81		
辽　宁	Liaoning	106739	106708		31	
吉　林	Jilin	95957	93769	2188		
黑龙江	Heilongjiang	224877	224877			
上　海	Shanghai	250733	247775	1060	1899	
江　苏	Jiangsu	588775	571108	17645	22	
浙　江	Zhejiang	748584	745169	3414	2	
安　徽	Anhui	522390	522075		315	
福　建	Fujian	179464	171122	7647	696	
江　西	Jiangxi	383667	371480	12115	72	
山　东	Shandong	596414	596414			
河　南	Henan	464703	462252	2451		
湖　北	Hubei	96633	96073	511	48	
湖　南	Hunan	760399	760068	330		
广　东	Guangdong	231629	225201	6177	251	
广　西	Guangxi	176134	101480	74655		
海　南	Hainan	21247	21247			
重　庆	Chongqing	168071	168071			
四　川	Sichuan	579441	579015	426		
贵　州	Guizhou	146544	144827	1717		
云　南	Yunnan	250871	250871			
西　藏	Tibet	8315	8315			
陕　西	Shaanxi	256657	237637	19020		
甘　肃	Gansu	155371	155371			
青　海	Qinghai	7950	7950			
宁　夏	Ningxia	18787	18787			
新　疆	Xinjiang	199843	199761	83		

4-1-6 出版物发行网点数

Basic Statistics on Issuing Institutions of Publications

单位：个 (unit)

年 份 地 区	Year Region	发行网点合计 Total Number of Issuing Institutions	新华书店及其发行网点 Xinhua Bookstore and Its Issuing Spots	供销社 Supply and Marketing Cooperatives	出版社 Press	邮政系统 Postal System	其他批发网点 Other Wholesale Spots	其他零售网点 Other Retail Spots
	2005	159508	11897	3200	585	30529	5103	108194
	2006	159706	11041	2431	561	29883	5137	110653
	2007	167254	10726	2103	562	32016	5946	115901
	2008	161256	10302	1868	534	37516	5454	105582
	2009	160407	9953	1636	508	38215	5800	104295
	2010	167882	9985	1520	462	39264	6483	110168
	2011	168586	9513	997	447	36455	7141	114033
	2012	172633	9403	748	446	37821	7505	116710
	2013	172447	9255	839	447	38062	7984	115860
	2014	169619	8922	700	444	37785	8462	113306
	2015	163650	8918	537	425	37586	8368	107816
	2016	163102	8996	75	420	39358	8381	105872
中 央	Central Level	78	3		75			
北 京	Beijing	8953	124		18	2347	1960	4504
天 津	Tianjin	2383	68		13		189	2113
河 北	Hebei	7426	469		9	1965	203	4780
山 西	Shanxi	2975	397		7	302	143	2126
内蒙古	Inner Mongolia	1171	96		7		56	1012
辽 宁	Liaoning	4999	136		33	1003	323	3504
吉 林	Jilin	1472	100		14	275	167	916
黑龙江	Heilongjiang	2541	172	75	5	469	129	1691
上 海	Shanghai	3512	99		73	1367	335	1638
江 苏	Jiangsu	15101	885		18	2070	327	11801
浙 江	Zhejiang	11244	784		10	2201	269	7980
安 徽	Anhui	7701	650		11	3457	317	3266
福 建	Fujian	4029	110		18	1183	152	2566
江 西	Jiangxi	3926	566		6	21	232	3101
山 东	Shandong	8891	485		3	690	252	7461
河 南	Henan	11992	1092		12	6102	333	4453
湖 北	Hubei	4413	95		14	480	515	3309
湖 南	Hunan	9334	376		13	4687	210	4048
广 东	Guangdong	8154	265		2		644	7243
广 西	Guangxi	5726	250		6	1670	144	3656
海 南	Hainan	751	27		5	426	45	248
重 庆	Chongqing	4436	267		3	607	109	3450
四 川	Sichuan	9693	230			3200	263	6000
贵 州	Guizhou	3552	195		3	835	142	2377
云 南	Yunnan	7414	238		8	1831	132	5205
西 藏	Tibet	178	93		2	12		71
陕 西	Shaanxi	4353	204		24	1577	268	2280
甘 肃	Gansu	2214	270		1	82	181	1680
青 海	Qinghai	555	58			189	30	278
宁 夏	Ningxia	952	31		3	200	53	665
新 疆	Xinjiang	2983	161		4	110	258	2450

4-1-7 按类别分出版物销售情况
Basic Statistics on Sales of Publications by Category

项　目	Item	2006	2007	2008	2009	2010
销售数量合计	**Total Number of Sales**	**1565333**	**1611944**	**1664305**	**1594152**	**1697036**
图书（万册、万张）	Books (10 000 copies)	1499395	1539318	1587776	1537842	567493
期刊（万册）	Magazines (10 000 copies)	26889	30476	30523	18477	1901
报纸（万份）	Newspapers (10 000 copies)	15239	12049	16366	12427	1423
音像制品（万盒、万张）	Audio-Vedio Products (10 000 copies,10 000 discs)	20981	26970	26509	22996	8854
电子出版物（万盒、万张）	Electronic Publications (10 000 copies,10 000 discs)	2829	3131	3131	2410	3604
销售金额合计（万元）	**Total Value of Sales (10 000 yuan)**	**12909439**	**13666742**	**14563927**	**15569553**	**17541569**
图书	Books	12360997	13053394	13923157	14969728	5058276
期刊	Magazines	211888	229252	258927	217375	103729
报纸	Newspapers	23322	23890	33272	28296	10877
音像制品	Audio-Vedio Products	254187	300679	292963	277927	103376
电子出版物	Electronic Publications	59045	59527	55608	76227	75916
数字出版物	Digital Publications					

4-1-7 续表 continued

项　目	Item	2011	2012	2013	2014	2015	2016
销售数量合计	**Total Number of Sales**	**1781734**	**1900761**	**1993343**	**1990456**	**1994465**	**2082656**
图书（万册、万张）	Books (10 000 copies)	582630	615454	634671	634671	637124	670909
期刊（万册）	Magazines (10 000 copies)	1684	2029	1939	1939	2842	2973
报纸（万份）	Newspapers (10 000 copies)	846	1881	1345	1345	1165	1051
音像制品（万盒、万张）	Audio-Vedio Products (10 000 copies,10 000 discs)	6901	6525	4387	4387	4813	3904
电子出版物（万盒、万张）	Electronic Publications (10 000 copies,10 000 discs)	3310	1888	1111	1111	1557	1565
销售金额合计（万元）	**Total Value of Sales (10 000 yuan)**	**19534916**	**21598845**	**23461488**	**24155210**	**25637427**	**27713353**
图书	Books	5588107	6171319	6591508	6844800	7144584	7955620
期刊	Magazines	44398	117485	104275	100658	119955	117629
报纸	Newspapers	5748	18836	14944	21515	12590	10972
音像制品	Audio-Vedio Products	92733	84221	78563	91510	94416	76279
电子出版物	Electronic Publications	92964	86793	57313	83595	95176	113906
数字出版物	Digital Publications		1363	32746	36697	49216	56565

注：自2010年起，出版物分类别的销售数量和金额只包括零售部分，因此分项之和不等于合计。
a)Since 2010,total number and value of publication sales by category only refers to publication retails, so the sum of all categories do not equal to the total.

4-1-8 出版物印刷机构情况
Basic Statistics on Printing Institutions

年份 Year 地区 Region		印刷单位数（个）Number of Printing Institutions (unit)	职工人数（万人）Number of Engaged Persons (10 000 persons)	印刷产量 Output of Printing		装订产量（万令）Output of Bookbinding (10 000 ream)
				黑白（万令）Black and White (10 000 ream)	彩色（万对开色令）Color (10 000 bisect color ream)	
	2005	8279	69.44	19951	102905	21985
	2006	7995	62.46	20891	100488	20842
	2007	6427	59.55	20182	129157	23062
	2008	6290	58.34	29047	93251	25129
	2009	8189	63.14	27034	129520	35498
	2010	8484	61.28	28272	141917	29007
	2011	8309	57.62	30091	152913	28985
	2012	8714	55.09	32654	164713	29740
	2013	8963	51.68	32608	255672	36316
	2014	9079	48.85	31936	252659	31965
	2015	8910	48.29	30945	219634	31630
	2016	8936	47.83	31518	150688	33669
北　京	Beijing	780	3.48	2085	16293	3310
天　津	Tianjin	118	0.61	2684	3574	200
河　北	Hebei	781	3.39	1798	3235	3369
山　西	Shanxi	175	0.97	275	2065	325
内蒙古	Inner Mongolia	99	0.34	124	510	114
辽　宁	Liaoning	166	0.78	1866	2575	1098
吉　林	Jilin	213	0.79	915	2751	475
黑龙江	Heilongjiang	169	0.53	249	2109	309
上　海	Shanghai	216	1.86	523	12578	430
江　苏	Jiangsu	415	2.55	1318	6082	1529
浙　江	Zhejiang	749	3.44	1867	14112	2124
安　徽	Anhui	308	1.46	923	4403	1188
福　建	Fujian	311	1.87	595	1558	458
江　西	Jiangxi	148	0.96	1017	1448	930
山　东	Shandong	522	4.25	3720	29706	4950
河　南	Henan	434	2.39	962	3797	1208
湖　北	Hubei	361	1.83	1168	2668	1439
湖　南	Hunan	424	1.94	940	5049	1400
广　东	Guangdong	900	6.67	3412	18493	4242
广　西	Guangxi	183	0.90	1455	4973	1006
海　南	Hainan	26	0.12	68	506	53
重　庆	Chongqing	190	1.42	470	1277	441
四　川	Sichuan	236	0.93	1485	3754	1240
贵　州	Guizhou	167	0.41	152	1349	145
云　南	Yunnan	168	0.78	336	1278	331
西　藏	Tibet	27	0.11	42	85	36
陕　西	Shaanxi	271	1.80	639	2832	703
甘　肃	Gansu	104	0.49	213	461	224
青　海	Qinghai	54	0.16	43	223	35
宁　夏	Ningxia	87	0.17	61	155	62
新　疆	Xinjiang	134	0.42	112	789	292

4-1-8 续表 continued

年份 地区	Year Region	资产合计(万元) Total Assets (10 000 yuan)	负债合计(万元) Total Liabilities (10 000 yuan)	所有者权益合计(万元) Owner's Equity (10 000 yuan)	主营业务收入(万元) Revenue from Principal Business (10 000 yuan)	营业利润(万元) Business Profits (10 000 yuan)	利润总额(万元) Total Profits (10 000 yuan)
	2005	11817682	6189459	5628222	8056432	264622	304697
	2006	12397946	6539663	5858283	8792937	317715	357130
	2007	12798625	6543101	6255524	9690887	386249	405097
	2008	13261258	6904193	6357065	9387940	417901	502048
	2009	15891848	7538831	8353017	10508176	641043	767465
	2010	17497609	8955184	8542424	12005220	675096	801680
	2011	17819901	9153789	8666112	13124096	655189	783728
	2012	19972151	9799736	10172415	13977021	967888	1068202
	2013	21237311	10928496	10308815	14943024	1127035	1249956
	2014	21160520	11129290	10031230	15142897	1184337	1305678
	2015	24016537	12028850	11969093	15079215	1103604	1297668
	2016	24757431	12390173	12321221	15403439	1028861	1159574
北 京	Beijing	2799261	1569812	1229449	1563001	79478	96693
天 津	Tianjin	335335	191155	144180	178495	-8375	2706
河 北	Hebei	1387710	635257	752454	714452	116069	125542
山 西	Shanxi	302059	132259	169800	165818	1033	1969
内蒙古	Inner Mongolia	100167	69263	30564	67183	-794	-556
辽 宁	Liaoning	391778	226222	141956	203777	6410	8630
吉 林	Jilin	978161	352842	625319	219773	57112	59268
黑龙江	Heilongjiang	195919	115471	80448	101933	-3064	-2434
上 海	Shanghai	1724918	783797	941121	1094562	36437	51946
江 苏	Jiangsu	1378730	718448	660282	847859	33668	41687
浙 江	Zhejiang	1989312	1079696	901654	1386673	59792	66228
安 徽	Anhui	838658	408205	430454	549789	54067	57928
福 建	Fujian	644451	299252	345199	599909	39246	44603
江 西	Jiangxi	517523	263152	254372	337898	12699	13319
山 东	Shandong	2135665	913548	1222117	1718778	207230	210872
河 南	Henan	848287	475037	373250	527847	26097	37582
湖 北	Hubei	714346	368115	346231	446302	11851	14185
湖 南	Hunan	1050448	457147	585829	843209	97437	102299
广 东	Guangdong	2860152	1450660	1409492	1859900	98077	101745
广 西	Guangxi	602026	291360	306984	325563	21733	24516
海 南	Hainan	50101	24580	25522	35900	1590	1993
重 庆	Chongqing	634726	337856	296870	394053	31573	37092
四 川	Sichuan	506190	316163	190027	245007	7641	8936
贵 州	Guizhou	156469	84914	70681	82257	2167	2521
云 南	Yunnan	429976	201891	228085	228136	17391	18068
西 藏	Tibet	44661	19175	25486	24341	687	1670
陕 西	Shaanxi	644233	333792	310441	372110	22459	22407
甘 肃	Gansu	177750	101442	76308	102454	4131	4653
青 海	Qinghai	48161	31549	16611	29505	-467	-108
宁 夏	Ningxia	66153	37403	26641	33400	779	1327
新 疆	Xinjiang	204104	100709	103395	103555	-5292	2287

4-1-9 全国图书、期刊、报纸进出口情况

Basic Statistics on Imports and Exports of Books, Magazines and Newspapers

年 份 Year	进口 Imports		出口 Exports	
	数量（万册、份） Number (10 000 copies)	金额（万美元） Value (10 000 USD)	数量（万册、份） Number (10 000 copies)	金额（万美元） Value (10 000 USD)
2005	1429.25	16418.35	732.41	3287.19
2006	2395.34	18093.51	1007.78	3631.44
2007	2385.99	21105.44	1027.83	3787.46
2008	3452.54	24061.40	801.82	3487.25
2009	2794.53	24505.27	885.16	3437.72
2010	2881.87	26008.58	945.64	3711.00
2011	2979.88	28373.26	1144.18	3905.51
2012	3138.07	30121.65	1639.27	4863.15
2013	2361.54	28048.63	1992.86	6012.40
2014	2538.85	28381.57	1689.42	5649.66
2015	2811.75	30557.53	1552.63	5726.74
2016	3108.18	30051.73	1765.52	5886.67

注：本表仅包括有出版物进口经营许可证的出版物进出口经营单位数据(下表同)。

a)Data in the table above only source from those units with the quanlification of publication imports and exports. The same applies to the table following.

4-1-10 全国音像制品、电子出版物与数字出版物进出口情况

Basic Statistics on Audio-Vedio Product, Electronic Publications and Digital Publications

年 份 Year	进口 Imports		出口 Exports	
	数量（盒、张） Number (cassette, disc)	金额（万美元） Value (10 000 USD)	数量（盒、张） Number (cassette, disc)	金额（万美元） Value (10 000 USD)
2005	148631	1933.00	751796	211.00
2006	177965	3079.31	1053294	284.99
2007	150906	4340.26	637396	180.51
2008	163822	4556.81	271204	101.32
2009	167428	6527.06	100053	61.11
2010	629542	11382.70	1018687	47.16
2011	396287	14134.78	77091	35.17
2012	185646	16685.95	93448	33.54
2013	285070	20022.34	34136	122.43
2014	134380	21000.13	20692	156.46
2015	116213	24207.67	9409	136.76
2016	108096	25859.38	13270	156.43

4-1-11 版权合同登记情况
Basic Statistics on Registration of Copyright Contracts

单位：份 (unit)

年 份 地 区	Year Region	合计 Total	书刊 Books and Magazines	音像制品 Audio-vedio Products	电子出版物 Electronic Publications
	2005	10787	9922	140	168
	2006	13004	11227	476	620
	2007	11164	9820	431	389
	2008	12002	10736	451	311
	2009	14223	12741	257	473
	2010	15160	13537	306	418
	2011	20797	14689	245	485
	2012	18645	16753	319	417
	2013	19521	17431	150	183
	2014	17376	16214	130	194
	2015	19030	16085	1688	190
	2016	19744	16854	1790	238
中国版权保护中心	Copyright Protection Center of China	1674		1604	
北 京	Beijing	10281	10090		188
天 津	Tianjin	462	420		13
河 北	Hebei	88	85		
山 西	Shanxi	45	45		
内蒙古	Inner Mongolia				
辽 宁	Liaoning	262	262		
吉 林	Jilin	141	141		
黑龙江	Heilongjiang	119	119		
上 海	Shanghai	1025	861	129	35
江 苏	Jiangsu	375			
浙 江	Zhejiang	663	482	57	
安 徽	Anhui	101	98		
福 建	Fujian	77	76		
江 西	Jiangxi	414	414		
山 东	Shandong	313	313		
河 南	Henan	437	437		
湖 北	Hubei	567	480		
湖 南	Hunan	220	219		
广 东	Guangdong	423	255		2
广 西	Guangxi	510	510		
海 南	Hainan	204	204		
重 庆	Chongqing	301	301		
四 川	Sichuan	495	495		
贵 州	Guizhou	18	18		
云 南	Yunnan	150	150		
西 藏	Tibet				
陕 西	Shaanxi	292	292		
甘 肃	Gansu	5	5		
青 海	Qinghai				
宁 夏	Ningxia	30	30		
新 疆	Xinjiang	52	52		

4-1-11 续表 continued

单位：份 (unit)

年 份 地 区	Year Region	软件 Software	电影 Films	电视节目 TV Programs	其他 Others
	2005	557			
	2006	609	29	5	38
	2007	515	1		8
	2008	499		1	4
	2009	393			359
	2010	453	2	1	443
	2011	955		3	4420
	2012	1085	24	14	33
	2013	1161	44	9	543
	2014	276		10	552
	2015	762	2	4	299
	2016	686	1	2	173
中国版权保护中心	Copyright Protection Center of China	70			
北 京	Beijing	3			
天 津	Tianjin	29			
河 北	Hebei	3			
山 西	Shanxi				
内蒙古	Inner Mongolia				
辽 宁	Liaoning				
吉 林	Jilin				
黑龙江	Heilongjiang				
上 海	Shanghai				
江 苏	Jiangsu	375			
浙 江	Zhejiang	124			
安 徽	Anhui	3			
福 建	Fujian	1			
江 西	Jiangxi				
山 东	Shandong				
河 南	Henan				
湖 北	Hubei	77			10
湖 南	Hunan		1		
广 东	Guangdong	1		2	163
广 西	Guangxi				
海 南	Hainan				
重 庆	Chongqing				
四 川	Sichuan				
贵 州	Guizhou				
云 南	Yunnan				
西 藏	Tibet				
陕 西	Shaanxi				
甘 肃	Gansu				
青 海	Qinghai				
宁 夏	Ningxia				
新 疆	Xinjiang				

4-1-12 全国作品自愿登记情况
Basic Statistics on Registration of Original Products

单位：件 (piece)

年份 地区	Year Region	合计 Total	#文字 Literature	#音乐 Music	#曲艺 Recitation and Ballad
	2005	58523	1878	855	12
	2006	149900	2206	1589	6
	2007	133789	2390	2193	29
	2008	1040454	2823	2084	56
	2009	336086	3509	1360	94
	2010	359871	6294	1425	112
	2011	442983	80424	2004	46
	2012	560583	179471	3901	58
	2013	834569	124948	62119	118
	2014	997350	349885	6094	73
	2015	1349552	485539	2839	90
	2016	1895053	631997	18496	310
北京	Beijing	693421	306643	12801	
天津	Tianjin	460	140	20	2
河北	Hebei	379	131	16	1
山西	Shanxi	356	55	221	
内蒙古	Inner Mongolia	216	33	12	
辽宁	Liaoning	8244	2325	32	
吉林	Jilin	1423	185	63	
黑龙江	Heilongjiang	657	246	78	
上海	Shanghai	216520	189315	324	
江苏	Jiangsu	180153	25177	341	1
浙江	Zhejiang	17787	705	46	2
安徽	Anhui	3848	3061	35	2
福建	Fujian	47704	709	258	3
江西	Jiangxi	6125	1367	131	
山东	Shandong	70978	9866	99	23
河南	Henan	849	213	6	23
湖北	Hubei	16261	1727	92	4
湖南	Hunan	4341	1428	34	
广东	Guangdong	35073	8422	471	17
广西	Guangxi	249	82	42	6
海南	Hainan	142	100	17	
重庆	Chongqing	71836	20799	256	2
四川	Sichuan	75162	21009	1641	214
贵州	Guizhou	271	11		
云南	Yunnan	174	88	42	
西藏	Tibet				
陕西	Shaanxi	2924	1093	15	7
甘肃	Gansu	215	121	16	
青海	Qinghai	70	10		
宁夏	Ningxia	219	91	23	1
新疆	Xinjiang	910	160	141	

注：全国作品自愿登记中包含中国版权保护中心数据，故各地区合计与全国合计不等。

a)The total data of registration of original products include those registered in Copyright Protection Center of China, so the sum of regional data do not equal to the total.

4-1-12 续表 continued

单位：件 (piece)

年 份 地 区	Year Region	#舞蹈 Dance	#美术 Arts	#摄影 Photograph	#影视 Films and TV
	2005	13	51327	3681	52
	2006	27	15989	113012	102
	2007	18	17681	110030	457
	2008	22	19903	1014365	267
	2009	47	30501	299218	291
	2010	18	37607	311897	1243
	2011	34	53326	297028	7544
	2012	40	85873	239801	30335
	2013	21	171059	429903	11943
	2014	19	187408	424449	11222
	2015	119	279884	540722	13820
	2016	147	440099	729473	26530
北 京	Beijing	2	20584	335933	49
天 津	Tianjin		269		3
河 北	Hebei		215	1	6
山 西	Shanxi		52	2	21
内蒙古	Inner Mongolia		157	2	3
辽 宁	Liaoning		1866	416	
吉 林	Jilin		757	4	285
黑龙江	Heilongjiang		328		4
上 海	Shanghai		14234	8277	3581
江 苏	Jiangsu	18	82069	65517	6470
浙 江	Zhejiang		15635	975	45
安 徽	Anhui		650	8	
福 建	Fujian		46077	240	178
江 西	Jiangxi		2311	66	2175
山 东	Shandong	4	37903	12776	2910
河 南	Henan	1	433		83
湖 北	Hubei		8855	4120	1373
湖 南	Hunan		2031	1	2
广 东	Guangdong	5	20061	2015	465
广 西	Guangxi		43	12	7
海 南	Hainan		17		7
重 庆	Chongqing	3	43191	4901	1690
四 川	Sichuan	97	24827	24767	723
贵 州	Guizhou	9	219	6	
云 南	Yunnan		44		
西 藏	Tibet				
陕 西	Shaanxi		1366	108	267
甘 肃	Gansu		35	17	18
青 海	Qinghai		57		
宁 夏	Ningxia		84		13
新 疆	Xinjiang		502		84

4-1-13 版权引进和输出情况
Basic Statistics on Copyright Import and Export

单位：项 (item)

项　目	Item	2006	2007	2008	2009	2010
引进合计	**Total Number of Copyright Import**	**12386**	**11101**	**16969**	**13793**	**16602**
图书	Books	10950	10255	15776	12914	13724
录音制品	Audio Products	150	270	251	262	439
录像制品	Vedio Products	108	106	153	124	356
电子出版物	Electronic Publications	174	130	117	86	49
软件	Software	434	337	362	249	304
电影	Films	29	1		2	284
电视节目	TV Programs	1		2	155	1446
其他	Others	540	2	308	1	
输出合计	**Total Number of Copyright Export**	**2057**	**2593**	**2455**	**4205**	**5691**
图书	Books	2050	2571	2440	3103	3880
录音制品	Audio Products			8	77	36
录像制品	Vedio Products		19	3		8
电子出版物	Electronic Publications	5	1	1	34	187
软件	Software			3		
电影	Films				1	
电视节目	TV Programs		2		988	1561
其他	Others	2			2	19

4-1-13 续表 continued

单位：项 (item)

项　目	Item	2011	2012	2013	2014	2015	2016
引进合计	**Total Number of Copyright Import**	**16639**	**17589**	**18167**	**16695**	**16467**	**17252**
图书	Books	14708	16115	16625	15542	15458	16587
录音制品	Audio Products	278	475	378	208	133	119
录像制品	Vedio Products	421	503	538	451	90	251
电子出版物	Electronic Publications	185	100	72	120	292	217
软件	Software	273	189	169	46	34	8
电影	Films	37	12		8	324	4
电视节目	TV Programs	734	190	381	316	136	66
其他	Others	3	5	4	4		
输出合计	**Total Number of Copyright Export**	**7783**	**9365**	**10401**	**10293**	**10471**	**11133**
图书	Books	5922	7568	7305	8088	7998	8328
录音制品	Audio Products	130	97	300	139	217	201
录像制品	Vedio Products	20	51	193	73		18
电子出版物	Electronic Publications	125	115	646	433	650	1264
软件	Software	5	2	20	5	2	
电影	Films	2					16
电视节目	TV Programs	1559	1531	1937	1555	1511	1249
其他	Others	20	1			93	57

4-2-1 全国广播和电视综合人口覆盖情况
Population Coverage Rate of Radio and TV Programs

单位：% (%)

年份 地区	Year Region	广播节目综合人口覆盖率 Population Covertage Rate of Radio Programs	#农村 Rural	电视节目综合人口覆盖率 Population Covertage Rate of TV Programs	#农村 Rural
	2005	94.48		95.81	
	2006	95.04	94.11	96.23	95.56
	2007	95.43	94.12	96.58	95.60
	2008	95.96	94.74	96.95	91.60
	2009	96.31	95.10	97.23	91.90
	2010	96.78	95.64	97.62	96.78
	2011	97.06	96.09	97.82	97.10
	2012	97.51	96.60	98.20	97.55
	2013	97.79	97.00	98.42	97.86
	2014	97.99	97.29	98.60	98.11
	2015	98.17	97.53	98.77	98.32
	2016	98.37	97.79	98.88	98.49
北 京	Beijing	100.00	100.00	100.00	100.00
天 津	Tianjin	100.00	100.00	100.00	100.00
河 北	Hebei	99.35	99.12	99.28	99.04
山 西	Shanxi	98.61	97.90	99.41	99.09
内蒙古	Inner Mongolia	99.09	98.34	99.19	98.54
辽 宁	Liaoning	99.05	98.32	99.13	98.42
吉 林	Jilin	98.68	98.12	98.77	98.24
黑龙江	Heilongjiang	99.21	99.16	99.00	99.21
上 海	Shanghai	100.00	100.00	100.00	100.00
江 苏	Jiangsu	100.00	100.00	100.00	100.00
浙 江	Zhejiang	99.65	99.60	99.72	99.68
安 徽	Anhui	98.89	98.57	99.03	98.76
福 建	Fujian	98.96	98.74	99.12	98.94
江 西	Jiangxi	98.04	97.58	98.83	98.53
山 东	Shandong	98.98	98.65	98.62	98.27
河 南	Henan	98.43	98.11	98.64	98.40
湖 北	Hubei	99.33	99.12	99.15	98.89
湖 南	Hunan	94.68	91.84	98.26	97.48
广 东	Guangdong	99.90	99.97	99.90	99.95
广 西	Guangxi	96.90	96.31	98.40	98.02
海 南	Hainan	96.82	95.89	95.78	94.55
重 庆	Chongqing	98.86	98.50	99.19	98.93
四 川	Sichuan	97.19	96.38	98.29	97.86
贵 州	Guizhou	93.02	92.42	96.13	95.73
云 南	Yunnan	97.37	96.70	98.24	97.76
西 藏	Tibet	95.21	94.22	96.32	95.45
陕 西	Shaanxi	98.27	97.77	98.87	98.48
甘 肃	Gansu	98.12	97.75	98.55	98.24
青 海	Qinghai	98.22	97.38	98.21	97.50
宁 夏	Ningxia	96.72	94.70	99.34	98.97
新 疆	Xinjiang	96.82	96.59	97.25	96.91

4-2-2 全国有线广播电视实际用户情况
Users of Cable Radios and TVs

年份 地区	Year Region	有线广播电视实际用户数(万户) Users of Cable Radios and TVs (10 000 households)	#农村 Rural	#数字电视 Digital TV	有线广播电视实际用户数占家庭总户数的比重(%) Popularization Rate of Cable Radios and TVs (%)
	2005	12842	4262		35.4
	2006	14044	5526	1266	37.0
	2007	15331	6135	2686	39.9
	2008	16398	6568	4528	41.6
	2009	17523	6863	6322	44.0
	2010	18872	7293	8870	46.4
	2011	20264	8123	11489	49.4
	2012	21509	8432	14303	51.5
	2013	22894	8911	17160	54.1
	2014	23458	7986	19143	54.8
	2015	23567	8250	19776	54.6
	2016	22830	8093	20157	52.8
北 京	Beijing	580	85	529	109.7
天 津	Tianjin	358	33	335	96.7
河 北	Hebei	857	272	756	36.2
山 西	Shanxi	456	133	359	35.1
内蒙古	Inner Mongolia	339	38	301	40.6
辽 宁	Liaoning	842	222	748	55.7
吉 林	Jilin	526	190	493	52.1
黑龙江	Heilongjiang	651	153	643	48.4
上 海	Shanghai	523	40	492	97.4
江 苏	Jiangsu	2069	958	1754	84.8
浙 江	Zhejiang	1526	974	1507	92.9
安 徽	Anhui	878	411	585	41.2
福 建	Fujian	739	429	715	69.3
江 西	Jiangxi	663	491	586	52.3
山 东	Shandong	1848	771	1763	61.5
河 南	Henan	1056	400	777	32.6
湖 北	Hubei	1061	507	1003	51.5
湖 南	Hunan	1267	413	1090	61.6
广 东	Guangdong	2017	185	1756	89.4
广 西	Guangxi	690	314	510	43.8
海 南	Hainan	115	32	106	43.7
重 庆	Chongqing	415	86	357	33.1
四 川	Sichuan	1133	395	1005	35.5
贵 州	Guizhou	457	136	453	35.0
云 南	Yunnan	405	121	393	27.2
西 藏	Tibet	25	3	18	32.6
陕 西	Shaanxi	720	210	598	56.8
甘 肃	Gansu	206	37	171	24.7
青 海	Qinghai	55	1	54	30.7
宁 夏	Ningxia	105		105	49.8
新 疆	Xinjiang	291	54	193	30.0

4-2-3 全国广播电视节目制作和播出情况
Production and Broadcasting of Radio and TV Programs

单位：小时 (hour)

年 份 Year	广播节目制作时间 Radio Programs Produced	公共广播节目播出时间 Broadcasting Hours of Public Radio Programs	电视节目制作时间 TV Programs Produced	公共电视节目播出时间 Broadcasting Hours of Public TV Programs
2005	6139227	10304214	2553861	12591570
2006	6192339	10780486	2618034	13604469
2007	6386696	11272365	2567065	14546657
2008	6443045	11629729	2628524	14953362
2009	6716500	12265513	2653552	15776767
2010	6814226	12660314	2742949	16355043
2011	6936960	13057496	2950490	16753029
2012	7188245	13383651	3436301	16985291
2013	7391000	13795461	3398000	17057212
2014	7647267	14058328	3277394	17476126
2015	7718163	14218253	3520190	17796010
2016	7820296	14565058	3507217	17924388

4-2-4　分地区广播节目制作情况(2016年)
Production and Transaction of Radio Program by Region(2016)

单位：小时　　　　(hour)

地　区	Region	全年制作广播节目时间 Radio Programs Produced	新闻资讯类 News	专题服务类 Special Subject	综艺类 General Entertainment	广播剧类 Radio Plays	广告类 Advertising	其他类 Others
全　国	**National Total**	**7820296**	**1457302**	**2096407**	**2103561**	**172558**	**761747**	**1228720**
总局直属	Directly under the State Administration	240892	69465	114361	35935	1463	3122	16548
北　京	Beijing	222588	21142	29941	49274	4879	15360	101992
天　津	Tianjin	78416	11809	21572	30076	198	11473	3289
河　北	Hebei	357847	50706	104136	130705	4933	37918	29448
山　西	Shanxi	194532	35713	56830	53484	6624	19972	21909
内蒙古	Inner Mongolia	250845	41615	85258	80082	5284	23185	15421
辽　宁	Liaoning	387654	54338	128695	112757	8708	44709	38447
吉　林	Jilin	260333	30638	69536	105134	8594	34939	11493
黑龙江	Heilongjiang	239479	33147	77695	47110	7335	26502	47690
上　海	Shanghai	76685	19017	18981	26478	745	5850	5616
江　苏	Jiangsu	608780	104118	151160	155311	17965	73031	107195
浙　江	Zhejiang	530481	107008	142660	124441	10897	52406	93071
安　徽	Anhui	162808	38181	45437	35727	1775	15741	25948
福　建	Fujian	258355	55549	66184	83184	3203	16135	34099
江　西	Jiangxi	181708	39269	50226	40136	3652	20114	28311
山　东	Shandong	560249	97356	139828	176186	15371	52605	78903
河　南	Henan	319152	56883	81160	96836	1555	35986	46733
湖　北	Hubei	267089	54891	75565	81361	4243	35472	15556
湖　南	Hunan	208344	48465	29815	46990	3240	23720	56114
广　东	Guangdong	620864	122539	115814	112859	11830	58792	199030
广　西	Guangxi	232672	44128	39469	68564	939	18922	60651
海　南	Hainan	56554	12122	13411	11653	4399	4000	10970
重　庆	Chongqing	81990	20835	36781	9428	2036	5469	7441
四　川	Sichuan	266830	64943	80272	69771	4379	16868	30596
贵　州	Guizhou	142667	21716	28580	37498	6632	17576	30665
云　南	Yunnan	165526	42826	39659	36576	5451	11711	29303
西　藏	Tibet	36601	5735	12471	14356	755	2743	542
陕　西	Shanxi	241550	37349	62196	63107	8025	28026	42847
甘　肃	Gansu	142746	29374	36221	46918	4061	12620	13552
青　海	Qinghai	46387	11220	13717	14584	1684	454	4730
宁　夏	Ningxia	61430	12914	18487	12441	1339	7497	8752
新　疆	Xinjiang	318242	62291	110294	94597	10367	28833	11860

4-2-5　分地区电视节目制作交易情况(2016年)
Production and Transaction of TV Program by Region(2016)

地　区	Region	全年制作电视节目时间(小时) TV Programs Produced (hour)	新闻资讯类 News	专题服务类 Special Subject	综艺益智类 General Entertainment	影视剧类 TV Plays	广告类 Advertising	其他类 Others
全　国	**National Total**	**3507217**	**989934**	**899782**	**484081**	**119102**	**483620**	**530698**
总局直属	Directly under the State Administration	183165	70558	63695	41630	376		6906
北　京	Beijing	151490	11215	65756	17588	11670	8476	36785
天　津	Tianjin	33430	7364	15107	6710		3483	765
河　北	Hebei	187711	39509	51192	38741	2708	34740	20821
山　西	Shanxi	85337	25925	17293	13199	2182	15375	11363
内蒙古	Inner Mongolia	81357	32216	20873	10237	19	11980	6031
辽　宁	Liaoning	180180	32320	46269	46972	429	31449	22741
吉　林	Jilin	105993	18151	27596	36206	603	15046	8392
黑龙江	Heilongjiang	115121	29431	21805	16319	11304	11935	24327
上　海	Shanghai	63521	15624	12595	11576	5510	1858	16356
江　苏	Jiangsu	195036	59534	43939	19597	10016	33796	28155
浙　江	Zhejiang	155000	44371	34985	15952	2762	38971	17959
安　徽	Anhui	72526	31833	17138	6238	1592	9208	6518
福　建	Fujian	68977	25769	15473	5983	627	5365	15760
江　西	Jiangxi	93470	30561	19371	11600	1594	12702	17643
山　东	Shandong	233075	54237	60559	39568	14775	38884	25052
河　南	Henan	139133	36710	31666	27541	29	19077	24110
湖　北	Hubei	109885	29820	27802	12722	5615	22722	11204
湖　南	Hunan	132719	42736	28982	15681	249	23076	21996
广　东	Guangdong	317897	65194	59816	13777	25728	39047	114336
广　西	Guangxi	82565	32398	21661	5826	509	15557	6614
海　南	Hainan	26758	12868	4805	766	423	2444	5453
重　庆	Chongqing	64337	15162	26395	6610	3455	3757	8958
四　川	Sichuan	143343	54417	39808	12668	3967	17595	14888
贵　州	Guizhou	38070	16090	7114	2803	36	5514	6513
云　南	Yunnan	87003	33157	23408	7887	546	10821	11184
西　藏	Tibet	15694	5953	4889	714	3094	682	362
陕　西	Shaanxi	127760	38420	27181	16900	506	19639	25115
甘　肃	Gansu	75297	24712	21452	8149	3730	11521	5734
青　海	Qinghai	18206	6042	9915	481	1312	235	222
宁　夏	Ningxia	26604	9620	7256	2741	3	5713	1271
新　疆	Xinjiang	96554	38019	23989	10699	3732	12952	7163

4-2-5 续表 continued

地 区	Region	全年电视节目制作投资额(万元) Investment in Production of TV Programs (10 000 yuan)	#电视剧 TV Plays	#动画电视 Cartoon	全年电视节目国内销售额(万元) Domestic Sales of TV Programs (10 000 yuan)	#电视剧 TV Plays	#动画电视 Cartoon
全 国	**National Total**	**3169421**	**1285293**	**119386**	**2431501**	**1479586**	**116950**
总局直属	Directly under the State Administration	878331	16202	9909	189259	57337	16303
北 京	Beijing	864901	490016	28483	710168	395071	8674
天 津	Tianjin	12055	5383		1271	1130	
河 北	Hebei	25387	15284	3282	9322	3819	608
山 西	Shanxi	1361			3913		16
内蒙古	Inner Mongolia						
辽 宁	Liaoning	1765	500	1075	2121	624	82
吉 林	Jilin	6840			400	400	
黑龙江	Heilongjiang	1693			8		
上 海	Shanghai	236428	182861	3705	295954	237082	2618
江 苏	Jiangsu	120495	118121	1654	117932	116927	723
浙 江	Zhejiang	481238	290022	21347	664815	501015	14965
安 徽	Anhui	27426	4036	3010	30936	7247	7218
福 建	Fujian	19176	7405	3886	20830	2598	4618
江 西	Jiangxi	2885	356	2528	5120	222	4894
山 东	Shandong	62518	20139	147	34934	33162	748
河 南	Henan	23539			20		
湖 北	Hubei	42766	9609	3930	22200	14640	5391
湖 南	Hunan	64484	136	10094	63484	2007	2668
广 东	Guangdong	125961	43700	14449	102508	30706	38779
广 西	Guangxi	12151	8585	2295	1598	258	798
海 南	Hainan	11700					
重 庆	Chongqing	12041	2440	7215	13859	2845	6475
四 川	Sichuan	25414	18240	967	13336	9623	882
贵 州	Guizhou	1000	700				
云 南	Yunnan	10618	240		4985		
西 藏	Tibet	755		600			
陕 西	Shaanxi	89774	50940		117576	62519	
甘 肃	Gansu	5999	283	418	4411	298	367
青 海	Qinghai	61		8			
宁 夏	Ningxia	564		384	541	54	123
新 疆	Xinjiang	93	93				

4-2-6 分地区广播节目播出情况(2016年)
Broadcasting of Radio Program by Region(2016)

地 区	Region	公共广播节目套数(套) Number of Public Radio Programs (set)	全年公共广播节目播出时间(小时) Broadcasting Hours of Radio Programs (hour)	#转中央台节目 Relaying Programs of CCTV	#自制节目 Own-produced Programs	#购买交换节目 Purchased or Exchanged Programs
全 国	**National Total**	**2741**	**14565058**	**1540523**	**9331388**	**2197773**
总局直属	Directly under the State Administration	23	270579	548	252546	17486
北 京	Beijing	26	180641	2022	138946	38853
天 津	Tianjin	22	139069	2655	84090	6163
河 北	Hebei	134	659308	47635	426036	153393
山 西	Shanxi	111	415773	50459	243647	68684
内蒙古	Inner Mongolia	126	665279	131043	354076	82852
辽 宁	Liaoning	110	687995	32459	481817	155057
吉 林	Jilin	73	500719	30757	317812	134797
黑龙江	Heilongjiang	111	536502	46121	269672	92851
上 海	Shanghai	22	145165	10359	104613	27498
江 苏	Jiangsu	123	786199	43756	623738	98134
浙 江	Zhejiang	113	778581	51542	590525	79948
安 徽	Anhui	104	525688	53504	319846	103953
福 建	Fujian	91	523401	93712	311439	34494
江 西	Jiangxi	108	410494	68388	237524	59624
山 东	Shandong	161	957117	71344	643789	196728
河 南	Henan	154	679019	73480	455599	93643
湖 北	Hubei	88	481302	47769	320454	80544
湖 南	Hunan	106	425097	60454	255992	49553
广 东	Guangdong	132	815619	79087	569814	94061
广 西	Guangxi	74	401239	34287	282886	37079
海 南	Hainan	25	131169	17800	70453	33122
重 庆	Chongqing	34	179331	17547	118204	34347
四 川	Sichuan	141	689517	135969	379493	96430
贵 州	Guizhou	46	248677	21594	148105	44134
云 南	Yunnan	54	331167	42693	228376	42847
西 藏	Tibet	11	63403	5312	45593	7565
陕 西	Shaanxi	109	471541	48315	311242	67335
甘 肃	Gansu	96	357488	69478	188493	47199
青 海	Qinghai	15	95021	4999	67350	17148
宁 夏	Ningxia	25	116429	15960	73293	18087
新 疆	Xinjiang	173	896529	129479	415929	84165

4-2-6 续表 continued

地区	Region	按节目类型分播出时间(小时) by Type of Programs (hour)					
		新闻资讯类 News	专题服务类 Special Subject	综艺益智类 General Entertainment	广播剧类 Radio Plays	广告类 Advertising	其他类 Others
全 国	**National Total**	**2934010**	**3258408**	**3882453**	**831977**	**1218478**	**2439732**
总局直属	Directly under the State Administration	71479	103436	66363	1463	10250	17589
北 京	Beijing	18733	39641	93714	8792	12623	7138
天 津	Tianjin	19272	33066	43873	2481	14090	26288
河 北	Hebei	102853	152483	254002	28896	64262	56812
山 西	Shanxi	86476	95668	111267	36143	28033	58186
内蒙古	Inner Mongolia	126561	159580	191363	44728	42420	100627
辽 宁	Liaoning	97445	188368	214281	39638	67205	81058
吉 林	Jilin	59945	114187	210129	28996	59765	27697
黑龙江	Heilongjiang	91707	144424	107094	23598	37622	132057
上 海	Shanghai	39873	30099	52945	7793	8865	5591
江 苏	Jiangsu	145887	180354	194816	36495	87203	141444
浙 江	Zhejiang	168162	179690	175715	26689	78294	150032
安 徽	Anhui	104437	114041	109685	37223	47030	113273
福 建	Fujian	126222	113713	152572	12900	26033	91961
江 西	Jiangxi	96059	91036	94723	36121	35529	57026
山 东	Shandong	156111	190350	264817	84980	89520	171338
河 南	Henan	130096	135424	208826	39666	62983	102024
湖 北	Hubei	94374	125270	140269	27714	56718	36957
湖 南	Hunan	105858	63468	96408	20819	44220	94324
广 东	Guangdong	170039	148741	163797	35399	59847	237797
广 西	Guangxi	99886	58513	102268	11026	28828	100718
海 南	Hainan	27734	22329	28026	6379	7972	38729
重 庆	Chongqing	42208	49737	26618	17740	11358	31670
四 川	Sichuan	160590	155298	160037	40157	45929	127506
贵 州	Guizhou	46486	41227	51217	14403	24328	71016
云 南	Yunnan	79868	64784	65400	23867	34165	63084
西 藏	Tibet	8811	17342	20794	2368	3139	10950
陕 西	Shaanxi	95433	108136	105435	33166	44850	84521
甘 肃	Gansu	98128	66158	86440	25939	20001	60823
青 海	Qinghai	17238	19274	28004	12150	6276	12080
宁 夏	Ningxia	28005	27384	35431	6386	12019	7204
新 疆	Xinjiang	218035	225188	226126	57863	47105	122212

4-2-7　分地区电视节目播出情况(2016年)
Broadcasting of TV Program by Region(2016)

地　区	Region	公共电视节目套数(套) Number of Public TV Programs (set)	全年公共电视节目播出时间(小时) Broadcasting Hours of TV Programs (hour)	#转中央台节目 Relaying Programs of CCTV	#自制节目 Own-produced Programs	#购买交换节目 Purchased or Exchanged Programs
全　国	**National Total**	**3360**	**17924388**	**1394119**	**6198661**	**9075376**
总局直属	Directly under the State Administration	31	399992	80592	227023	36933
北　京	Beijing	26	131859	843	61982	68486
天　津	Tianjin	24	179970	6983	70156	102498
河　北	Hebei	178	810529	40103	304387	438610
山　西	Shanxi	117	488999	48759	156783	229649
内蒙古	Inner Mongolia	119	634067	81631	200466	292128
辽　宁	Liaoning	118	743846	16287	315251	397172
吉　林	Jilin	76	529780	18136	205918	298690
黑龙江	Heilongjiang	121	634212	74253	194378	226685
上　海	Shanghai	25	179000	2279	85735	89367
江　苏	Jiangsu	122	774661	26442	313591	423433
浙　江	Zhejiang	115	755972	25398	320189	399027
安　徽	Anhui	107	595885	45015	205998	302959
福　建	Fujian	103	369214	5660	156346	198727
江　西	Jiangxi	117	671337	105268	169489	354325
山　东	Shandong	224	1155426	76914	460576	564505
河　南	Henan	167	911421	61719	305258	497497
湖　北	Hubei	112	674447	34165	231083	393453
湖　南	Hunan	137	760707	90394	218025	370486
广　东	Guangdong	142	740089	46707	230555	381240
广　西	Guangxi	116	595786	25440	176804	356982
海　南	Hainan	16	94677	2758	39278	51117
重　庆	Chongqing	46	297161	14122	122856	156279
四　川	Sichuan	211	1140102	153190	350867	521191
贵　州	Guizhou	103	255262	16244	98185	120826
云　南	Yunnan	173	834168	82263	271527	414723
西　藏	Tibet	14	82617	4627	26075	43729
陕　西	Shaanxi	123	605489	53721	233309	276491
甘　肃	Gansu	111	499656	43701	139213	282073
青　海	Qinghai	17	101096	2938	34534	56456
宁　夏	Ningxia	28	166248	7864	52651	90564
新　疆	Xinjiang	221	1110713	99703	220170	639077

4-2-7 续表 continued

地 区	Region	按节目类型分播出时间(小时) by Type of Programs (hour)					
		新闻资讯类 News	专题服务类 Special Subject	综艺益智类 General Entertainment	影视剧类 TV Plays	广告类 Advertising	其他类 Others
全 国	**National Total**	**2601767**	**2286042**	**1445203**	**7651965**	**1923282**	**2016128**
总局直属	Directly under the State Administration	127847	89655	40824	69265	8651	63750
北 京	Beijing	22056	51290	10392	28780	8579	10761
天 津	Tianjin	22225	51286	10685	73875	16558	5341
河 北	Hebei	112484	102725	82610	386811	83102	42798
山 西	Shanxi	70221	47917	52869	205951	51179	60863
内蒙古	Inner Mongolia	85043	69525	57954	295335	59120	67091
辽 宁	Liaoning	70738	107441	126877	277633	77424	83733
吉 林	Jilin	42374	81128	126958	195235	56080	28005
黑龙江	Heilongjiang	68051	45905	48670	221232	53068	197286
上 海	Shanghai	30455	42117	12852	60561	14051	18963
江 苏	Jiangsu	107568	106875	50544	312685	114624	82365
浙 江	Zhejiang	116754	104435	36907	305808	119557	72511
安 徽	Anhui	85822	63559	31155	280153	81169	54026
福 建	Fujian	70485	63830	25128	120348	41642	47780
江 西	Jiangxi	86177	58908	41211	325448	65559	94034
山 东	Shandong	148044	146434	106234	506879	139927	107908
河 南	Henan	109788	101277	74624	435321	88420	101991
湖 北	Hubei	91762	85101	42420	327870	97695	29599
湖 南	Hunan	113606	75752	64748	347387	74685	84530
广 东	Guangdong	128642	99439	34627	257701	94370	125310
广 西	Guangxi	106740	72316	32101	234233	80651	69745
海 南	Hainan	18470	9743	3766	38810	10233	13655
重 庆	Chongqing	34291	69529	19865	108011	25497	39969
四 川	Sichuan	161677	125049	70795	514350	117825	150406
贵 州	Guizhou	66818	24978	10198	70724	29459	53085
云 南	Yunnan	125804	109168	49984	385186	82402	81625
西 藏	Tibet	9822	13007	2300	42176	5171	10141
陕 西	Shaanxi	86450	70097	59410	259832	63986	65715
甘 肃	Gansu	77343	52707	24963	255458	42768	46416
青 海	Qinghai	14622	18667	7264	48505	5410	6628
宁 夏	Ningxia	22779	15380	10592	81009	24426	12062
新 疆	Xinjiang	166810	110803	75675	579393	89997	88035

4-2-8 分地区电视剧播出情况(2016年)
Broadcasting of TV Plays by Region(2016)

地 区	Region	全年电视剧播出数 Number of TV Plays Broadcasted		#进口电视剧 Imported TV Plays		全年动画电视播出时间(小时) Broadcasting Hours of Cartoon Cartoon (hour)	#进口动画电视 Imported Cartoon
		部 Set	集 Part	部 Set	集 Part		
全 国	**National Total**	**227183**	**6886441**	**2427**	**72473**	**328864**	**8945**
总局直属	Directly under the State Administration	1096	64261	90	3151	6939	907
北 京	Beijing	447	17810			7320	13
天 津	Tianjin	2612	52440			3589	1
河 北	Hebei	13289	406529	14	392	5510	401
山 西	Shanxi	6192	176533	40	1116	9236	2
内蒙古	Inner Mongolia	10144	278661	20	348	7405	73
辽 宁	Liaoning	8760	268115	179	6531	5782	209
吉 林	Jilin	6264	202364	42	1816	672	8
黑龙江	Heilongjiang	3872	121301	6	182	4821	605
上 海	Shanghai	953	38034	4	40	15321	1779
江 苏	Jiangsu	8860	251989	69	2228	13763	273
浙 江	Zhejiang	8796	289241	21	651	19391	272
安 徽	Anhui	8061	251007	77	2891	6470	160
福 建	Fujian	3025	106744	9	214	10629	
江 西	Jiangxi	8933	267667	267	7755	16847	268
山 东	Shandong	13383	448089	106	3985	15634	781
河 南	Henan	14322	435523	8	225	8736	
湖 北	Hubei	12393	351322	58	1375	9735	32
湖 南	Hunan	11065	300278	100	2490	26407	175
广 东	Guangdong	5257	215309	36	1038	32525	60
广 西	Guangxi	6096	205183	87	3520	11361	
海 南	Hainan	679	28580	25	650	3514	
重 庆	Chongqing	3739	112525			7743	
四 川	Sichuan	17671	458717	234	5917	17393	351
贵 州	Guizhou	2658	71399	65	1786	2827	
云 南	Yunnan	10885	302079	3	82	11024	373
西 藏	Tibet	602	25436			1266	
陕 西	Shaanxi	8686	251260			6053	
甘 肃	Gansu	7257	227070	10	330	9894	120
青 海	Qinghai	1102	37599			2100	
宁 夏	Ningxia	2120	61951			5268	450
新 疆	Xinjiang	17964	561425	857	23760	23688	1631

4-2-9 全国广播电视从业人员情况
Persons Engaged in Radio and TV Broadcasting Industry

单位：人 (person)

年份 地区	Year Region	从业人员 Number of Engaged Persons	#编辑、记者 Editors and Reporters	#播音员、主持人 Announcers and Anchor Persons	#工程技术人员 Engineering Technical Personnel
	2005	595377	102097	22108	107780
	2006	624287	107546	22409	116713
	2007	644206	110416	23345	117662
	2008	672722	116045	23691	124159
	2009	705817	122004	24627	126257
	2010	750899	132186	25743	132431
	2011	786372	135748	28007	143474
	2012	820410	142297	28164	151884
	2013	844330	146798	29683	152130
	2014	864351	152571	29116	149882
	2015	900664	154976	30191	153624
	2016	919283	160253	30563	151234
总局直属	Directly under the State Administration	53646	7509	787	11488
北京	Beijing	67953	7151	891	8392
天津	Tianjin	8026	2212	279	1332
河北	Hebei	42959	7255	1674	5797
山西	Shanxi	20992	5412	767	3449
内蒙古	Inner Mongolia	18982	4819	1082	3518
辽宁	Liaoning	27725	5204	989	6646
吉林	Jilin	19490	4484	898	4822
黑龙江	Heilongjiang	20935	5494	1048	3221
上海	Shanghai	29657	2903	657	3916
江苏	Jiangsu	53531	8946	1834	8018
浙江	Zhejiang	52014	8772	1794	8992
安徽	Anhui	22998	4630	1187	4003
福建	Fujian	26966	4311	713	3186
江西	Jiangxi	19647	2750	763	2229
山东	Shandong	59390	12309	2428	11984
河南	Henan	50544	9693	1674	6439
湖北	Hubei	39999	6959	1223	6988
湖南	Hunan	45219	7292	1040	6884
广东	Guangdong	52320	7136	1656	8980
广西	Guangxi	17690	3784	684	3908
海南	Hainan	5049	1463	249	679
重庆	Chongqing	12408	1765	391	1812
四川	Sichuan	48584	6690	1432	6273
贵州	Guizhou	17524	3104	542	2474
云南	Yunnan	19165	4305	785	4409
西藏	Tibet	4604	595	148	869
陕西	Shaanxi	20049	3853	894	2941
甘肃	Gansu	16049	3178	685	1902
青海	Qinghai	4148	1092	293	1223
宁夏	Ningxia	5241	1036	196	930
新疆	Xinjiang	15779	4147	880	3530

4-2-10 全国广播电视实际创收收入及资产情况
Revenue and Assets of Radio and TV Broadcasting Industry

单位：万元 (10 000 yuan)

年份 Year	实际创收收入 Actual Revenue	#广告收入 Revenue from Advertising	#广播广告收入 Radio Advertising Revenue	#电视广告收入 TV Advertising Revenue	#网络收入 Revenue from Network Services
2005	8185441	4687858	505811	4065339	
2006	9599354	5273464	590108	4533350	2515097
2007	11294081	5999267	656863	5183081	3059343
2008	13506431	7016926	722244	6091123	3694988
2009	15820227	7817757	814648	6758184	4188499
2010	20028538	9399745	995807	7965883	4874430
2011	23711781	11228956	1233178	9345355	5637763
2012	28033517	12702465	1361954	10462897	6609791
2013	32427688	13870071	1399245	11192629	7549089
2014	36355079	14644911	1599361	11161883	8272101
2015	39522681	15295391	1564218	10651632	8660586
2016	43224005	15472245	1458277	10048691	9102646

4-2-10 续表 continued

单位：万元 (10 000 yuan)

年份 Year	#有线电视收视费收入 Revenue from Subscription of Cable TV Programs	#付费数字电视收入 Revenue from Pay Digital TV	#三网融合业务收入 Revenue from Three-network Convergence	资产总额 Total Assets
2005				27148379
2006	1835454	52331		29718427
2007	2115395	83371		33555382
2008	2500593	142183		39082171
2009	2846206	181747		44977878
2010	3225188	252921		57331162
2011	3641728	376876	205841	62633579
2012	4083530	448793	376684	74067132
2013	4378749	585982	501372	89196673
2014	4573905	665108	579657	100794934
2015	4751534	702337	845340	117403201
2016	4579214	764358	1223967	133203107

4-2-11 分地区广播电视实际创收收入及资产情况(2016年)
Revenue of Radio and TV Broadcasting Industry by Region(2016)

单位：万元 (10 000 yuan)

地 区	Region	实际创收收入 Actual Revenue	#广告收入 Revenue from Advertising	广播广告 Radio Advertising Revenue	电视广告 TV Advertising Revenue	其他广告 Other Advertising Revenue	#网络收入 Revenue from Network Services
全 国	**National Total**	**43224005**	**15472245**	**1458277**	**10048691**	**3965277**	**9102646**
总局直属	Directly under the State Administration	6253071	2927153	81645	2762129	83379	380987
北 京	Beijing	6914415	2549258	82910	662397	1803950	346539
天 津	Tianjin	259935	82312	31199	49074	2039	126165
河 北	Hebei	626895	184396	52495	124142	7759	300545
山 西	Shanxi	330005	75655	21438	51943	2274	105947
内蒙古	Inner Mongolia	208178	38261	13205	25047	9	161733
辽 宁	Liaoning	559571	210433	69888	138844	1702	265324
吉 林	Jilin	341959	117621	26954	89750	916	215657
黑龙江	Heilongjiang	529941	195872	60527	129980	5366	238142
上 海	Shanghai	5368738	1866406	70954	712126	1083326	399009
江 苏	Jiangsu	2733847	999958	124176	793420	82362	841073
浙 江	Zhejiang	4352314	1527040	120813	1019512	386715	746987
安 徽	Anhui	750193	346997	32823	291137	23037	163092
福 建	Fujian	743296	173971	37407	107695	28868	288659
江 西	Jiangxi	567896	197116	60766	131678	4672	192568
山 东	Shandong	1429060	482582	94678	357905	29999	615903
河 南	Henan	532354	239503	79525	153319	6659	185920
湖 北	Hubei	912594	249487	49603	161538	38346	391574
湖 南	Hunan	2658132	1339770	52957	1073454	213358	408217
广 东	Guangdong	2465378	620078	119732	470133	30214	755638
广 西	Guangxi	444196	80796	14328	62327	4141	277735
海 南	Hainan	112021	36386	4423	31963		39321
重 庆	Chongqing	472815	101522	17716	80080	3726	269755
四 川	Sichuan	1367903	262181	44356	158163	59662	520796
贵 州	Guizhou	820961	217550	18190	152227	47133	199568
云 南	Yunnan	337379	91583	10018	75762	5803	180668
西 藏	Tibet	14732	6561	247	6154	160	5380
陕 西	Shaanxi	648452	118021	28663	88863	496	226365
甘 肃	Gansu	164874	37863	9623	26233	2006	95910
青 海	Qinghai	40329	10371	2617	7559	195	24799
宁 夏	Ningxia	90530	23158	2846	13510	6802	33742
新 疆	Xinjiang	172041	62385	21556	40629	200	98931

4-2-11 续表 continued

单位：万元 (10 000 yuan)

地区	Region	有线广播电视收视费收入 Revenue from Subscription of Cable Radio and TV Programs	付费数字电视收入 Revenue from Pay Digital TV	三网融合业务收入 Revenue from Three-network Convergence	其他网络收入 Revenue from Other Network Services	#广播电视节目销售收入 Revenue from Sales of Radio and TV Programs	资产总额 Total Assets
全国	**National Total**	**4579214**	**764358**	**1223967**	**2535107**	**3650453**	**133203107**
总局直属	Directly under the State Administration	103187	37023	186528	54249	197036	20035435
北京	Beijing	109497	24982	91305	120756	1020516	21403661
天津	Tianjin	45407	10306	37221	33231	1271	1357314
河北	Hebei	167659	10153	33600	89133	38907	2015745
山西	Shanxi	79408	9189	1739	15611	52017	1173167
内蒙古	Inner Mongolia	108840	6003		46890		987694
辽宁	Liaoning	211939	7078	11460	34847	2698	2012390
吉林	Jilin	123212	30463	3876	58106	400	2649493
黑龙江	Heilongjiang	189104	25495	10462	13081	2233	1721433
上海	Shanghai	153782	56047	65680	123500	320243	10092563
江苏	Jiangsu	393342	56368	89851	301512	175269	11335107
浙江	Zhejiang	318084	50743	167851	210309	841514	14531396
安徽	Anhui	95078	14624	7940	45451	34216	1591137
福建	Fujian	112651	51947	13792	110269	37297	2207813
江西	Jiangxi	120148	8723	3598	60099	7937	1036554
山东	Shandong	346219	50818	35171	183696	43967	4119392
河南	Henan	128945	11521	5936	39518	20	2092362
湖北	Hubei	231765	31126	49749	78933	26735	3192552
湖南	Hunan	190806	33193	83945	100273	263109	6145501
广东	Guangdong	426188	51935	40577	236938	315314	7524954
广西	Guangxi	100544	13080	27743	136368	1735	1654666
海南	Hainan	26299	2312		10709		373618
重庆	Chongqing	118966	23271	60642	66875	16310	1336175
四川	Sichuan	229855	45577	98457	146906	40420	4693226
贵州	Guizhou	88251	31544	19932	59841	2205	1718271
云南	Yunnan	98746	21810	17417	42695	4985	1774765
西藏	Tibet	4966	82		332		229578
陕西	Shaanxi	113925	18593	44488	49359	199269	1268903
甘肃	Gansu	52152	5859	11039	26860	4474	1460999
青海	Qinghai	15315	2839	248	6396		208709
宁夏	Ningxia	20791	7542	1715	3694	357	470555
新疆	Xinjiang	54142	14110	2005	28674		787981

4-2-12 分地区广播电视行政事业单位财务收支情况(2016年)
Main Financial Indicators of Administrative Organs and Institutions Engaged in Radio and TV Broadcasting(2016)

单位：万元

地 区	Region	总收入 Total Revenue	财政补助收入 Government Subsidy	事业收入 Revenue from Radio and TV Institutions	经营收入 Business Revenue	总支出 Total Expenditure
全 国	**National Total**	**14735185**	**6123160**	**6902367**	**802263**	**14195579**
总局直属	Directly under the State Administration	3636093	777904	2608158		3372917
北 京	Beijing	633912	292303	291228	701	657375
天 津	Tianjin	134169	45397	81367	64	140796
河 北	Hebei	331758	176036	135460	6649	339542
山 西	Shanxi	256824	139554	93908	7188	255735
内蒙古	Inner Mongolia	331846	316236	8825	166	309437
辽 宁	Liaoning	402609	147563	240348	4315	404597
吉 林	Jilin	271805	257560	10315	1361	261414
黑龙江	Heilongjiang	203283	144332	27108	21319	200835
上 海	Shanghai	164636	135478	12384		169143
江 苏	Jiangsu	514549	150404	228336	37869	504704
浙 江	Zhejiang	544207	186912	252346	71447	547519
安 徽	Anhui	428373	152922	262039	3120	449185
福 建	Fujian	227188	160406	46415	4473	218303
江 西	Jiangxi	276149	213337	43433	9504	253903
山 东	Shandong	646994	168076	421995	25980	662462
河 南	Henan	376975	145871	209009	7268	377032
湖 北	Hubei	352969	158741	58349	125426	375206
湖 南	Hunan	1319647	211807	1030104	33839	1176464
广 东	Guangdong	871769	181126	360825	273880	863585
广 西	Guangxi	296580	202082	56614	26079	319385
海 南	Hainan	120358	49378	23825	42758	125173
重 庆	Chongqing	82966	73614	2278	3730	85022
四 川	Sichuan	523853	366785	84286	60653	512074
贵 州	Guizhou	160976	140135	7348	1371	147327
云 南	Yunnan	397445	292374	78221	3051	372127
西 藏	Tibet	130375	112865	13312	2285	107272
陕 西	Shaanxi	300869	160301	112443	20692	283608
甘 肃	Gansu	273803	168993	31317	887	214533
青 海	Qinghai	97704	93683	3695	10	77258
宁 夏	Ningxia	96257	69815	19982	1348	93503
新 疆	Xinjiang	328244	231171	47095	4831	318142

4-2-13 分地区广播电视行政事业单位实际创收情况(2016年)
Actual Revenue of Administrative Organs and Institutions Engaged in Radio and TV Broadcasting by Region(2016)

单位：万元 (10 000 yuan)

地 区	Region	实际创收收 入 Actual Revenue	广告收入 Revenue from Advertising	广播广告 Radio Advertising Revenue	电视广告 TV Advertising Revenue	其他广告 Other Advertising Revenue
全 国	**National Total**	**8761914**	**7175992**	**918152**	**6125685**	**132155**
总局直属	Directly under the State Administration	2800747	2445467	70948	2373746	773
北 京	Beijing	303065	260554	56515	203528	511
天 津	Tianjin	85542	62596	31074	31187	335
河 北	Hebei	174353	157668	45719	109557	2392
山 西	Shanxi	123222	72013	20766	50308	939
内蒙古	Inner Mongolia	49081	38261	13205	25047	9
辽 宁	Liaoning	260144	193317	64203	127931	1183
吉 林	Jilin	119897	112334	26925	84659	750
黑龙江	Heilongjiang	103011	45171	17845	22251	5075
上 海	Shanghai	17005	4696	799	2921	976
江 苏	Jiangsu	364145	254410	52203	181059	21148
浙 江	Zhejiang	369268	184130	42066	125456	16608
安 徽	Anhui	271728	252864	32167	218936	1761
福 建	Fujian	57818	45223	9334	33275	2615
江 西	Jiangxi	146841	133594	6756	125452	1386
山 东	Shandong	493561	443027	88804	345945	8278
河 南	Henan	223972	194293	49331	143328	1634
湖 北	Hubei	192859	174660	36797	123944	13920
湖 南	Hunan	1118692	1036559	51166	976631	8761
广 东	Guangdong	679758	479285	90444	381929	6912
广 西	Guangxi	105217	74016	14030	59258	729
海 南	Hainan	67371	36386	4423	31963	
重 庆	Chongqing	12874	7078	233	6536	309
四 川	Sichuan	165017	99646	16795	53114	29738
贵 州	Guizhou	62698	57380	3696	53350	334
云 南	Yunnan	89813	72166	6600	65471	95
西 藏	Tibet	14732	6561	247	6154	160
陕 西	Shaanxi	138022	115138	28663	86201	274
甘 肃	Gansu	33966	25245	9522	15454	270
青 海	Qinghai	11920	10193	2617	7559	17
宁 夏	Ningxia	22791	19774	2704	13005	4066
新 疆	Xinjiang	82783	62285	21556	40533	196

4-2-13 续表 continued

单位：万元 (10 000 yuan)

地 区	Region	网络收入 Revenue from Network Services	有线广播电视收视费收入 Revenue from Subscription of Cable Radio and TV Programs	付费数字电视收入 Revenue from Pay Digital TV	三网融合业务收入 Revenue from Three-network Convergence	其他网络收入 Revenue from Other Network Services	广播电视节目销售收入 Revenue from Sales of Radio and TV Programs	其他创收收入 Revenue from Other Services
全 国	**National Total**	**600399**	**470296**	**20315**	**11431**	**98356**	**31712**	**953811**
总局直属	Directly under the State Administration	76605	71501	3793		1310	9745	268931
北 京	Beijing						7216	35295
天 津	Tianjin						141	22805
河 北	Hebei						1345	15341
山 西	Shanxi	39397	34827	407	3	4159	257	11555
内蒙古	Inner Mongolia	2670	2433	200		37		8151
辽 宁	Liaoning	48672	46680		51	1941	564	17591
吉 林	Jilin	4352	3943			409		3211
黑龙江	Heilongjiang	26461	26426			35		31379
上 海	Shanghai							12309
江 苏	Jiangsu	42208	32527	1203		8478		67527
浙 江	Zhejiang	132796	76247	9591	7608	39351	20	52321
安 徽	Anhui	10798	9263	1049	35	450		8066
福 建	Fujian							12595
江 西	Jiangxi	5962	5661	83		218		7285
山 东	Shandong	12990	10685	599	732	973	370	37174
河 南	Henan	21757	19767	1		1989		7922
湖 北	Hubei	370			29	341	247	17582
湖 南	Hunan	24434	18973	553	58	4850	2484	55214
广 东	Guangdong	121501	84122	2360	2915	32104	8919	70053
广 西	Guangxi							31201
海 南	Hainan	252	240			12		30732
重 庆	Chongqing	339	339					5457
四 川	Sichuan	4619	3613	187		820	404	60348
贵 州	Guizhou							5318
云 南	Yunnan							17647
西 藏	Tibet	5380	4966	82		332		2791
陕 西	Shaanxi	2116	2116					20769
甘 肃	Gansu							8721
青 海	Qinghai	2	2					1725
宁 夏	Ningxia							3017
新 疆	Xinjiang	16720	15966	206		547		3778

4-2-14 分地区广播电视行政事业单位资产负债情况(2016年)
Assets and Liabilities of Administrative Organs and Institutions Engaged in Radio and TV Broadcasting by Region(2016)

单位：万元 (10 000 yuan)

地 区	Region	资产总额 Total Assets	#固定资产净值 Net Value of Fixed Assets	#专业设备 Radio and TV Equipment
全 国	**National Total**	**41810086**	**17846860**	**6470512**
总局直属	Directly under the State Administration	13858414	3664987	1540789
北 京	Beijing	1727094	1069267	312732
天 津	Tianjin	927559	415763	110631
河 北	Hebei	690876	471275	227812
山 西	Shanxi	586651	308670	156945
内蒙古	Inner Mongolia	589944	331392	55577
辽 宁	Liaoning	1111140	590761	335349
吉 林	Jilin	730540	404606	191242
黑龙江	Heilongjiang	564751	319188	66861
上 海	Shanghai	299313	111080	39318
江 苏	Jiangsu	2595482	1187292	312681
浙 江	Zhejiang	2176240	1050232	257888
安 徽	Anhui	592426	382391	169079
福 建	Fujian	608854	419581	166111
江 西	Jiangxi	362687	238049	60413
山 东	Shandong	1858838	1050090	296041
河 南	Henan	843549	614584	303009
湖 北	Hubei	963976	469502	196952
湖 南	Hunan	2765544	633247	220675
广 东	Guangdong	2821217	1262672	330163
广 西	Guangxi	784749	373384	183372
海 南	Hainan	199493	107012	36567
重 庆	Chongqing	125833	87710	27219
四 川	Sichuan	845912	471917	85468
贵 州	Guizhou	368294	226604	56003
云 南	Yunnan	610584	356825	224682
西 藏	Tibet	229578	140176	53772
陕 西	Shaanxi	558945	353413	131921
甘 肃	Gansu	496763	215541	50089
青 海	Qinghai	129753	68900	47661
宁 夏	Ningxia	243455	107032	30425
新 疆	Xinjiang	541631	343714	193064

4-2-15 分地区广播电视企业单位经营情况(2016年)
Main Financial Indicators of Enterprises Engaged in Radio and TV Broadcasting by Region(2016)

单位：万元 (10 000 yuan)

地 区	Region	总收入 Total Revenue	#营业收入 Revenue from Principal Business	本年应缴税金 Value Tax Payable	固定资产投资额 Investment in Fixed Assets	本年新增固定资产 Newly Increased Fixed Assets
全 国	**National Total**	**35662513**	**34511535**	**2139451**	**3125177**	**2504989**
总局直属	Directly under the State Administration	3498818	3366779	128365	113264	96485
北 京	Beijing	6979565	6737667	434147	342732	241504
天 津	Tianjin	177966	172151	4014	30556	31475
河 北	Hebei	461833	430283	9322	142152	70395
山 西	Shanxi	207919	204923	14575	9571	9837
内蒙古	Inner Mongolia	159097	157357	1		
辽 宁	Liaoning	303839	296809	7991	69857	75642
吉 林	Jilin	219722	216647	-1847	67626	39246
黑龙江	Heilongjiang	428858	419858	2421	138119	78695
上 海	Shanghai	5438430	5328958	288486	187223	190460
江 苏	Jiangsu	2395738	2322521	68237	167240	175905
浙 江	Zhejiang	4027300	3810898	229349	195271	131640
安 徽	Anhui	479888	471450	17884	48515	39828
福 建	Fujian	830850	786426	13298	73448	114275
江 西	Jiangxi	432840	420498	12028	55372	30183
山 东	Shandong	950868	926025	569312	157557	131707
河 南	Henan	312197	303243	5964	202985	82762
湖 北	Hubei	747575	714669	-5382	119348	95676
湖 南	Hunan	1543260	1501270	32946	106772	98607
广 东	Guangdong	1814733	1784501	180013	76811	137748
广 西	Guangxi	344696	333976	4501	151050	68693
海 南	Hainan	44650	40377	-3620	2	2
重 庆	Chongqing	491339	479568	70407	79470	115613
四 川	Sichuan	1513551	1481134	14753	301194	208016
贵 州	Guizhou	768376	749105	21460	96633	51370
云 南	Yunnan	248726	242603	9251	54148	53919
西 藏	Tibet					
陕 西	Shaanxi	514271	510429	3247	85721	69366
甘 肃	Gansu	132290	119117	3904	14834	21301
青 海	Qinghai	29813	28410	-429	5515	20539
宁 夏	Ningxia	73450	66296	2752	7620	6430
新 疆	Xinjiang	90057	87589	2102	24569	17672

4-2-16 分地区广播电视企业单位创收情况(2016年)

Actual Revenue of Enterprises Engaged in Radio and TV Broadcasting by Region(2016)

单位：万元 (10 000 yuan)

地区	Region	实际创收收入 Actual Revenue	广告收入 Revenue from Advertising	广播广告收入 Radio Advertising Revenue	电视广告收入 TV Advertising Revenue	其他广告收入 Other Advertising Revenue
全　国	**National Total**	**34462091**	**8296252**	**540125**	**3923006**	**3833122**
总局直属	Directly under the State Administration	3452324	481685	10697	388383	82605
北　京	Beijing	6611349	2288703	26396	458869	1803439
天　津	Tianjin	174393	19715	124	17887	1704
河　北	Hebei	452542	26728	6776	14585	5367
山　西	Shanxi	206783	3642	672	1635	1335
内蒙古	Inner Mongolia	159097				
辽　宁	Liaoning	299427	17117	5685	10913	519
吉　林	Jilin	222062	5286	29	5091	166
黑龙江	Heilongjiang	426930	150701	42682	107729	291
上　海	Shanghai	5351732	1861710	70155	709205	1082350
江　苏	Jiangsu	2369702	745549	71973	612361	61214
浙　江	Zhejiang	3983045	1342909	78746	894056	370107
安　徽	Anhui	478465	94133	656	72201	21276
福　建	Fujian	685478	128748	28074	74420	26254
江　西	Jiangxi	421054	63522	54009	6226	3286
山　东	Shandong	935499	39555	5874	11959	21721
河　南	Henan	308382	45210	30194	9991	5025
湖　北	Hubei	719736	74827	12806	37594	24427
湖　南	Hunan	1539440	303211	1791	96823	204597
广　东	Guangdong	1785620	140793	29287	88204	23302
广　西	Guangxi	338979	6779	298	3069	3412
海　南	Hainan	44650				
重　庆	Chongqing	459940	94444	17482	73544	3417
四　川	Sichuan	1202887	162535	27561	105049	29924
贵　州	Guizhou	758263	160170	14494	98876	46799
云　南	Yunnan	247567	19418	3419	10292	5707
西　藏	Tibet					
陕　西	Shaanxi	510429	2884		2662	222
甘　肃	Gansu	130907	12618	102	10779	1737
青　海	Qinghai	28410	178			178
宁　夏	Ningxia	67739	3383	142	505	2736
新　疆	Xinjiang	89258	100		96	4

4-2-16 续表 continued

单位：万元 (10 000 yuan)

地区	Region	网络收入 Revenue from Network Services	有线广播电视收视费收入 Revenue from Subscription of Cable Radio and TV Programs	付费数字电视收入 Revenue from Pay Digital TV	三网融合业务收入 Revenue from Three-network Convergence	其他网络收入 Revenue from Other Network Services	广播电视节目销售收入 Revenue from Sales of Radio and TV Programs	其他创收收入 Revenue from Other Services
全国	**National Total**	**8502247**	**4108918**	**744043**	**1212535**	**2436751**	**3618741**	**14044850**
总局直属	Directly under the State Administration	304382	31686	33230	186528	52939	187291	2478966
北京	Beijing	346539	109497	24982	91305	120756	1013300	2962807
天津	Tianjin	126165	45407	10306	37221	33231	1130	27383
河北	Hebei	300545	167659	10153	33600	89133	37563	87706
山西	Shanxi	66551	44581	8783	1736	11451	51760	84831
内蒙古	Inner Mongolia	159063	106407	5803		46853		34
辽宁	Liaoning	216652	165259	7078	11409	32907	2135	63524
吉林	Jilin	211306	119269	30463	3876	57697	400	5070
黑龙江	Heilongjiang	211681	162678	25495	10462	13046	2233	62315
上海	Shanghai	399009	153782	56047	65680	123500	320243	2770770
江苏	Jiangsu	798864	360815	55165	89851	293034	175269	650021
浙江	Zhejiang	614190	241837	41152	160243	170959	841494	1184452
安徽	Anhui	152295	85815	13575	7904	45001	34216	197821
福建	Fujian	288659	112651	51947	13792	110269	37297	230774
江西	Jiangxi	186606	114488	8640	3598	59881	7937	162990
山东	Shandong	602913	335533	50219	34439	182722	43597	249434
河南	Henan	164164	109178	11520	5936	37529	20	98989
湖北	Hubei	391204	231765	31126	49720	78593	26488	227217
湖南	Hunan	383783	171833	32640	83887	95422	260624	591822
广东	Guangdong	634137	342066	49575	37662	204834	306395	704295
广西	Guangxi	277735	100544	13080	27743	136368	1735	52729
海南	Hainan	39069	26059	2312		10697		5582
重庆	Chongqing	269416	118627	23271	60642	66875	16310	79771
四川	Sichuan	516176	226243	45390	98457	146086	40016	484160
贵州	Guizhou	199568	88251	31544	19932	59841	2205	396320
云南	Yunnan	180668	98746	21810	17417	42695	4985	42496
西藏	Tibet							
陕西	Shaanxi	224250	111810	18593	44488	49359	199269	84027
甘肃	Gansu	95910	52152	5859	11039	26860	4474	17906
青海	Qinghai	24797	15313	2839	248	6396		3435
宁夏	Ningxia	33742	20791	7542	1715	3694	357	30257
新疆	Xinjiang	82211	38176	13904	2005	28127		6947

4-2-17 分地区广播电视企业单位资产负债情况(2016年)

Assets and Liabilities of Enterprises Engaged in Radio and TV Broadcasting by Region(2016)

单位：万元 (10 000 yuan)

地 区	Region	资产总额 Total Assets	#固定资产净值 Net Value of Fixed Assets	负债总额 Total Liabilities	所有者权益 Owner's Equity
全 国	**National Total**	**91393021**	**16518555**	**46097813**	**45295208**
总局直属	Directly under the State Administration	6177022	625842	2529361	3647661
北 京	Beijing	19676567	1332667	11447666	8228900
天 津	Tianjin	429755	169523	284010	145745
河 北	Hebei	1324869	489728	784877	539992
山 西	Shanxi	586516	65486	246642	339874
内蒙古	Inner Mongolia	397749	171750	60792	336957
辽 宁	Liaoning	901249	512501	598620	302629
吉 林	Jilin	1918953	373327	830351	1088602
黑龙江	Heilongjiang	1156682	347797	622346	534336
上 海	Shanghai	9793250	1262860	4489602	5303648
江 苏	Jiangsu	8739625	2138105	3783243	4956383
浙 江	Zhejiang	12355156	969987	5583446	6771709
安 徽	Anhui	998711	336538	614945	383766
福 建	Fujian	1598959	390756	1000358	598601
江 西	Jiangxi	673866	152051	502661	171206
山 东	Shandong	2260553	951421	1055579	1204974
河 南	Henan	1248813	406125	792478	456334
湖 北	Hubei	2228576	749805	970635	1257941
湖 南	Hunan	3379957	656573	1262824	2117132
广 东	Guangdong	4703737	1055089	1709000	2994737
广 西	Guangxi	869916	358035	429818	440098
海 南	Hainan	174125	81216	96328	77797
重 庆	Chongqing	1210342	374904	775196	435146
四 川	Sichuan	3847314	1126870	2727268	1120046
贵 州	Guizhou	1349977	289798	712773	637204
云 南	Yunnan	1164180	340481	881800	282380
西 藏	Tibet				
陕 西	Shaanxi	709958	397420	396709	313250
甘 肃	Gansu	964236	211034	662835	301402
青 海	Qinghai	78956	42855	32547	46409
宁 夏	Ningxia	227100	43594	96745	130355
新 疆	Xinjiang	246351	94415	116357	129993

4-2-18 全国电视节目进出口情况
Basic Statistics on Imported and Exported TV Programs

单位：万元　　　　(10 000 yuan)

年份 Year	电视节目进口额 Value of Imported TV Programs	#电视剧 TV Plays	#动画电视 Cartoon	电视节目出口额 Value of Exported TV Programs	#电视剧 TV Plays	#动画电视 Cartoon
2006	33714	18513	803	16940	11085	5148
2007	32067	10757	981	12175	2435	7354
2008	45421	24293	878	12476	7525	2948
2009	49146	26887	128	9173	3584	4456
2010	43047	21450	247	21010	7484	11133
2011	54099	34564	702	22662	14649	3662
2012	62534	39584	1489	22824	15020	3105
2013	58658	24498	4432	18166	9250	4894
2014	209024	169807	11028	27226	20795	3190
2015	99398	29466	44472	51332	37705	10059
2016	209872	81500	105645	36909	29732	3662

4-2-19 全国电视节目进出口情况(2016年)
Basic Statistics on Imported and Exported TV Programs(2016)

指标	Item	合计 Total	欧洲 Europe	非洲 Africa	美洲 America
全年电视节目进口总额(万元)	**Value of Imported TV Programs (10 000 yuan)**	**209872**	**10246**	**3**	**47531**
#电视剧	TV Play	81500	3301		37958
动画电视	Cartoon	105645	1168		2281
纪录片	Documentary	3202	1473		746
全年电视节目进口量(小时)	**Time of Imported TV Programs (hour)**	**20102**	**3915**		**6898**
#电视剧(部)	TV Play (set)	277	38		74
#电视剧(集)	TV Play (set)	5070	339		1114
动画电视(小时)	Cartoon (hour)	7752	153		2900
纪录片(小时)	Documentary (hour)	3863	1524		1740
全年电视节目出口总额(万元)	**Value of Exported TV Programs (10 000 yuan)**	**36909**	**1831**	**227**	**2088**
#电视剧	TV Play	29732	503	156	590
动画电视	Cartoon	3662	84	18	931
纪录片	Documentary	1800	823	31	336
全年电视节目出口量(小时)	**Time of Exported TV Programs (hour)**	**29619**	**3300**	**347**	**4098**
#电视剧(部)	TV Play (set)	419	18	6	46
#电视剧(集)	TV Play (set)	25455	769	287	1752
动画电视(小时)	Cartoon (hour)	1407	531	72	154
纪录片(小时)	Documentary (hour)	1057	51	42	261

4-2-19 续表 1 continued

指 标	Item		亚洲 Asia		
		#美国 United States		#日本 Japan	#韩国 Republic of Korea
全年电视节目进口总额(万元)	**Value of Imported TV Programs (10 000 yuan)**	**47014**	**151048**	**84431**	**29451**
#电视剧	TV Play	37926	40216	671	28983
动画电视	Cartoon	2232	102195	82237	156
纪录片	Documentary	681	595	25	63
全年电视节目进口量(小时)	**Time of Imported TV Programs (hour)**	**6861**	**9184**	**3528**	**1343**
#电视剧(部)	TV Play (set)	73	164	14	55
#电视剧(集)	TV Play (set)	1101	3613	152	1319
动画电视(小时)	Cartoon (hour)	2900	4695	3259	210
纪录片(小时)	Documentary (hour)	1740	579	8	62
全年电视节目出口总额(万元)	**Value of Exported TV Programs (10 000 yuan)**	**1278**	**32458**	**5115**	**2081**
#电视剧	TV Play	265	28194	5108	1696
动画电视	Cartoon	752	2623		343
纪录片	Documentary	31	610	1	29
全年电视节目出口量(小时)	**Time of Exported TV Programs (hour)**	**3318**	**21613**	**450**	**1207**
#电视剧(部)	TV Play (set)	21	341	13	33
#电视剧(集)	TV Play (set)	806	22349	544	1443
动画电视(小时)	Cartoon (hour)	153	648		6
纪录片(小时)	Documentary (hour)	251	704	0	34

4-2-19 续表 2 continued

指 标	Item				大洋洲 Oceania
		#东南亚 Southeast Asia	#中国香港 Hong Kong China	#中国台湾 Taiwan, China	
全年电视节目进口总额(万元)	**Value of Imported TV Programs (10 000 yuan)**	**4284**	**24207**	**5491**	**1045**
#电视剧	TV Play	2200	5256	535	25
动画电视	Cartoon	11	15182	4608	1
纪录片	Documentary	135	359		388
全年电视节目进口量(小时)	**Time of Imported TV Programs (hour)**	**924**	**1612**	**1114**	**104**
#电视剧(部)	TV Play (set)	28	27	37	1
#电视剧(集)	TV Play (set)	826	652	541	4
动画电视(小时)	Cartoon (hour)	61	479	687	4
纪录片(小时)	Documentary (hour)	165	324		21
全年电视节目出口总额(万元)	**Value of Exported TV Programs (10 000 yuan)**	**7288**	**5045**	**8490**	**304**
#电视剧	TV Play	6698	2795	8233	289
动画电视	Cartoon	173	1905	12	6
纪录片	Documentary	182	121	69	
全年电视节目出口量(小时)	**Time of Exported TV Programs (hour)**	**6160**	**1209**	**2776**	**262**
#电视剧(部)	TV Play (set)	107	29	75	8
#电视剧(集)	TV Play (set)	6809	1153	3155	298
动画电视(小时)	Cartoon (hour)	263	112	130	2
纪录片(小时)	Documentary (hour)	229	74	141	

4-2-20　分地区电视节目进出口情况(2016年)
Basic Statistics on Imported and Exported TV Programs by Region(2016)

地　区	Region	全年电视节目进口总额(万元) Value of Imported TV Programs (10 000 yuan)	#电视剧 TV Play	#动画电视 Cartoon	全年电视节目进口量(小时) Time of Imported TV Programs (hour)	#动画电视 Cartoon
全　国	**National Total**	**209872**	**81500**	**105645**	**20102**	**7752**
总局直属	Directly under the State Administration	20595	3446	693	4527	
北　京	Beijing	151135	48117	102030	9262	
天　津	Tianjin					
河　北	Hebei	40			104	
山　西	Shanxi					
内蒙古	Inner Mongolia					
辽　宁	Liaoning					
吉　林	Jilin					
黑龙江	Heilongjiang					
上　海	Shanghai	28464	23075	1673	3750	
江　苏	Jiangsu	3016	3016		391	
浙　江	Zhejiang	4791	3541	1250	125	
安　徽	Anhui					
福　建	Fujian					
江　西	Jiangxi					
山　东	Shandong					
河　南	Henan					
湖　北	Hubei					
湖　南	Hunan	22			60	
广　东	Guangdong	1556	51		1254	
广　西	Guangxi	78	78		258	
海　南	Hainan					
重　庆	Chongqing					
四　川	Sichuan					
贵　州	Guizhou	176	176		372	
云　南	Yunnan					
西　藏	Tibet					
陕　西	Shaanxi					
甘　肃	Gansu					
青　海	Qinghai					
宁　夏	Ningxia					
新　疆	Xinjiang					

4-2-20 续表 continued

地区	Region	进口电视剧 Imported TV Plays 部 set	集 part	全年电视节目出口总额(万元) Value of Exported TV Programs (10 000 yuan)	#电视剧 TV Play	#动画电视 Cartoon	全年电视节目出口量(小时) Time of Exported TV Programs (hour)
全　国	**National Total**	**277**	**5070**	**36909**	**29732**	**3662**	**29619**
总局直属	Directly under the State Administration	13	264	14791	13770	111	16257
北　京	Beijing	150	1947	4276	2370	351	3085
天　津	Tianjin						
河　北	Hebei						
山　西	Shanxi						
内蒙古	Inner Mongolia						
辽　宁	Liaoning			1		1	37
吉　林	Jilin						
黑龙江	Heilongjiang						
上　海	Shanghai	51	841	4438	3310	373	5712
江　苏	Jiangsu	13	521				
浙　江	Zhejiang	4	160	10606	9842	765	3587
安　徽	Anhui						
福　建	Fujian			302	105	147	25
江　西	Jiangxi						
山　东	Shandong			382	39	343	150
河　南	Henan						
湖　北	Hubei			83	83		66
湖　南	Hunan						
广　东	Guangdong	21	497	1897	213	1572	653
广　西	Guangxi	12	344				
海　南	Hainan						
重　庆	Chongqing						
四　川	Sichuan			132			
贵　州	Guizhou	13	496				
云　南	Yunnan						
西　藏	Tibet						
陕　西	Shaanxi						
甘　肃	Gansu						
青　海	Qinghai						
宁　夏	Ningxia						
新　疆	Xinjiang						

4-2-21 全国电影发展情况
Basic Statistics on Film Industry

年 份 Year	国有电影故事片厂(个) Number of Feature Film Studios (unit)	生产故事影片(部) Feature Films (reel)	生产动画影片(部) Cartoons (reel)	生产科教影片(部) Popular Science Films (reel)	生产纪录影片(部) Documentary Films (reel)	生产特种影片(部) Special Films (reel)
2005	32	260	7	33	2	
2006	32	330	13	36	13	
2007	32	402	6	34	9	
2008	33	406	16	39	16	2
2009	31	456	27	52	19	4
2010	31	526	16	54	16	9
2011	31	558	24	76	26	5
2012	31	745	33	74	15	26
2013	31	638	29	121	18	18
2014	31	618	40	52	25	23
2015	31	686	51	96	38	17
2016	31	772	49	67	32	24

4-2-21 续表 continued

年 份 Year	电影院线 Movie Circuit			全国电影票房收入(亿元) Domestic Movie Box Office Revenue (100 million yuan)		
	数量(条) Number of Movie Circuit (line)	院线内影院(家) Cinemas in Movie Circuit (unit)	银幕(块) Screens in Movie Circuit (unit)		国产电影票房收入(亿元) Chinese Movies (100 million yuan)	进口电影票房收入(亿元) Imported Movies (100 million yuan)
2005	36	1243	2668	20.0		
2006	34	1325	3034	57.3		
2007	34	1427	3527	67.3		
2008	34	1545	4097	84.3		
2009	37	1687	4723	106.7		
2010	37	1820	6256	157.2		
2011	39	2803	9286	177.5		
2012	40		13118	208.2		
2013	42		18195	217.7	127.7	90.0
2014	45		23600	296.4	161.6	134.8
2015	46	6395	31600	440.7	271.4	169.3
2016	48	8011	41129	492.8	287.5	205.4

4-3-1 博物馆基本情况
Basic Statistics on Museums

年份 Year	机构数（个） Number of Institutions (unit)	从业人员（人） Number of Engaged Persons (person)	藏品数（件/套） Number of Collections (piece/set)	基本陈列、展览（个） Displays and Exhibitions (unit)	参观人次（万人次） Spectators (10 000 person-times)
2005	1581	38603	16199377	5929	11819
2006	1617	40818	13024192	5879	12032
2007	1722	42636	13760448	7689	25625
2008	1893	51587	14554158	8364	28328
2009	2252	59919	15711150	14057	32716
2010	2435	57431	17552482	26704	40679
2011	2650	62181	19023423	16921	47051
2012	3069	71748	23180726	20115	56401
2013	3473	79075	27191601	16822	63777
2014	3658	83970	29299673	19565	71774
2015	3852	89133	30441422	21154	78112
2016	4109	93431	33293561	23109	85061

4-3-1 续表 continued

年份 Year	实际使用房屋建筑面积（万平方米） Floor Space of Buildings Actually Used (10 000 sq.m)	收入合计（万元） Total Revenue (10 000 yuan)	#财政补助收入 Government Subsidy	支出合计（万元） Total Expenditure (10 000 yuan)
2005	556	344539	166731	319862
2006	580	409927	203740	363518
2007	676	506375	264585	472082
2008	748	609161	427451	572440
2009	967	765924	569299	700720
2010	1088	961176	728877	878727
2011	1179	1205789	991036	1171131
2012	1471	1492024	1203789	1424802
2013	1700	1755739	1402781	1706897
2014	1933	1955512	1584668	1874197
2015	2034	2169987	1728459	2167639
2016	2185	2348521	1902042	2286951

4-3-2 分地区博物馆基本情况(2016年)
Basic Statistics on Museums by Region(2016)

地区	Region	机构数(个) Number of Institutions (unit)	从业人员(人) Number of Engaged Persons (person)	#专业技术人员 Professional Technical Staff	藏品数(件/套) Number of Collections (piece/set)	基本陈列、展览(个) Displays and Exhibitions (unit)
全　国	**National Total**	**4109**	**93431**	**34177**	**33293561**	**23109**
中央本级	Central-level	3	2588	1456	3299804	109
北　京	Beijing	41	1196	414	1235102	249
天　津	Tianjin	22	760	479	635938	180
河　北	Hebei	111	3764	1272	427332	664
山　西	Shanxi	105	3303	916	984459	337
内蒙古	Inner Mongolia	87	1625	854	645516	446
辽　宁	Liaoning	65	2159	1042	534003	426
吉　林	Jilin	77	1218	635	437300	352
黑龙江	Heilongjiang	176	2867	1169	991479	889
上　海	Shanghai	99	3096	1583	2253481	1094
江　苏	Jiangsu	317	6524	2254	1767257	1986
浙　江	Zhejiang	275	4960	1719	1315047	1968
安　徽	Anhui	171	2641	1012	743837	867
福　建	Fujian	98	2259	841	496026	909
江　西	Jiangxi	138	3007	1114	402972	517
山　东	Shandong	393	7152	2902	3301398	2474
河　南	Henan	270	6209	1744	935827	1133
湖　北	Hubei	183	3556	1842	1570685	988
湖　南	Hunan	115	3035	901	576151	424
广　东	Guangdong	177	3615	1717	953330	1733
广　西	Guangxi	125	2013	847	265803	517
海　南	Hainan	18	285	101	73945	112
重　庆	Chongqing	82	2232	785	508431	437
四　川	Sichuan	239	6452	1689	4199935	1161
贵　州	Guizhou	73	1465	436	105956	254
云　南	Yunnan	90	1139	725	1227996	507
西　藏	Tibet	7	226	62	67961	29
陕　西	Shaanxi	274	8947	2134	2409927	1183
甘　肃	Gansu	152	3371	928	522853	702
青　海	Qinghai	23	281	172	163393	65
宁　夏	Ningxia	13	324	133	47855	97
新　疆	Xinjiang	90	1162	299	192562	300

4-3-2 续表 1 continued

地 区	Region	参观人次(万人次) Spectators (10 000 person-times)	门票销售总额(万元) Sales of Admission Tickets (10 000 yuan)	收入合计(万元) Total Revenue (10 000 yuan)	#财政补助收入 Government Subsidy	支出合计(万元) Total Expenditure (10 000 yuan)
全 国	**National Total**	**85061**	**390031**	**2348521**	**1902042**	**2286951**
中央本级	Central-level	2375	105444	143229	120211	165683
北 京	Beijing	649	1241	78498	73804	77912
天 津	Tianjin	1013	1389	22508	21055	23699
河 北	Hebei	2724	10042	57732	46471	54128
山 西	Shanxi	1460	20417	55552	45953	47940
内蒙古	Inner Mongolia	1124	229	57426	56136	60798
辽 宁	Liaoning	1389	12076	48000	47922	49331
吉 林	Jilin	943	4335	32806	31647	26058
黑龙江	Heilongjiang	2201	5038	55046	39534	47157
上 海	Shanghai	2218	23975	188970	113357	165452
江 苏	Jiangsu	8512	17760	143770	121824	144755
浙 江	Zhejiang	5957	2756	141286	122449	138345
安 徽	Anhui	2798	610	45920	36200	52136
福 建	Fujian	2545		54890	48708	44330
江 西	Jiangxi	3391	38	63284	50328	51359
山 东	Shandong	5836	16738	128396	77427	135274
河 南	Henan	4964	7002	69312	56874	72283
湖 北	Hubei	2671	1302	96202	80878	105772
湖 南	Hunan	4784	108	99901	94391	84949
广 东	Guangdong	4727	20250	134981	127329	127015
广 西	Guangxi	1773	167	44058	40251	36106
海 南	Hainan	104		7290	6871	7462
重 庆	Chongqing	2528	11119	68064	50541	60364
四 川	Sichuan	5976	38659	147156	108654	149812
贵 州	Guizhou	1654	30	25520	20762	25067
云 南	Yunnan	1912	76	24987	23059	25822
西 藏	Tibet	55		3667	3547	2517
陕 西	Shaanxi	5338	88133	203488	139936	198802
甘 肃	Gansu	2317	1074	65285	58353	66031
青 海	Qinghai	247		9660	9295	9570
宁 夏	Ningxia	188		9425	8541	10543
新 疆	Xinjiang	686	24	22217	19736	20483

4-3-2 续表 2 continued

地 区	Region	资产总计(万元) Total Assets (10 000 yuan)	#固定资产原价 Original Value of Fixed Assets	实际使用房屋建筑面积(万平方米) Floor Space of Buildings Actually Used (10 000 sq.m)	#展览用房 Buildings for Exhibitions	#库房 Storeroom
全 国	**National Total**	**9956370**	**6124005**	**2185.48**	**1058.75**	**185.19**
中央本级	Central-level	508484	197348	48.45	8.38	3.91
北 京	Beijing	192323	170627	50.14	14.24	1.48
天 津	Tianjin	75653	57563	18.86	8.89	3.07
河 北	Hebei	254517	215100	73.94	35.77	3.34
山 西	Shanxi	185213	114985	55.49	24.62	4.48
内蒙古	Inner Mongolia	292742	192432	58.35	28.80	3.87
辽 宁	Liaoning	167050	124767	49.45	26.75	5.04
吉 林	Jilin	51710	30118	30.20	16.57	2.16
黑龙江	Heilongjiang	351037	228224	66.76	40.70	4.60
上 海	Shanghai	962108	615094	73.05	33.46	7.67
江 苏	Jiangsu	790272	607998	216.50	109.98	13.21
浙 江	Zhejiang	688054	314431	139.21	64.59	10.83
安 徽	Anhui	214470	147807	65.52	34.41	5.73
福 建	Fujian	129524	57356	50.19	22.68	4.01
江 西	Jiangxi	234077	122089	57.69	30.33	4.90
山 东	Shandong	912057	543625	233.01	120.53	24.31
河 南	Henan	279306	172039	102.12	55.61	11.45
湖 北	Hubei	264867	172887	71.26	35.92	7.80
湖 南	Hunan	259369	132711	54.83	23.05	4.61
广 东	Guangdong	360758	238606	117.99	46.90	9.93
广 西	Guangxi	156272	101670	51.27	29.92	4.73
海 南	Hainan	19840	13676	5.04	2.18	0.20
重 庆	Chongqing	166280	98028	52.40	24.57	4.14
四 川	Sichuan	1072836	682386	142.64	72.73	13.95
贵 州	Guizhou	110430	37886	30.38	15.20	2.51
云 南	Yunnan	126831	64667	43.36	19.66	3.34
西 藏	Tibet	2038	1787	5.25	2.09	0.35
陕 西	Shaanxi	760873	424466	121.98	57.39	10.66
甘 肃	Gansu	242222	164123	55.44	28.78	4.89
青 海	Qinghai	18416	17204	8.06	3.04	1.44
宁 夏	Ningxia	21220	14626	10.81	5.21	0.73
新 疆	Xinjiang	85523	47681	25.84	15.79	1.84

4-3-3 群众文化机构基本情况
Basic Statistics on Mass Cultural Institutions

年 份 Year	机构数(个) Number of Institutions (unit)	从业人员(人) Number of Engaged Persons (person)	组织文艺活动次数(次) Number of Art and Cultural Activities (time)	举办训练班次(次) Number of Training Courses (time)	举办展览个数(个) Number of Exhibitions (unit)
2005	41588	122500	391439	190194	111300
2006	40088	123465	497779	218696	141150
2007	40601	128096	546477	242055	90900
2008	41156	131142	473613	299791	100877
2009	41959	137484	555052	304955	110251
2010	43382	141002	576799	358719	117353
2011	43675	147732	620586	339883	107785
2012	43876	156228	688482	387201	114774
2013	44260	164355	740611	390758	138225
2014	44423	170299	845421	469300	131728
2015	44291	173499	959901	536328	139792
2016	44497	182030	1065287	590516	150128

4-3-3 续表 continued

年 份 Year	收入合计(万元) Total Revenue (10 000 yuan)	#财政补贴收入 Government Subsidy	支出合计(万元) Total Expenditure (10 000 yuan)	实际使用房屋建筑面积(万平方米) Floor Space of Buildings Actually Used (10 000 sq.m)
2005	365887	279033	358641	1507
2006	428962	322773	412430	1623
2007	548301	432311	575722	1667
2008	660111	528838	653613	1931
2009	807244	681147	794190	2194
2010	944397	803918	931951	2527
2011	1285601	1122872	1267505	2983
2012	1453601	1300692	1467803	3172
2013	1667594	1478439	1635395	3389
2014	1901726	1623756	1828632	3686
2015	2077606	1856374	2014894	3848
2016	2272289	2086646	2183721	3991

4-3-4 分地区群众文化机构基本情况(2016年)
Basic Statistics on Mass Cultural Institutions by Region(2016)

地 区	Region	机构数（个）Number of Institutions (unit)	从业人员（人）Number of Engaged Persons (person)	#专业技术人员 Professional Technical Staff	组织文艺活动次数（次）Number of Art and Cultural Activities (time)	组织文艺活动观众人次（万人次）Attending Art and Cultural Activities (10 000 person-times)
全 国	**National Total**	**44497**	**182030**	**74989**	**1065287**	**42337.3**
北 京	Beijing	352	2748	703	30725	637.7
天 津	Tianjin	254	1408	486	14898	290.4
河 北	Hebei	2416	7517	2549	42915	1208.6
山 西	Shanxi	1540	4482	1776	22499	696.0
内蒙古	Inner Mongolia	1226	5016	2623	18580	757.6
辽 宁	Liaoning	1556	5767	2521	35567	1076.4
吉 林	Jilin	979	6739	4908	14892	513.9
黑龙江	Heilongjiang	1665	5468	2530	23879	838.2
上 海	Shanghai	237	4975	1114	78009	1466.9
江 苏	Jiangsu	1395	7215	3019	58503	2128.9
浙 江	Zhejiang	1466	7418	3969	78833	4164.8
安 徽	Anhui	1559	5964	3227	38162	1355.3
福 建	Fujian	1222	3989	1521	17333	757.8
江 西	Jiangxi	1869	6004	2103	19623	863.1
山 东	Shandong	1973	8268	4351	83562	2801.9
河 南	Henan	2546	10996	2492	51515	1973.4
湖 北	Hubei	1402	4945	2377	37893	1676.8
湖 南	Hunan	2679	8146	2867	30320	1611.6
广 东	Guangdong	1748	11723	3524	57166	4329.6
广 西	Guangxi	1292	5538	2684	29010	1680.2
海 南	Hainan	243	801	268	3132	160.3
重 庆	Chongqing	1062	5367	1607	28157	1467.2
四 川	Sichuan	4781	11023	3853	68824	2802.5
贵 州	Guizhou	1666	6370	2714	22249	1126.1
云 南	Yunnan	1583	7423	5522	32221	1625.7
西 藏	Tibet	774	4466	1692	6921	199.7
陕 西	Shaanxi	1581	7254	2759	23904	1047.6
甘 肃	Gansu	1458	6342	1680	16364	615.0
青 海	Qinghai	414	1157	488	5451	331.7
宁 夏	Ningxia	270	1293	748	11785	436.5
新 疆	Xinjiang	1289	6208	2314	62395	1695.8

4-3-4 续表 1 continued

地 区	Region	举办训练班 Training Courses 班次（次） Number of Training Courses (time)	培训人次（万人次） Attending Training (10 000 person-times)	举办展览 Exhibitions 个数（个） Number of Exhibitions (time)	参观人次（万人次） Visitors (10 000 person-times)	收入合计（万元） Total Revenue (10 000 yuan)	#财政补贴收入 Government Subsidy
全 国	**National Total**	**590516**	**4250.1**	**150128**	**10786.4**	**2272289**	**2086646**
北 京	Beijing	35682	202.7	2017	116.5	73557	63131
天 津	Tianjin	10847	57.3	1140	51.5	26693	26113
河 北	Hebei	18341	118.2	5233	238.1	52847	50583
山 西	Shanxi	12374	82.9	3431	215.0	35681	35266
内蒙古	Inner Mongolia	9397	56.6	2492	142.6	52053	51388
辽 宁	Liaoning	22536	158.0	3396	190.8	70388	61362
吉 林	Jilin	12640	85.5	1658	119.9	50494	49473
黑龙江	Heilongjiang	10053	74.8	3052	173.0	45071	43699
上 海	Shanghai	52988	439.8	3373	551.2	169502	150927
江 苏	Jiangsu	25686	199.0	8785	648.9	140670	134067
浙 江	Zhejiang	53268	367.9	11524	1025.6	215599	189601
安 徽	Anhui	20040	149.4	6050	308.7	53624	48345
福 建	Fujian	17724	103.3	3956	361.1	49080	42862
江 西	Jiangxi	12654	86.7	3946	237.9	46954	41784
山 东	Shandong	32596	285.6	10636	724.4	90874	85880
河 南	Henan	25148	171.2	9322	567.0	63598	61125
湖 北	Hubei	16668	124.0	5542	379.5	69480	64996
湖 南	Hunan	16696	126.5	5368	465.9	72315	64558
广 东	Guangdong	52333	428.2	8758	1080.0	243539	221674
广 西	Guangxi	15862	77.3	3808	239.7	57032	47799
海 南	Hainan	2013	20.1	498	48.6	12457	11310
重 庆	Chongqing	15526	147.5	5656	447.1	69740	66450
四 川	Sichuan	31736	171.8	11642	809.6	134846	127437
贵 州	Guizhou	9747	60.2	3550	241.2	57742	52445
云 南	Yunnan	15469	144.0	5344	425.2	89974	83728
西 藏	Tibet	2630	15.3	1213	38.0	35762	32464
陕 西	Shaanxi	12659	99.4	6251	249.3	58300	54909
甘 肃	Gansu	8414	66.4	4380	257.2	45223	42530
青 海	Qinghai	1605	11.2	1066	54.4	20867	18544
宁 夏	Ningxia	3625	22.4	675	47.5	17403	15956
新 疆	Xinjiang	13559	96.7	6366	331.2	50927	46243

4-3-4 续表 2 continued

地 区	Region	支出合计（万元） Total Expenditure (10 000 yuan)	资产总计（万元） Total Assets (10 000 yuan)	#固定资产原价 Original Value of Fixed Assets	实际使用房屋建筑面积（万平方米） Floor Space of Buildings Actually Used (10 000 sq.m)	#业务用房面积 Buildings for Mass Cultural Activities
全 国	**National Total**	**2183721**	**5669462**	**4824528**	**3991.01**	**2898.58**
北 京	Beijing	68604	113621	95686	73.35	49.29
天 津	Tianjin	25385	72122	55684	32.74	23.96
河 北	Hebei	50520	134812	123204	125.04	93.73
山 西	Shanxi	34880	98910	87044	100.03	74.60
内蒙古	Inner Mongolia	52037	118783	104371	80.64	58.15
辽 宁	Liaoning	49240	117124	102704	113.26	68.99
吉 林	Jilin	48257	84548	56245	51.94	33.92
黑龙江	Heilongjiang	44243	138017	131533	89.32	59.88
上 海	Shanghai	151168	344502	252338	139.74	101.08
江 苏	Jiangsu	139878	402855	349312	393.72	299.46
浙 江	Zhejiang	211327	455662	359690	409.28	311.08
安 徽	Anhui	52789	148404	108972	106.17	87.72
福 建	Fujian	47400	146557	106046	127.20	98.46
江 西	Jiangxi	39517	123509	98437	111.62	80.05
山 东	Shandong	89223	221638	191533	261.84	177.87
河 南	Henan	62903	127823	116695	136.20	99.78
湖 北	Hubei	67950	114576	98890	147.78	105.31
湖 南	Hunan	70519	184503	163498	154.27	112.27
广 东	Guangdong	230000	786217	691380	392.42	288.30
广 西	Guangxi	53080	88414	79962	79.22	55.98
海 南	Hainan	10812	23315	18493	10.94	8.05
重 庆	Chongqing	69687	173962	151817	95.36	68.41
四 川	Sichuan	137406	371119	330019	218.18	165.62
贵 州	Guizhou	57938	131063	116359	81.61	57.04
云 南	Yunnan	87685	154029	132825	106.55	76.20
西 藏	Tibet	33275	348833	339434	37.56	30.24
陕 西	Shaanxi	62187	132412	110100	89.73	64.16
甘 肃	Gansu	44531	104124	88813	74.10	52.90
青 海	Qinghai	19667	26046	20687	15.50	12.21
宁 夏	Ningxia	17912	45968	31952	28.87	18.70
新 疆	Xinjiang	53704	135998	110807	106.85	65.21

4-3-5 公共图书馆基本情况
Basic Statistics on Public Libraries

年 份 Year	机构数(个) Number of Institutions (unit)	从业人员(人) Number of Engaged Persons (person)	总藏量(万册件) Total Collections (10 000 copies)	总流通人次(万人次) Total Number of Circulation (10 000 person-times)	#外借人次 Borrowing from Libraries	书刊文献外借册次(万册次) Number of Books and Periodicals Lent to Readers (10 000 copy-times)
2005	2762	50423	48056	23332	10821	20269
2006	2778	51311	50024	25218	11408	21039
2007	2799	54650	52053	26103	11454	21319
2008	2820	52021	55064	28141	12251	23129
2009	2850	52688	58521	32167	13277	25857
2010	2884	53564	61726	32823	13934	26392
2011	2952	54475	63896	37423	15316	28452
2012	3076	54997	68827	43437	17402	33191
2013	3112	56320	74896	49232	20552	40868
2014	3117	56071	79092	53036	22737	46734
2015	3139	56422	83844	58892	23085	50896
2016	3153	57208	90163	66037	24892	54725

4-3-5 续表 continued

年 份 Year	发放借书证数(万个) Accumulative Number of Library Cards Distributed (10 000 units)	收入合计(万元) Total Revenue (10 000 yuan)	#财政补贴收入 Government Subsidy	支出合计(万元) Total Expenditure (10 000 yuan)	实际使用公用房屋建筑面积(万平方米) Floor Space of Buildings Actually Used (10 000 sq.m)
2005	1062	325880	277848	312571	677
2006	1160	366089	319479	344076	719
2007	1273	450512	395441	431326	741
2008	1454	531926	477616	519841	780
2009	1749	613175	550808	606630	850
2010	2020	646085	583685	643629	900
2011	2214	813232	756357	776839	995
2012	2485	1002068	934890	977556	1058
2013	2877	1151163	1070575	1130035	1158
2014	3944	1212979	1137210	1163583	1232
2015	5721	1358370	1270354	1340481	1301
2016	5593	1494998	1415668	1451469	1424

4-3-6 分地区公共图书馆基本情况(2016年)
Basic Statistics on Public Libraries by Region(2016)

地区	Region	机构数(个) Number of Institutions (unit)	从业人员(人) Number of Engaged Persons (person)	#专业技术人员 Professional Technical Staff	总藏量(万册) Total Collections (10 000 copies)	#图书 Books
全国	**National Total**	**3153**	**57208**	**41098**	**90162.7**	**69785.6**
北京	Beijing	24	1249	1050	2594.4	2324.5
天津	Tianjin	31	969	887	1806.1	1600.1
河北	Hebei	172	1875	1286	2339.9	1912.6
山西	Shanxi	127	1676	1079	1727.1	1354.8
内蒙古	Inner Mongolia	117	1944	1600	1703.9	1432.8
辽宁	Liaoning	130	2761	2166	3928.7	3165.2
吉林	Jilin	66	1620	1327	1861.7	1534.6
黑龙江	Heilongjiang	108	1664	1374	1926.0	1574.4
上海	Shanghai	24	2091	1735	7676.4	3408.7
江苏	Jiangsu	114	3439	2347	7601.5	6664.8
浙江	Zhejiang	102	3616	2156	6969.1	6058.9
安徽	Anhui	123	1559	1036	2162.5	1766.8
福建	Fujian	90	1409	996	3051.0	2414.0
江西	Jiangxi	113	1379	878	2177.8	1676.7
山东	Shandong	154	2828	2358	5065.1	4150.0
河南	Henan	158	2955	1641	2645.8	2169.1
湖北	Hubei	112	2198	1711	3317.9	2752.1
湖南	Hunan	137	2094	1520	2833.2	2274.2
广东	Guangdong	142	4360	2848	7899.8	6675.8
广西	Guangxi	114	1589	1230	2719.5	1867.2
海南	Hainan	23	323	246	458.4	415.3
重庆	Chongqing	43	920	582	1441.8	1177.0
四川	Sichuan	203	2371	1402	3517.6	2864.9
贵州	Guizhou	98	1078	811	1258.0	1000.3
云南	Yunnan	151	1874	1651	2091.2	1572.2
西藏	Tibet	81	189	91	177.3	138.2
陕西	Shaanxi	110	2123	1237	1626.0	1351.2
甘肃	Gansu	103	1450	817	1394.0	1060.0
青海	Qinghai	49	425	305	450.6	371.5
宁夏	Ningxia	26	555	418	687.5	555.2
新疆	Xinjiang	107	1092	858	1417.6	1170.2

注：全国合计数中包括1个中央级公共图书馆。

a)Data of national total libiaries include one central-level public library.

4-3-6 续表 1 continued

地 区	Region	本年新购藏量(万册) New Collections During the Year (10 000 copies)	有效借书证数(个) Accumulative Number of Library Cards Distributed (10 000 units)	总流通人次(万人次) Total Number of Circulation (10 000 person-times)	#书刊文献外借人次 Borrowing from Libraries	书刊文献外借册次(万册次) Number of Books and Periodicals Lent to Readers (10 000 copy-times)
全 国	**National Total**	**6275.2**	**55928124**	**66037.0**	**24891.5**	**54724.6**
北 京	Beijing	226.1	1052788	1401.9	510.5	1025.7
天 津	Tianjin	110.0	806567	851.5	311.5	875.8
河 北	Hebei	159.4	1047337	1622.2	585.2	1054.1
山 西	Shanxi	126.4	1092227	981.4	361.5	650.3
内蒙古	Inner Mongolia	154.3	430368	742.7	295.8	705.2
辽 宁	Liaoning	183.4	1377291	2313.1	718.2	1795.0
吉 林	Jilin	93.7	1029329	806.1	356.8	736.9
黑龙江	Heilongjiang	127.0	696089	986.0	309.7	646.8
上 海	Shanghai	151.1	2044999	4170.4	1981.7	8624.2
江 苏	Jiangsu	584.3	11001088	6488.6	2887.5	5088.1
浙 江	Zhejiang	710.7	8447385	9788.5	2705.9	6520.2
安 徽	Anhui	227.8	1195867	1994.4	938.2	1681.9
福 建	Fujian	243.9	2050471	2603.5	1219.5	2658.8
江 西	Jiangxi	127.2	1050805	1374.5	739.5	1302.2
山 东	Shandong	327.0	3592381	3643.6	1713.1	2809.9
河 南	Henan	160.2	1175758	2538.7	1228.4	1862.4
湖 北	Hubei	296.2	1666947	2082.0	1027.9	1882.1
湖 南	Hunan	273.5	1459104	1955.4	832.5	1701.1
广 东	Guangdong	886.3	6202406	8334.8	1954.1	5218.7
广 西	Guangxi	131.6	764540	2067.0	526.8	1141.8
海 南	Hainan	34.5	166512	377.0	77.8	247.2
重 庆	Chongqing	152.5	728960	1308.5	471.3	1026.2
四 川	Sichuan	202.4	1335552	2358.0	995.3	1751.3
贵 州	Guizhou	57.6	441857	604.4	314.3	492.6
云 南	Yunnan	112.3	503989	1380.8	534.0	972.7
西 藏	Tibet	18.2	30798	25.4	5.2	7.7
陕 西	Shaanxi	107.6	394360	1155.6	411.1	707.5
甘 肃	Gansu	61.4	359783	724.3	352.6	618.8
青 海	Qinghai	16.4	140020	111.2	67.6	81.5
宁 夏	Ningxia	26.9	183574	318.6	160.1	295.1
新 疆	Xinjiang	57.5	265888	529.4	259.9	486.5

4-3-6 续表 2 continued

地 区	Region	收入合计（万元） Total Revenue (10 000 yuan)	#财政补贴收入 Government Subsidy	支出合计（万元） Total Expenditure (10 000 yuan)	资产总计（万元） Total Assets (10 000 yuan)	#固定资产原价 Original Value of Fixed Assets
全 国	**National Total**	**1494998.4**	**1415667.7**	**1451468.7**	**5351762.6**	**4272285.0**
北 京	Beijing	61089.9	59954.7	61590.3	266432.3	189871.0
天 津	Tianjin	40271.6	39119.6	37285.0	101266.6	78556.3
河 北	Hebei	30665.7	30381.0	30457.7	77940.2	66730.0
山 西	Shanxi	35285.8	35281.1	33898.7	89099.5	74426.9
内蒙古	Inner Mongolia	36002.9	35753.0	36627.3	136646.2	107855.8
辽 宁	Liaoning	52825.8	50897.0	51012.6	154361.3	135504.1
吉 林	Jilin	30810.0	30516.7	30474.4	72845.8	60710.7
黑龙江	Heilongjiang	34756.6	33679.1	34794.2	84395.2	78758.3
上 海	Shanghai	109977.9	100739.9	104748.8	522422.8	470272.0
江 苏	Jiangsu	102747.6	99158.6	103891.1	365379.8	311734.6
浙 江	Zhejiang	112767.8	106823.2	108932.0	342771.8	273536.7
安 徽	Anhui	30088.4	28175.7	30155.2	100448.2	88633.5
福 建	Fujian	41101.1	37536.4	41040.2	125700.8	98196.7
江 西	Jiangxi	27244.4	26094.9	24550.9	65661.9	51189.6
山 东	Shandong	60015.5	58850.1	60982.5	176942.0	157286.3
河 南	Henan	35899.4	34813.2	35681.1	102031.9	85960.7
湖 北	Hubei	53070.4	50864.9	49833.0	223056.2	116222.5
湖 南	Hunan	41544.1	39259.9	36363.6	170721.6	152904.3
广 东	Guangdong	160569.7	156204.4	156093.8	686127.2	645978.6
广 西	Guangxi	33214.6	29938.6	32946.5	100118.1	74868.5
海 南	Hainan	12807.2	12639.3	10830.1	21904.7	19171.4
重 庆	Chongqing	28794.0	27376.6	27796.3	69189.3	57703.3
四 川	Sichuan	54875.5	53607.4	51872.0	159941.5	110381.0
贵 州	Guizhou	20096.4	18763.0	18009.6	77047.2	59175.8
云 南	Yunnan	36063.6	33463.7	35624.8	113106.6	100780.5
西 藏	Tibet	6498.0	6095.2	6261.8	34626.3	31513.1
陕 西	Shaanxi	34143.4	32442.3	34019.9	93202.6	70703.3
甘 肃	Gansu	28413.9	27323.5	26657.1	103203.3	76170.6
青 海	Qinghai	13055.2	12580.0	10824.8	18276.8	12550.7
宁 夏	Ningxia	12314.9	10483.3	13422.1	38089.8	31955.5
新 疆	Xinjiang	31260.1	30234.3	29828.3	75809.0	44048.2

4-3-6 续表 3 continued

地 区 Region	实际使用公用房屋建筑面积（万平方米） Floor Space of Buildings Actually Used (10 000 sq.m)	#书库面积 Stack Rooms	#阅览室面积 Reading Rooms	阅览室坐席数（个） Seats of Reading Rooms (unit)
全 国 National Total	**1424.3**	**281.9**	**398.2**	**985968**
北 京 Beijing	27.5	5.6	7.2	17316
天 津 Tianjin	26.4	5.9	8.6	14805
河 北 Hebei	47.2	9.4	14.4	38424
山 西 Shanxi	47.8	8.3	15.1	31719
内蒙古 Inner Mongolia	38.9	5.8	11.2	28315
辽 宁 Liaoning	56.2	10.0	15.6	37772
吉 林 Jilin	27.8	4.8	8.2	20836
黑龙江 Heilongjiang	29.6	5.5	8.3	23447
上 海 Shanghai	41.9	9.3	10.5	22217
江 苏 Jiangsu	116.2	16.5	29.2	54037
浙 江 Zhejiang	105.6	18.0	29.3	64909
安 徽 Anhui	44.4	7.9	13.7	35580
福 建 Fujian	39.7	9.6	12.7	32602
江 西 Jiangxi	37.0	10.0	12.1	34806
山 东 Shandong	106.0	20.8	24.9	61482
河 南 Henan	61.1	13.6	15.8	49112
湖 北 Hubei	70.0	16.1	20.1	43357
湖 南 Hunan	43.1	12.4	11.3	35727
广 东 Guangdong	128.9	20.9	37.8	93915
广 西 Guangxi	39.1	8.7	9.7	29414
海 南 Hainan	8.3	1.9	2.3	5570
重 庆 Chongqing	31.0	6.0	8.6	24575
四 川 Sichuan	59.8	12.5	19.6	49983
贵 州 Guizhou	23.0	6.3	7.2	21266
云 南 Yunnan	36.8	8.8	9.5	27489
西 藏 Tibet	5.4	1.4	1.2	3011
陕 西 Shaanxi	27.3	5.8	8.9	21703
甘 肃 Gansu	26.8	5.1	6.6	20158
青 海 Qinghai	6.4	1.4	2.5	4171
宁 夏 Ningxia	12.4	2.6	3.5	8707
新 疆 Xinjiang	25.2	5.1	8.8	24240

4-3-7 艺术表演团体基本情况
Basic Statistics on Art Performance Troupes

年份 Year	机构数（个） Number of Institutions (unit)	从业人员（人） Number of Engaged Persons (person)	演出场次（万场次） Number of Performances (10 000 shows)	国内演出观众人次（万人次） Number of Domestic Audience (10 000 person-times)
2005	2805	141678	47	38894
2006	2866	144167	49	46115
2007	4512	220653	93	75896
2008	5114	208174	91	63187
2009	6139	184678	120	81716
2010	6864	185413	137	88456
2011	7055	226599	155	74585
2012	7321	242047	135	82805
2013	8180	260865	165	90064
2014	8769	262887	174	91020
2015	10787	301878	211	95799
2016	12301	332920	231	118138

4-3-7 续表 continued

年份 Year	收入合计（万元） Total Revenue (10 000 yuan)	#演出收入 Performance Income	支出合计（万元） Total Expenditure (10 000 yuan)	实际使用房屋建筑面积（万平方米） Floor Space of Buildings Actually Used (10 000 sq.m)
2005	545640	114381	527627	462
2006	620479	134253	602838	408
2007	829045	203757	750817	429
2008	933685	204842	832225	432
2009	1121559	288214	1048083	457
2010	1239255	342696	1203561	466
2011	1540263	526745	1486696	526
2012	2310460	641480	2081911	617
2013	2800266	735532	2331821	638
2014	2264046	757028	2024045	716
2015	2576499	939310	2286420	800
2016	3112276	1308591	2621743	825

4-3-8 分地区艺术表演团体基本情况(2016年)
Basic Statistics on Art Performance Troupes by Region(2016)

地区	Region	机构数(个) Number of Institutions (unit)	从业人员(人) Number of Engaged Persons (person)	#专业技术人员 Professional Technical Staff	演出场次(万场次) Number of Performances (10 000 shows)	#国内演出 Domestic Performances	国内演出观众人次(万人次) Number of Domestic Audience (10 000 person-times)
全国	**National Total**	**12301**	**332920**	**149165**	**230.6**	**229.0**	**118137.7**
中央本级	Central-level	16	4967	2777	0.3	0.3	304.7
北京	Beijing	485	10523	4661	2.7	2.6	877.0
天津	Tianjin	84	3019	1957	0.8	0.8	397.5
河北	Hebei	712	16581	8779	9.2	9.0	5418.6
山西	Shanxi	546	17619	7041	9.3	9.2	4642.2
内蒙古	Inner Mongolia	186	7226	4997	2.4	2.4	1241.1
辽宁	Liaoning	246	4937	2925	1.8	1.7	565.2
吉林	Jilin	54	2601	1952	0.6	0.6	358.3
黑龙江	Heilongjiang	57	3520	2730	0.6	0.6	331.9
上海	Shanghai	205	7102	3641	2.5	2.3	1034.4
江苏	Jiangsu	444	11163	6644	8.8	8.7	4051.1
浙江	Zhejiang	1245	39071	11129	28.9	28.8	18040.5
安徽	Anhui	1879	34932	16229	45.9	45.8	32968.5
福建	Fujian	429	13004	5243	8.6	8.6	2285.9
江西	Jiangxi	304	8164	3368	4.8	4.7	1625.0
山东	Shandong	567	13637	7438	8.4	8.3	4093.5
河南	Henan	1006	29462	10091	46.3	46.2	11994.3
湖北	Hubei	308	8699	4940	3.9	3.8	3051.8
湖南	Hunan	452	11763	5366	5.5	5.5	2443.1
广东	Guangdong	357	11532	4841	3.9	3.8	2427.3
广西	Guangxi	100	4716	2073	1.2	1.1	848.4
海南	Hainan	74	3232	1219	0.9	0.9	811.2
重庆	Chongqing	770	10015	3555	9.0	9.0	3080.6
四川	Sichuan	621	12406	4996	8.4	8.4	2303.7
贵州	Guizhou	113	3687	1864	1.1	1.1	817.4
云南	Yunnan	221	8725	3588	4.4	4.4	3883.2
西藏	Tibet	87	2376	712	0.6	0.6	390.7
陕西	Shaanxi	281	12516	5888	3.9	3.8	3241.3
甘肃	Gansu	227	7224	3108	3.1	3.1	2774.9
青海	Qinghai	60	1676	788	0.7	0.7	284.4
宁夏	Ningxia	34	1278	608	0.5	0.5	359.9
新疆	Xinjiang	131	5547	4017	1.7	1.6	1190.2

4-3-8 续表 1 continued

地 区	Region	收入合计(万元) Total Revenue (10 000 yuan)	#财政补贴收入 Government Subsidy	#演出收入 Performance Income	支出合计(万元) Total Expenditure (10 000 yuan)	#人员支出 Personnel Expenses	资产总计(万元) Total Assets (10 000 yuan)
全 国	**National Total**	**3112276**	**1375305**	**1308591**	**2621743**	**1396766**	**5632084**
中央本级	Central-level	184259	121659	27317	159201	81957	388217
北 京	Beijing	107758	48469	32204	99922	49960	423292
天 津	Tianjin	50939	41764	5913	49360	28086	62124
河 北	Hebei	73026	31486	35498	71943	42886	148330
山 西	Shanxi	78995	40128	31355	77945	40875	144158
内蒙古	Inner Mongolia	90351	81909	5025	85470	54661	139136
辽 宁	Liaoning	76612	38859	9506	62280	28124	103409
吉 林	Jilin	33354	24453	4334	34456	19779	34199
黑龙江	Heilongjiang	46665	40561	3113	46040	32225	69472
上 海	Shanghai	158004	76772	41314	133045	63874	268514
江 苏	Jiangsu	122978	57742	57925	117902	51404	135814
浙 江	Zhejiang	547992	72004	454278	384201	160531	1066580
安 徽	Anhui	140280	23725	99902	113097	69394	180462
福 建	Fujian	96909	45721	39620	89071	64638	164042
江 西	Jiangxi	46562	24184	18798	37339	24401	94781
山 东	Shandong	101919	66521	21905	95724	63507	132593
河 南	Henan	115970	53227	48606	91677	55437	122048
湖 北	Hubei	87906	62645	16405	80797	42784	105230
湖 南	Hunan	112902	43827	42244	88166	44946	176776
广 东	Guangdong	115249	54976	38915	99990	53915	193076
广 西	Guangxi	66539	20474	30885	46702	20694	125803
海 南	Hainan	61412	8994	37845	37506	14136	136714
重 庆	Chongqing	55696	19659	29352	50232	27213	193634
四 川	Sichuan	111198	42520	61109	91621	44514	190185
贵 州	Guizhou	34862	13725	10621	30135	13071	110054
云 南	Yunnan	141111	43527	58456	108569	58572	217175
西 藏	Tibet	21280	19847	211	21038	15539	29861
陕 西	Shaanxi	91347	48517	29059	77752	40353	145902
甘 肃	Gansu	46945	28620	11714	44097	27703	100177
青 海	Qinghai	9676	6449	2048	9088	6672	32192
宁 夏	Ningxia	12621	8538	1009	19298	3646	150436
新 疆	Xinjiang	70960	63805	2105	68083	51269	47699

4-3-8 续表 2 continued

地 区	Region	#固定资产原价 Original Value of Fixed Assets	实际使用房屋建筑面积（万平方米） Floor Space of Buildings Actually Used (10 000 sq.m)	#排练练功用房 Buildings for Rehearsing	流动舞台车演出情况 Performances of Flow Stage Car 流动舞台车数量（辆） Number of Flow Stage Cars (unit)	演出场次（万场次） Number of Performances (10 000 shows)	观众人次（万人次） Number of Audiences (10 000 person-times)
全 国	**National Total**	**1665231**	**825.5**	**107.1**	**1415**	**11.55**	**10568.7**
中央本级	Central-level	249674	27.1	4.5			
北 京	Beijing	53438	24.0	1.0			
天 津	Tianjin	23645	9.5	1.9	3	0.05	62.8
河 北	Hebei	32464	40.4	4.1	74	0.55	563.6
山 西	Shanxi	44285	31.9	3.5	108	0.52	337.4
内蒙古	Inner Mongolia	108276	29.1	5.1	85	0.41	280.1
辽 宁	Liaoning	35954	19.4	3.4	15	0.03	19.4
吉 林	Jilin	22108	10.6	2.2	42	0.21	155.1
黑龙江	Heilongjiang	41610	18.7	3.6	18	0.06	68.7
上 海	Shanghai	132391	16.4	1.2		0.00	1.0
江 苏	Jiangsu	44662	36.4	5.0	52	0.47	453.0
浙 江	Zhejiang	63447	74.4	3.4	17	0.06	58.9
安 徽	Anhui	24350	58.7	2.1	47	0.56	458.2
福 建	Fujian	93630	26.1	1.9	16	0.05	26.3
江 西	Jiangxi	36614	17.1	1.4	63	0.56	329.7
山 东	Shandong	54128	40.1	8.2	99	1.59	1576.9
河 南	Henan	38260	42.4	5.0	174	3.04	3271.8
湖 北	Hubei	67687	28.0	5.9	75	0.85	899.4
湖 南	Hunan	35374	37.4	5.0	122	0.92	637.2
广 东	Guangdong	105824	33.1	3.9	4	0.00	1.7
广 西	Guangxi	29803	10.1	3.5	14	0.05	55.1
海 南	Hainan	12279	6.9	0.7	15	0.07	44.2
重 庆	Chongqing	31804	18.2	1.8	6	0.03	33.1
四 川	Sichuan	35169	34.5	2.1	14	0.04	28.8
贵 州	Guizhou	31484	14.2	2.0	11	0.02	27.7
云 南	Yunnan	28572	26.6	3.1	74	0.20	212.4
西 藏	Tibet	25371	10.7	3.4	19	0.04	29.7
陕 西	Shaanxi	57736	30.4	5.3	71	0.40	342.0
甘 肃	Gansu	52892	17.3	2.7	52	0.21	188.8
青 海	Qinghai	15753	6.0	1.9	12	0.01	21.6
宁 夏	Ningxia	7576	4.4	1.1	14	0.14	59.7
新 疆	Xinjiang	28973	25.4	7.3	99	0.43	324.3

4-3-9 艺术表演场馆基本情况
Basic Statistics on Art Performance Places

年份 Year	机构数 (个) Number of Institutions (unit)	从业人员 (人) Number of Engaged Persons (person)	坐席数 (个) Seating Capacity (unit)	演(映)出场次 (万场次) Number of Performances (10 000 shows)	#艺术演出 Art Performances
2005	1866	35678	1410814	60.1	8.9
2006	1839	34890	1413647	58.9	9.1
2007	1732	32806	1307456	59.9	8.2
2008	1662	29691	1171012	64.2	7.2
2009	1499	28059	1126705	41.9	7.4
2010	1461	25280	1077250	53.8	7.2
2011	1429	26480	1080266	56.2	5.9
2012	1279	25076	945580	57.5	7.2
2013	1344	26036	1027946	82.9	6.6
2014	1338	25709	1187359	78.1	7.0
2015	2143	46734	1786688	106.5	13.7
2016	2285	51296	1689268	119.4	19.1

4-3-9 续表 continued

年份 Year	观众人次 (万人次) Number of Audience (10 000 person-times)	#艺术演出 Art Performances	收入合计 (万元) Total Revenue (10 000 yuan)	#艺术演出 Art Performances Income
2005			131678	50226
2006			163431	67066
2007	9100.3	3637.6	173344	63162
2008	8121.8	3211.1	155505	40055
2009	7492.6	3206.7	182863	39558
2010	8992.8	3165.3	177731	38309
2011	6927.0	2685.8	266099	51227
2012	6099.7	2191.7	218223	44454
2013	7776.3	2662.4	426361	82489
2014	6844.4	2598.3	403699	84512
2015	10775.4	2853.6	867630	257173
2016	12883.6	3098.1	964563	273060

4-3-10 分地区艺术表演场馆基本情况(2016年)
Basic Statistics on Art Performance Places by Region(2016)

地区	Region	机构数(个) Number of Institutions (unit)	从业人员(人) Number of Engaged Persons (person)	#专业技术人员 Professional Technical Staff	坐席数(个) Seating Capacity (unit)	演(映)出场次合计(万场次) Number of Performances (10 000 shows)	#艺术演出 Art Performances
全　国	**National Total**	**2285**	**51296**	**13970**	**1689268**	**119.4**	**19.1**
中央本级	Central-level	7	275	17	6592	0.1	0.1
北　京	Beijing	69	4152	1065	213291	6.7	1.7
天　津	Tianjin	51	760	149	23475	2.6	0.6
河　北	Hebei	112	1586	514	66132	6.2	0.9
山　西	Shanxi	127	1929	462	84068	8.2	0.7
内蒙古	Inner Mongolia	31	395	127	21127	2.4	0.4
辽　宁	Liaoning	123	3316	465	49923	3.1	1.5
吉　林	Jilin	50	853	303	26639	3.0	1.1
黑龙江	Heilongjiang	48	773	364	23853	0.3	0.3
上　海	Shanghai	47	2086	488	57006	2.3	0.8
江　苏	Jiangsu	223	5796	1356	195619	41.2	2.5
浙　江	Zhejiang	326	5811	1382	170138	9.8	2.8
安　徽	Anhui	88	1780	658	50102	2.6	0.6
福　建	Fujian	58	1160	356	43235	5.0	0.2
江　西	Jiangxi	57	846	338	33772	0.6	0.3
山　东	Shandong	100	1674	480	73013	1.2	0.4
河　南	Henan	150	3443	469	86657	0.9	0.3
湖　北	Hubei	58	1270	295	80844	5.4	0.2
湖　南	Hunan	86	2510	967	60055	2.2	0.6
广　东	Guangdong	75	2756	1012	88004	2.8	0.7
广　西	Guangxi	34	1136	292	16834	2.3	0.2
海　南	Hainan	16	905	205	15679	0.4	0.1
重　庆	Chongqing	22	451	114	12228	0.1	0.1
四　川	Sichuan	88	1584	652	68139	0.9	0.8
贵　州	Guizhou	12	170	44	1075	0.6	0.0
云　南	Yunnan	30	994	243	21725	1.1	0.3
西　藏	Tibet	14	28	15	3614	0.0	0.0
陕　西	Shaanxi	92	1564	671	52002	0.9	0.5
甘　肃	Gansu	48	763	224	20602	2.6	0.2
青　海	Qinghai	20	147	18	8724	0.3	0.1
宁　夏	Ningxia	6	93	87	1854	0.1	0.0
新　疆	Xinjiang	17	290	138	13247	3.7	0.1

4-3-10 续表 1 continued

地 区	Region	观众人次合计(万人次) Number of Audience (10 000 person-times)	#艺术演出观众人次 Art Performances	收入合计(万元) Total Revenue (10 000 yuan)	#财政拨款 Government Subsidy	#演出收入 Performance Income	支出合计(万元) Total Expenditure (10 000 yuan)
全 国	**National Total**	**12883.6**	**3098.1**	**964563**	**187710**	**273060**	**776521**
中央本级	Central-level	58.8	41.4	9345	51	4821	8058
北 京	Beijing	1173.4	188.9	181519	41513	62838	134966
天 津	Tianjin	264.8	110.1	13065	1341	1492	11398
河 北	Hebei	223.8	53.3	17041	7500	1483	16740
山 西	Shanxi	381.8	143.8	20423	8895	3064	18990
内蒙古	Inner Mongolia	143.8	63.9	7271	3541	1055	6139
辽 宁	Liaoning	537.7	92.2	56528	4111	7258	41864
吉 林	Jilin	260.2	86.3	9405	3495	3340	8745
黑龙江	Heilongjiang	108.4	46.7	4723	1506	1768	3678
上 海	Shanghai	819.4	255.4	75900	6677	29206	50586
江 苏	Jiangsu	1974.2	363.8	101280	17520	23110	91597
浙 江	Zhejiang	2237.1	290.2	101344	22045	19506	78667
安 徽	Anhui	550.4	87.4	14978	4851	5491	14494
福 建	Fujian	314.7	49.7	20677	7355	3857	15449
江 西	Jiangxi	125.4	62.4	8424	4788	971	8718
山 东	Shandong	393.0	183.2	16445	7775	3216	17234
河 南	Henan	304.4	111.5	14020	5283	3343	15577
湖 北	Hubei	328.9	142.2	17734	4516	5371	16870
湖 南	Hunan	572.2	130.9	39254	3842	11239	27703
广 东	Guangdong	563.2	248.3	84099	16229	18807	77293
广 西	Guangxi	123.2	9.4	26469	144	1106	14810
海 南	Hainan	384.7	18.4	35800	516	31515	21114
重 庆	Chongqing	73.3	16.6	6359	449	5510	5563
四 川	Sichuan	228.4	62.7	17633	2626	6892	12229
贵 州	Guizhou	5.5		1175	65	117	1326
云 南	Yunnan	218.3	20.2	33651	293	9886	30685
西 藏	Tibet	7.2	5.1	312	123	23	317
陕 西	Shaanxi	251.7	147.8	15403	7402	4762	13685
甘 肃	Gansu	103.9	37.4	5428	176	953	4107
青 海	Qinghai	68.6	10.4	3278	145	550	1427
宁 夏	Ningxia	11.8		1623	1410	100	2369
新 疆	Xinjiang	71.4	18.5	3959	1530	411	4127

4-3-10 续表 2 continued

地 区	Region	#人员支出 Personnel Expenses	资产总计 (万元) Total Assets (10 000 yuan)	#固定资产原价 Original Value of Fixed Assets	实际使用房屋建筑面积 (万平方米) Floor Space of Buildings Actually Used (10 000 sq.m)	#演(映)业务用房 Buildings for Performances
全 国	**National Total**	**235822**	**4284946**	**1437024**	**1125.6**	**535.0**
中央本级	Central-level	1900	5526	1641	8.2	4.7
北 京	Beijing	28010	374834	61973	67.3	48.4
天 津	Tianjin	4695	44184	9234	21.1	8.5
河 北	Hebei	5684	124626	54531	41.4	24.5
山 西	Shanxi	5388	82826	65073	50.9	25.5
内蒙古	Inner Mongolia	2407	110988	93412	20.7	5.8
辽 宁	Liaoning	9320	146166	10848	35.2	20.0
吉 林	Jilin	5553	32256	18861	12.7	7.2
黑龙江	Heilongjiang	2255	12126	7843	20.0	10.7
上 海	Shanghai	13286	481411	218623	45.6	21.3
江 苏	Jiangsu	25533	843818	208654	199.5	72.1
浙 江	Zhejiang	29264	266565	132312	133.0	64.7
安 徽	Anhui	5836	114116	20375	51.0	26.4
福 建	Fujian	6238	226295	73522	38.7	15.3
江 西	Jiangxi	3576	89545	27695	31.5	12.5
山 东	Shandong	6391	40431	30636	47.8	25.3
河 南	Henan	7122	76696	48580	38.2	16.8
湖 北	Hubei	5057	253427	64179	34.3	19.6
湖 南	Hunan	10290	122139	36509	26.3	14.7
广 东	Guangdong	17578	374807	119039	76.8	38.7
广 西	Guangxi	4382	48746	3862	6.9	2.8
海 南	Hainan	6469	117320	10290	7.5	1.6
重 庆	Chongqing	859	28208	1412	8.1	4.7
四 川	Sichuan	5838	117005	24163	40.2	12.6
贵 州	Guizhou	547	11289	1640	1.2	0.2
云 南	Yunnan	12004	18403	3239	7.2	5.0
西 藏	Tibet	218	6255	6134	1.8	0.6
陕 西	Shaanxi	5956	48293	36742	25.6	11.8
甘 肃	Gansu	1710	24719	17912	9.7	6.0
青 海	Qinghai	488	17568	9635	4.2	2.4
宁 夏	Ningxia	249	2132	1926	5.2	0.2
新 疆	Xinjiang	1720	22228	16531	8.0	4.4

4-3-11 文物保护管理机构基本情况
Basic Statistics on Agencies of Cultural Relics Preservation

年份 Year	机构数（个） Number of Institutions (unit)	从业人员（人） Number of Engaged Persons (person)	藏品数（件/套） Number of Collections (piece/set)	基本陈列、展览（个） Displays and Exhibitions (unit)	参观人次（万人次） Spectators (10 000 person-times)	收入合计（万元） Total Revenue (10 000 yuan)	#财政补助收入 Government Subsidy	支出合计（万元） Total Expenditure (10 000 yuan)
2005	2186	34052	2416460	2034	5837	214336	49539	187185
2006	2204	29257	2342103	1987	6411	225287	54485	202865
2007	2229	31175	2255038	2992	19161	269410	76441	235417
2008	2223	29661	2187639	2106	6956	311916	110983	276187
2009	2263	28629	1958904	2449	9205	308949	147401	290560
2010	2436	30171	2149366	3419	11198	365904	187973	330748
2011	2735	33035	2251805	2243	9442	463609	240214	419425
2012	2705	34854	1767573	2128	10433	535779	311260	459988
2013	2809	35334	1906829	1181	10711	819557	490110	705411
2014	3280	37843	2092332	1566	12182	757303	511636	689769
2015	3307	32030	2073474	1466	14001	875460	595864	790247
2016	3318	33407	2521238	1463	15798	995357	593829	835664

4-3-12 文物保护科研机构基本情况
Basic Statistics on Scientific and Research Agencies of Cultural Relics

年份 Year	机构数（个） Number of Institutions (unit)	从业人员（人） Number of Engaged Persons (person)	藏品数（件/套） Number of Collections (piece/set)	实际使用房屋建筑面积（万平方米） Floor Space of Buildings Actually Used (10 000 sq.m)	收入合计（万元） Total Revenue (10 000 yuan)	#财政补助收入 Government Subsidy	支出合计（万元） Total Expenditure (10 000 yuan)
2009	104	3799	929189	30	88210	27872	86062
2010	108	3846	870223	28	120767	40768	110215
2011	107	4078	822390	62	139450	71760	135304
2012	114	4917	1208701	101	182418	118631	158831
2013	115	5243	1594975	96	208924	122562	170898
2014	118	7314	1459852	102	243812	135367	207016
2015	122	5217	1177485	145	255849	153826	236374
2016	122	4763	1187938	84	292464	175425	245058

4-3-13 分地区文物保护管理机构基本情况(2016年)
Basic Statistics on Agencies of Cultural Relics Preservation by Region(2016)

地 区	Region	机构数(个) Number of Institutions (unit)	从业人员(人) Number of Engaged Persons (person)	#专业技术人员 Professional Technical Staff	藏品数(件/套) Number of Collections (piece/set)	基本陈列、展览(个) Displays and Exhibitions (unit)
全 国	**National Total**	**3318**	**33407**	**9226**	**2521238**	**1463**
北 京	Beijing	26	2546	195	26210	49
天 津	Tianjin	8	132	75	2813	4
河 北	Hebei	166	3962	855	79889	52
山 西	Shanxi	140	1968	545	188985	15
内蒙古	Inner Mongolia	90	684	386	69765	65
辽 宁	Liaoning	60	1221	391	39776	64
吉 林	Jilin	52	164	110	5377	12
黑龙江	Heilongjiang	87	301	232	16694	23
上 海	Shanghai	5	61	45	2970	9
江 苏	Jiangsu	50	456	160	28749	27
浙 江	Zhejiang	94	2816	793	90845	227
安 徽	Anhui	95	467	282	43410	77
福 建	Fujian	38	236	81	4165	17
江 西	Jiangxi	67	499	168	67882	64
山 东	Shandong	112	3159	960	820522	46
河 南	Henan	123	2851	542	215798	20
湖 北	Hubei	48	733	291	19831	43
湖 南	Hunan	85	875	202	86590	76
广 东	Guangdong	33	321	90	12565	91
广 西	Guangxi	68	338	175	25748	59
海 南	Hainan	10	200	27	608	21
重 庆	Chongqing	29	235	98	36723	30
四 川	Sichuan	178	1897	506	177573	105
贵 州	Guizhou	74	341	172	8984	36
云 南	Yunnan	127	740	541	114971	96
西 藏	Tibet	1044	1430	89	195831	3
陕 西	Shaanxi	213	3163	766	94519	76
甘 肃	Gansu	60	748	219	2529	4
青 海	Qinghai	29	65	36	2273	
宁 夏	Ningxia	22	312	112	24559	16
新 疆	Xinjiang	84	354	57	1595	

4-3-13 续表 1 continued

地 区	Region	参观人次（万人次） Spectators (10 000 person-times)	门票销售总额（万元） Sales of Admission Tickets (10 000 yuan)	收入合计（万元） Total Revenue (10 000 yuan)	#财政补助收入 Government Subsidy	支出合计（万元） Total Expenditure (10 000 yuan)
全 国	**National Total**	**15798.1**	**307344**	**995357**	**593829**	**835664**
北 京	Beijing	1345.4	40796	104612	59535	113198
天 津	Tianjin	23.4	703	5748	3479	4079
河 北	Hebei	834.7	28154	65357	34511	68653
山 西	Shanxi	822.1	10242	31942	24162	31651
内蒙古	Inner Mongolia	94.1	1085	17614	15776	15273
辽 宁	Liaoning	363.6	4831	24471	16518	22929
吉 林	Jilin	2.0		5605	5463	4263
黑龙江	Heilongjiang	16.0		5483	4241	5194
上 海	Shanghai	7.8		2828	2787	2865
江 苏	Jiangsu	278.3	192	13294	11556	12306
浙 江	Zhejiang	2592.3	29188	206398	66130	121385
安 徽	Anhui	198.3	1285	11456	9430	11095
福 建	Fujian	43.0	33	8029	6608	9335
江 西	Jiangxi	290.0	459	15106	9315	7083
山 东	Shandong	1498.6	74791	86131	59140	81306
河 南	Henan	1032.0	33877	43930	30994	39349
湖 北	Hubei	1019.4	1246	15222	6012	12002
湖 南	Hunan	581.7	2171	30923	23442	29205
广 东	Guangdong	283.6	2868	10163	6499	9441
广 西	Guangxi	177.2	40	13290	11569	9739
海 南	Hainan	144.5	409	1665	1223	2382
重 庆	Chongqing	74.1	3	10961	9296	7391
四 川	Sichuan	691.0	25430	61159	58463	55605
贵 州	Guizhou	132.7	30	9966	6852	7113
云 南	Yunnan	471.3	1319	19869	17432	29838
西 藏	Tibet	319.7	18432	16912	5633	19680
陕 西	Shaanxi	1569.2	7868	83567	43495	58518
甘 肃	Gansu	354.2	12154	20278	7131	14751
青 海	Qinghai	64.1	121	5740	5728	2261
宁 夏	Ningxia	133.8	1640	25603	24044	9503
新 疆	Xinjiang	32.3	583	10144	5988	7994

4-3-13 续表 2 continued

地 区	Region	资产总计 (万元) Total Assets (10 000 yuan)	#固定资产原价 Original Value of Fixed Assets	实际使用房屋建筑面积 (万平方米) Floor Space of Buildings Actually Used (10 000 sq.m)	#展览用房 Buildings for Exhibitions	#文物库房 Storeroom
全 国	**National Total**	**1943186**	**751751**	**1334.35**	**93.22**	**16.82**
北 京	Beijing	183073	33482	11.63	2.29	0.19
天 津	Tianjin	9177	1051	1.37	0.98	0.02
河 北	Hebei	94806	30678	12.38	4.27	1.15
山 西	Shanxi	45527	19501	15.87	5.69	1.03
内蒙古	Inner Mongolia	23365	11013	5.53	2.42	0.51
辽 宁	Liaoning	17322	10945	10.73	1.89	0.30
吉 林	Jilin	4988	610	0.44	0.13	0.03
黑龙江	Heilongjiang	3554	2083	2.39	1.24	0.22
上 海	Shanghai	3729	3098	1.06	0.65	0.05
江 苏	Jiangsu	16108	8755	3.44	1.90	0.29
浙 江	Zhejiang	416350	187397	28.45	11.09	0.61
安 徽	Anhui	15604	10555	5.31	2.41	0.35
福 建	Fujian	14601	7805	2.65	0.71	0.09
江 西	Jiangxi	15198	3983	11.20	4.36	0.38
山 东	Shandong	179255	70638	33.46	12.17	0.65
河 南	Henan	191730	35078	19.81	6.47	1.66
湖 北	Hubei	11559	8663	13.12	1.86	0.38
湖 南	Hunan	65466	25433	10.84	3.86	0.52
广 东	Guangdong	13893	8557	5.96	3.82	0.10
广 西	Guangxi	12696	2761	5.85	2.03	0.28
海 南	Hainan	9096	6989	1.09	0.58	0.02
重 庆	Chongqing	11994	5389	4.23	1.86	0.83
四 川	Sichuan	148271	59899	24.04	4.64	1.66
贵 州	Guizhou	10679	6690	3.98	2.34	0.27
云 南	Yunnan	29434	18877	19.24	3.98	0.50
西 藏	Tibet	132174	31482	1046.02	1.87	3.59
陕 西	Shaanxi	77415	45392	22.06	4.05	0.86
甘 肃	Gansu	92766	49977	4.24	1.04	0.07
青 海	Qinghai	545	471	0.88	0.52	0.02
宁 夏	Ningxia	31184	3331	3.44	1.64	0.16
新 疆	Xinjiang	16189	8775	1.53	0.36	0.06

4-3-14 分地区文物保护科研机构基本情况(2016年)
Basic Statistics on Scientific and Research Agencies of Cultural Relics by Region(2016)

地 区	Region	机构数(个) Number of Institutions (unit)	从业人员(人) Number of Engaged Persons (person)	#专业技术人员 Professional Technical Staff	藏品数(件/套) Number of Collections (piece/set)	基本陈列、展览(个) Displays and Exhibitions (unit)	参观人次(万人次) Spectators (10 000 person-times)
全 国	**National Total**	**122**	**4763**	**2734**	**1187938**	**49**	**408.3**
北 京	Beijing	2	94	50	12341		
天 津	Tianjin						
河 北	Hebei	5	206	113	45498	2	1.3
山 西	Shanxi	11	301	159	63921		127.7
内蒙古	Inner Mongolia	2	59	51	14779	7	
辽 宁	Liaoning	4	108	87	5842		
吉 林	Jilin	3	71	62	8559		0.5
黑龙江	Heilongjiang	2	52	44	5186		
上 海	Shanghai						
江 苏	Jiangsu	4	61	38	7570		
浙 江	Zhejiang	5	162	87		3	50.0
安 徽	Anhui	1	45	41	12044		
福 建	Fujian	2	27	24		2	
江 西	Jiangxi	2	55	34	1438	8	3.6
山 东	Shandong	13	150	110	26888		0.3
河 南	Henan	15	690	416	735163	3	1.3
湖 北	Hubei	3	133	90	7425		
湖 南	Hunan	3	134	94	51001		
广 东	Guangdong	4	163	70	51114		
广 西	Guangxi	4	100	76	12168	1	0.9
海 南	Hainan						
重 庆	Chongqing	1	157	38	21217		
四 川	Sichuan	4	101	72			9.9
贵 州	Guizhou	2	30	29	2359		
云 南	Yunnan	2	36	31	2453		0.0
西 藏	Tibet	1	24	14			
陕 西	Shaanxi	15	400	281	51925		
甘 肃	Gansu	5	1056	356	27042	12	205.6
青 海	Qinghai	1	44	34	6853		
宁 夏	Ningxia	3	64	48	2948	8	2.9
新 疆	Xinjiang	2	118	70	12204	3	4.3

注：全国合计数中包括1个中央级文物保护科研机构。

a)Data of national total agencies include one central-level scientific and research agency.

4-3-14 续表 1 continued

地 区	Region	门票销售总额(万元) Sales of Admission Tickets (10 000 yuan)	收入合计(万元) Total Revenue (10 000 yuan)	#财政补助收入 Government Subsidy	支出合计(万元) Total Expenditure (10 000 yuan)
全 国	**National Total**	**30917**	**292464**	**175425**	**245058**
北 京	Beijing		36225	3094	17123
天 津	Tianjin				
河 北	Hebei	2	11250	3126	10788
山 西	Shanxi	10297	14848	11500	16052
内蒙古	Inner Mongolia		3398	2872	3007
辽 宁	Liaoning		5710	5667	6634
吉 林	Jilin		4484	3473	4631
黑龙江	Heilongjiang		1346	1339	1346
上 海	Shanghai				
江 苏	Jiangsu		3551	2839	3103
浙 江	Zhejiang		10379	5462	10233
安 徽	Anhui		4587	1331	4459
福 建	Fujian		499	285	444
江 西	Jiangxi		2909	2625	3569
山 东	Shandong		16807	6701	10650
河 南	Henan		32125	19369	25092
湖 北	Hubei		12868	7652	10888
湖 南	Hunan		10188	8111	6426
广 东	Guangdong		10397	8307	9773
广 西	Guangxi	1	8899	5100	4178
海 南	Hainan				
重 庆	Chongqing		7056	4520	4513
四 川	Sichuan	85	6841	2985	6922
贵 州	Guizhou		1698	522	1906
云 南	Yunnan		5260	1313	5091
西 藏	Tibet		1328	311	399
陕 西	Shaanxi		31755	30241	23444
甘 肃	Gansu	20296	30572	27018	34633
青 海	Qinghai		1122	753	1400
宁 夏	Ningxia	36	2382	1888	3032
新 疆	Xinjiang	200	3936	3138	5455

4-3-14 续表 2 continued

地 区	Region	资产总计(万元) Total Assets (10 000 yuan)	#固定资产原价 Original Value of Fixed Assets	实际使用房屋建筑面积(万平方米) Floor Space of Buildings Actually Used (10 000 sq.m)	文化保护规划和方案设计(个) Planning and Project of Cultural Relics Preservation (unit)
全 国	**National Total**	**557325**	**171088**	**83.56**	**389**
北 京	Beijing	51208	1066	0.31	
天 津	Tianjin				
河 北	Hebei	17888	5198	1.48	17
山 西	Shanxi	14792	7262	5.43	6
内蒙古	Inner Mongolia	3086	3066	1.05	
辽 宁	Liaoning	9784	4041	0.71	46
吉 林	Jilin	5122	3612	0.67	
黑龙江	Heilongjiang	3678	1053	0.20	
上 海	Shanghai				
江 苏	Jiangsu	2346	695	0.11	
浙 江	Zhejiang	9370	4031	1.95	
安 徽	Anhui	11576	4189	2.71	
福 建	Fujian	152	152	0.26	
江 西	Jiangxi	5732	709	43.44	1
山 东	Shandong	14174	1881	0.81	7
河 南	Henan	40449	15008	5.07	14
湖 北	Hubei	14524	4275	1.51	2
湖 南	Hunan	9376	7437	0.91	3
广 东	Guangdong	9617	2934	1.47	10
广 西	Guangxi	22117	2199	0.91	1
海 南	Hainan				
重 庆	Chongqing	12789	2720	0.96	68
四 川	Sichuan	11338	2320	1.00	37
贵 州	Guizhou	4058	661		53
云 南	Yunnan	12852	1032	0.19	
西 藏	Tibet	2392	486		13
陕 西	Shaanxi	46274	17961	2.69	
甘 肃	Gansu	154197	48425	6.03	61
青 海	Qinghai	1547	891	0.53	
宁 夏	Ningxia	4385	1501	0.17	
新 疆	Xinjiang	8809	5345	1.68	1

4-3-15 文化类社会组织情况

Basic Statistics on Social Organizations Related with Culture

单位：个 (unit)

年份 地区	Year Region	机构数 Number of Institutions	社团 Social Organization	基金会 Fund Organization	民办非企业 Non-enterprise Units Run by NGO
	2007	22383	16690	115	5578
	2008	25154	18555	94	6505
	2009	26988	19687	113	7188
	2010	29180	20926	140	8114
	2011	31483	22472	184	8827
	2012	35808	25036	182	10590
	2013	39022	27115	213	11694
	2014	44492	30101	243	14148
	2015	49877	32998	259	16620
	2016	53291	34966	258	18067
中央本级	Central-level	76	57		19
北京	Beijing	735	392	54	289
天津	Tianjin	308	191	5	112
河北	Hebei	1401	1112		289
山西	Shanxi	1271	933	10	328
内蒙古	Inner Mongolia	1363	1090	3	270
辽宁	Liaoning	1015	736	2	277
吉林	Jilin	589	446	1	142
黑龙江	Heilongjiang	1019	821	2	196
上海	Shanghai	1062	348	24	690
江苏	Jiangsu	6867	3892	24	2951
浙江	Zhejiang	3724	2204	23	1497
安徽	Anhui	1882	1399	5	478
福建	Fujian	2668	2059	6	603
江西	Jiangxi	1111	883		228
山东	Shandong	5185	2433	14	2738
河南	Henan	1537	1016	6	515
湖北	Hubei	2421	1219	6	1196
湖南	Hunan	2099	1439	10	650
广东	Guangdong	4704	2971	11	1722
广西	Guangxi	1130	883	1	246
海南	Hainan	590	400	13	177
重庆	Chongqing	738	619	3	116
四川	Sichuan	2636	2008	4	624
贵州	Guizhou	837	733		104
云南	Yunnan	1727	1499	8	220
西藏	Tibet	100	94	4	2
陕西	Shaanxi	1948	1427	12	509
甘肃	Gansu	1318	893	4	421
青海	Qinghai	311	150	3	158
宁夏	Ningxia	362	213		149
新疆	Xinjiang	557	406		151

注：本表数据来自民政部的社会组织统计。

a) Data in the table above sources from Ministry of Civil Affairs.

4-3-16 烈士纪念建筑物管理单位基本情况
Basic Statistics on Martyr Memorial Building Management Units

年 份 地 区	Year Region	机构数 (个) Number of Institutions (unit)	从业人员 (人) Number of Engaged Persons (person)	固定资产总计 (亿元) Fixed Assets (100 million yuan)	收入合计 (亿元) Total Revenue (100 million yuan)	支出合计 (亿元) Total Expenditure (100 million yuan)
	2005	989	8871	25.5	5.9	5.5
	2006	1072	9009	22.7	6.8	6.2
	2007	1056	9304	26.2	7.5	7.6
	2008	1133	9277	27.9	7.3	12.3
	2009	1137	9062	28.6	9.7	8.9
	2010	1195	9245	31.7	9.3	9.3
	2011	1227	9436	36.0	10.8	11.0
	2012	1306	9618	42.3	13.6	13.4
	2013	1463	10221	49.1	14.5	14.2
	2014	1516	10201	51.2	16.4	16.2
	2015	1464	10050	52.6	16.2	16.0
	2016	1109	9000	53.8	16.7	16.0
北 京	Beijing	4	41	1.2	0.2	0.2
天 津	Tianjin	9	130	1.1	0.3	0.3
河 北	Hebei	80	775	3.1	1.9	1.8
山 西	Shanxi	48	322	1.5	0.6	0.6
内蒙古	Inner Mongolia	8	93	0.6	0.2	0.2
辽 宁	Liaoning	38	310	0.7	0.5	0.6
吉 林	Jilin	30	364	0.8	0.3	0.3
黑龙江	Heilongjiang	16	173	0.5	0.2	0.1
上 海	Shanghai	9	217	6.9	0.9	0.9
江 苏	Jiangsu	73	663	3.4	1.7	1.7
浙 江	Zhejiang	25	150	4.6	0.5	0.5
安 徽	Anhui	42	380	2.7	0.5	0.5
福 建	Fujian	21	128	0.4	0.2	0.3
江 西	Jiangxi	62	292	0.9	0.4	0.3
山 东	Shandong	98	829	6.3	2.6	2.6
河 南	Henan	93	1227	2.2	0.8	0.8
湖 北	Hubei	52	635	2.2	0.6	0.6
湖 南	Hunan	55	410	2.3	0.3	0.3
广 东	Guangdong	29	232	1.8	1.7	1.3
广 西	Guangxi	20	247	1.8	0.6	0.4
海 南	Hainan	1	10	0.1	0.2	0.1
重 庆	Chongqing	15	49	0.5	0.2	0.1
四 川	Sichuan	114	384	4.1	0.4	0.5
贵 州	Guizhou	35	104	0.7	0.1	0.1
云 南	Yunnan	19	89	0.2	0.0	0.0
西 藏	Tibet					
陕 西	Shaanxi	38	354	1.6	0.4	0.4
甘 肃	Gansu	50	284	0.9	0.3	0.4
青 海	Qinghai	3	12	0.1	0.0	0.0
宁 夏	Ningxia	13	42	0.0	0.0	0.0
新 疆	Xinjiang	9	74	0.6	0.2	0.2

4-3-16 续表 continued

年 份 地 区	Year Region	烈士纪念建筑物数(个) Number of Martyr Memorial Buildings (unit)	#纪念馆(陈列馆) Memorial Hall	藏品量(万件) Total Collections (10 000 pieces)	参观人次(万人次) Spectators (10 000 person-times)	零散烈士纪念建筑物数(个) Scattered Martyr Memorial Buildings (unit)
	2005	8122	987	15.9	4596.4	7483
	2006	7220	921	17.0	5072.2	7414
	2007	7402	912	18.0	5231.0	7186
	2008	7406	919	18.8	4464.8	7569
	2009	8101	1076	19.3	6758.4	7622
	2010	7367	1090	20.1	5189.6	9729
	2011	9900	1143	21.3	5784.5	12378
	2012	12584	1209	22.7	6837.1	13151
	2013	13602	1282	22.8	7062.7	13601
	2014	9289	1299	22.6	7561.4	11365
	2015	9419	1360	23.4	7099.3	11838
	2016	8572	1237	21.6	7109.9	11815
北 京	Beijing	39	5	0.1	55.5	544
天 津	Tianjin	35	13	0.2	121.7	4
河 北	Hebei	523	83	3.8	410.2	1418
山 西	Shanxi	128	44	0.4	121.9	1236
内蒙古	Inner Mongolia	34	12	0.0	44.4	111
辽 宁	Liaoning	393	26	1.6	219.2	90
吉 林	Jilin	401	27	0.6	102.8	430
黑龙江	Heilongjiang	350	14	0.5	64.9	35
上 海	Shanghai	50	14	0.3	166.2	1
江 苏	Jiangsu	393	103	2.0	880.8	586
浙 江	Zhejiang	110	30	0.7	169.7	229
安 徽	Anhui	806	196	0.6	474.2	316
福 建	Fujian	148	20	0.1	332.0	253
江 西	Jiangxi	856	42	0.6	89.8	531
山 东	Shandong	661	139	3.0	896.5	614
河 南	Henan	898	90	1.0	396.7	336
湖 北	Hubei	315	104	1.7	336.5	612
湖 南	Hunan	124	22	0.3	160.5	365
广 东	Guangdong	241	12	0.2	519.2	1293
广 西	Guangxi	60	10	0.2	177.7	646
海 南	Hainan	77	20	0.1	41.1	98
重 庆	Chongqing	114	18	0.3	224.8	360
四 川	Sichuan	1074	77	1.0	352.0	699
贵 州	Guizhou	224	13	0.0	162.3	369
云 南	Yunnan	75	12	0.2	56.2	207
西 藏	Tibet					
陕 西	Shaanxi	78	32	0.5	170.7	364
甘 肃	Gansu	222	34	0.3	249.8	9
青 海	Qinghai	25	6	1.1	34.0	24
宁 夏	Ningxia	76	9	0.1	13.0	4
新 疆	Xinjiang	42	10	0.1	65.4	31

4-3-17 档案馆机构和人员情况
Basic Statistics on Archive Institutions and Personnel

单位：个，人 (unit, person)

年 份 Year	国家综合档案馆 National Comprehensive Archives		国家专门档案馆 National Special Archives	
	馆 数 Number of Institutions	专职人员 Full-time Personnel	馆 数 Number of Institutions	专职人员 Full-time Personnel
2005	3142	23413	238	3452
2006	3154	22689	239	3537
2007	3161	21399	245	3737
2008	3170	21414	240	3663
2009	3191	20949	241	3626
2010	3194	19750	252	3833
2011	3196	19985	255	3843
2012	3237	18009	238	3577
2013	3325	18105	240	3579
2014	3319	17863	247	3538
2015	3322	18386	234	3457
2016	3336	17511	236	3521

4-3-17 续表 continued

单位：个，人 (unit, person)

年 份 Year	部门档案馆 Department Archives		企业档案馆数 Enterprise Archive Institutions	文化事业档案馆数 Culture Archive Institutions	科技事业单位档案馆数 Science and Technology Archive Institutions
	馆 数 Number of Institutions	专职人员 Full-time Personnel			
2005	145	2020	301	105	63
2006	137	1699	216	110	95
2007	146	1985	215	126	94
2008	154	1886	241	141	87
2009	149	1814	233	167	96
2010	167	1747	223	160	111
2011	170	2121	183	179	124
2012	183	2161	204	260	
2013	218	2182	189	274	
2014	209	2129	169	252	
2015	237	2263	176	224	
2016	213	2021	180	272	

注：2012年新修订的《全国档案事业统计年报制度》不再细分事业单位的属性，统称“省部属事业单位档案馆”。省部属事业单位包括文化事业档案馆数，科技事业单位档案馆数。

a) The newly revised Annual Report of National Archive Statistics in 2012 does not further subcategorize public institutions by their attributes, but generally called public archive institutions affiliated to ministries or provincial governments. Public institutions affiliated to ministries or provincial governments include cultural archive institutions, and science and technology archive institutions.

4-3-18 国家综合档案馆基本情况
Basic Statistics on National Comprehensive Archives

年 份 Year	馆藏档案（万卷、万件）Number of Archives (10 000 volumes, 10 000 pieces)	照片档案（万张）Photos (10 000 sheets)	开放档案（万卷、万件）Archives Open to Public (10 000 volume, 10 000 pieces)	利用档案（万卷、万件次）Utilized Archives (10 000 volume-times, 10 000 piece-times)	档案馆建筑面积（万平方米）Floor Space of Archive Institutions (10 000 sq.m)
1991	9637.4	371.0	2094.3	937.0	348.1
1992	10003.5	402.4	2018.7	773.8	255.7
1993	10726.8	435.5	2140.7	891.9	275.9
1994	10783.0	449.6	2454.6	674.4	268.3
1995	11318.3	485.5	2790.3	529.3	282.5
1996	11341.4	494.6	2939.2	485.4	297.5
1997	12222.9	553.0	3304.6	501.0	347.6
1998	12276.5	579.7	3556.5	446.5	310.7
1999	12866.8	584.5	3808.2	508.5	328.4
2000	13314.0	631.7	4072.0	494.4	336.2
2001	13756.6	642.8	4129.7	575.4	342.0
2002	14790.7	720.5	4301.1	548.9	351.0
2003	15945.9	797.4	4618.4	602.6	361.4
2004	17601.5	827.9	4868.3	813.9	376.8
2005	18688.7	908.8	5132.3	868.0	393.1
2006	21656.5	1277.2	5746.3	1166.4	406.1
2007	23675.3	1393.3	5875.5	1244.9	421.9
2008	25051.0	1505.3	6072.2	1257.4	465.4
2009	28089.2	1646.3	6687.4	1308.0	473.3
2010	32198.6	1809.2	7428.6	1417.3	504.4
2011	35445.5	1965.8	7828.4	1564.5	551.1
2012	40547.7	1827.4	8254.6	1521.1	627.1
2013	42454.5	1927.6	8900.5	1477.8	709.3
2014	53470.3	2041.8	9179.7	1688.8	736.0
2015	58641.7	2102.4	9266.3	1978.3	785.5
2016	65062.5	2228.2	9707.9	2033.7	859.8

4-4-1 分地区国家级风景名胜区基本情况(2016年)
Basic Statistics on National Scenic Area by Region(2016)

地 区	Region	风景名胜区面积(平方公里) Area of National Scenic Area (sq.km)	#供游览面积 Area for Tourism	游人量(万人次) Number of Visitors (10 000 person-times)	#境外游人 Overseas Visitors
全 国	**National Total**	**109222**	**42385**	**88508.3**	**2972.6**
北 京	Beijing	278	56	1426.7	39.7
天 津	Tianjin	111	10	148.7	1.4
河 北	Hebei	4089	2736	3564.7	51.4
山 西	Shanxi	1358	318	791.7	4.0
内蒙古	Inner Mongolia	489	100	39.3	0.3
辽 宁	Liaoning	1710	1184	2566.1	29.7
吉 林	Jilin	854	162	232.8	10.2
黑龙江	Heilongjiang	2824	1272	353.8	11.2
上 海	Shanghai				
江 苏	Jiangsu	1139	308	8623.0	187.0
浙 江	Zhejiang	4282	1567	13719.2	406.4
安 徽	Anhui	2209	1458	2741.9	71.2
福 建	Fujian	1384	700	4273.2	468.0
江 西	Jiangxi	2936	1277	6926.5	477.1
山 东	Shandong	875	452	3178.0	57.0
河 南	Henan	1393	1005	3097.4	65.4
湖 北	Hubei	1649	767	2166.8	121.1
湖 南	Hunan	3109	1392	6111.4	188.4
广 东	Guangdong	633	290	5887.8	22.3
广 西	Guangxi	5560	1294	4705.0	239.9
海 南	Hainan	227	12	1195.2	8.7
重 庆	Chongqing	2452	911	805.6	39.8
四 川	Sichuan	17454	4725	4199.1	51.8
贵 州	Guizhou	3618	1680	3092.6	44.5
云 南	Yunnan	14121	1562	4661.0	135.6
西 藏	Tibet	18222	5332	89.1	0.2
陕 西	Shaanxi	770	359	2446.2	190.1
甘 肃	Gansu	376	250	662.6	40.8
青 海	Qinghai	7578	7578	189.0	4.3
宁 夏	Ningxia	109	93	140.2	4.2
新 疆	Xinjiang	7413	3535	473.7	0.9

4-4-1 续表 1 continued

地 区	Region	景区资金收入合计(万元) Total Revenue (10 000 yuan)	#国家拨款 State Budget	#经营收入 Business Revenue	#门 票 Admission Ticket
全 国	**National Total**	**7685540**	**843737**	**6262492**	**2626724**
北 京	Beijing	64062	5998	47900	44881
天 津	Tianjin	11485	3006	8479	4400
河 北	Hebei	200669	3484	172185	113882
山 西	Shanxi	47138	9545	36833	32225
内蒙古	Inner Mongolia	379	379		
辽 宁	Liaoning	276858	3076	264983	90869
吉 林	Jilin	26166	327	25339	3510
黑龙江	Heilongjiang	114972	40549	68745	13628
上 海	Shanghai				
江 苏	Jiangsu	508748	23943	464156	127240
浙 江	Zhejiang	525570	162167	363295	262846
安 徽	Anhui	698931	26582	634049	115323
福 建	Fujian	538929	116788	421767	61089
江 西	Jiangxi	903635	34014	783180	220453
山 东	Shandong	249314	20450	227459	157054
河 南	Henan	144795	6920	134727	104581
湖 北	Hubei	601625	119060	259200	184190
湖 南	Hunan	677650	54710	598688	111124
广 东	Guangdong	129735	77143	49639	35067
广 西	Guangxi	73864	8192	37453	12921
海 南	Hainan	118556		110035	69438
重 庆	Chongqing	189196	5213	182930	63177
四 川	Sichuan	756672	31769	691373	266660
贵 州	Guizhou	116643	7678	103886	75682
云 南	Yunnan	385503	21545	319351	222129
西 藏	Tibet	7685		7685	7571
陕 西	Shaanxi	185018	2924	175753	172843
甘 肃	Gansu	32516	4276	28240	19966
青 海	Qinghai	21479		21479	12579
宁 夏	Ningxia	25540	20387	5088	4552
新 疆	Xinjiang	52207	33612	18595	16844

4-4-1 续表 2 continued

地 区	Region	景区资金支出合计(万元) Total Expenditure (10 000 yuan)	#经营支出 Business Expenditure	#固定资产投资完成额 Investment for Fixed Assets Completed	#维护支出 Maintenance Expenditure
全 国	**National Total**	**6100454**	**2726481**	**2461043**	**609150**
北 京	Beijing	64182	4533	39526	7340
天 津	Tianjin	12924	1919	11004	742
河 北	Hebei	199487	124141	68399	25276
山 西	Shanxi	80039	1957	28831	3687
内蒙古	Inner Mongolia	379		303	76
辽 宁	Liaoning	50477	12928	34934	6443
吉 林	Jilin	6543	2434	4109	568
黑龙江	Heilongjiang	104137	45740	49757	24214
上 海	Shanghai				
江 苏	Jiangsu	121370	18497	62587	15683
浙 江	Zhejiang	477472	197881	277375	76234
安 徽	Anhui	656389	195742	446896	20712
福 建	Fujian	382094	309687	46816	18577
江 西	Jiangxi	1211387	965153	244938	66566
山 东	Shandong	161255	16110	121107	42416
河 南	Henan	206055	123521	77077	16630
湖 北	Hubei	163150	45453	54152	9535
湖 南	Hunan	462259	105792	72746	31545
广 东	Guangdong	128459	41859	86600	44188
广 西	Guangxi	59094	13520	37541	27542
海 南	Hainan	91666	11131	80534	3177
重 庆	Chongqing	262677	165683	95807	21154
四 川	Sichuan	613675	114850	198863	30784
贵 州	Guizhou	115174	66259	45709	4520
云 南	Yunnan	220461	87762	117681	35767
西 藏	Tibet	6984	205	6754	25
陕 西	Shaanxi	134449	10624	111120	69847
甘 肃	Gansu	24268	7942	16326	3085
青 海	Qinghai	35439	17377	17086	976
宁 夏	Ningxia	16643	1767	3780	1711
新 疆	Xinjiang	31866	16014	2685	130

4-4-2 娱乐场所基本情况
Basic Statistics on Entertainment Units

年 份 Year	机构数 (个) Number of Institutions (unit)	从业人员 (人) Number of Engaged Persons (person)	资产总计 (万元) Total Assets (10 000 yuan)	营业收入 (万元) Business Revenue (10 000 yuan)	营业利润 (万元) Business Profits (10 000 yuan)
2005	55302	494243	2898572	1882946	272150
2006	51742	490289	2990424	2101890	329557
2007	82174	611108	5927457	3546201	583689
2008	84356	639511	7048155	3709413	659403
2009	82200	636800	6271305	4130085	1367846
2010	85854	703520	7635552	4772099	1718734
2011	92577	758377	9661392	5661798	1939320
2012	90271	765250	11136779	6048764	1982344
2013	89652	835658	19109269	8842052	2224658
2014	84179	729516	16144969	11023662	2606315
2015	79816	673640	11050577	5570354	1361661
2016	77071	632527	10510102	5387254	1257926

4-4-3 分地区娱乐场所基本情况(2016年)
Basic Statistics on Entertainment Units by Region(2016)

地 区	Region	机构数 (个) Number of Institutions (unit)	从业人员 (人) Number of Engaged Persons (person)	资产总计 (万元) Total Assets (10 000 yuan)	营业收入 (万元) Business Revenue (10 000 yuan)	营业成本 (万元) Business Costs (10 000 yuan)
全 国	**National Total**	**77071**	**632527**	**10510102**	**5387254**	**4129375**
北 京	Beijing	1023	15120	411973	119886	105725
天 津	Tianjin	395	3768	146761	43134	36877
河 北	Hebei	2211	15497	181503	84133	62792
山 西	Shanxi	1408	12609	150320	65415	50294
内蒙古	Inner Mongolia	2495	8161	154518	79317	48151
辽 宁	Liaoning	3869	18626	269404	123779	84664
吉 林	Jilin	1673	7252	96618	48067	27748
黑龙江	Heilongjiang	2304	9445	102273	52781	31125
上 海	Shanghai	2152	25138	765497	292113	247589
江 苏	Jiangsu	7345	48464	864026	581919	439734
浙 江	Zhejiang	4746	58115	993099	638785	537570
安 徽	Anhui	3667	24693	460571	163951	124207
福 建	Fujian	2073	34092	630732	362872	304865
江 西	Jiangxi	2776	17338	260126	146335	94641
山 东	Shandong	2130	17352	252022	113609	80854
河 南	Henan	1857	16651	254419	107244	75956
湖 北	Hubei	1864	17328	282364	142652	101599
湖 南	Hunan	3041	27770	397577	249209	167113
广 东	Guangdong	6427	92106	1400076	677746	574471
广 西	Guangxi	2461	21516	248972	149756	111149
海 南	Hainan	470	5580	55408	38064	30177
重 庆	Chongqing	2175	17799	255412	160280	132014
四 川	Sichuan	5225	35321	543819	317207	219410
贵 州	Guizhou	2422	18434	285534	162736	114677
云 南	Yunnan	5897	29215	387167	183708	135739
西 藏	Tibet	125	873	12290	12212	3830
陕 西	Shaanxi	1004	10898	215129	83713	58201
甘 肃	Gansu	1327	8829	174870	70554	48767
青 海	Qinghai	317	2309	40281	18865	13831
宁 夏	Ningxia	908	5363	85711	40943	23696
新 疆	Xinjiang	1284	6865	131632	56269	41910

4-4-3 续表 continued

地 区	Region	#养老、医疗、失业等保险费 Endowment, Medical and Unemployment Insurance	#工资总额 Total Wages Payable	#税金总额 Total Taxes	营业利润（万元） Business Profits (10 000 yuan)
全 国	**National Total**	**178424**	**1547562**	**252529**	**1257926**
北 京	Beijing	4803	30214	6258	14161
天 津	Tianjin	1355	12395	1251	6257
河 北	Hebei	2049	28501	2068	21341
山 西	Shanxi	1663	20991	2713	15121
内蒙古	Inner Mongolia	2912	14596	3204	31166
辽 宁	Liaoning	4074	31688	5280	39171
吉 林	Jilin	1144	12387	1814	20318
黑龙江	Heilongjiang	905	14781	1798	21659
上 海	Shanghai	13951	68439	17807	44525
江 苏	Jiangsu	19060	151140	25261	142186
浙 江	Zhejiang	17530	170803	30086	101217
安 徽	Anhui	4656	54161	4185	39744
福 建	Fujian	6208	91133	18100	58009
江 西	Jiangxi	5652	48930	5172	51694
山 东	Shandong	4314	32794	3315	32756
河 南	Henan	2719	31827	3339	31288
湖 北	Hubei	5073	41023	5587	41044
湖 南	Hunan	11354	72152	13798	82096
广 东	Guangdong	34935	217849	45707	103279
广 西	Guangxi	4657	46237	7046	38607
海 南	Hainan	1276	12101	1856	7887
重 庆	Chongqing	4651	54309	5236	28266
四 川	Sichuan	12679	102815	16548	97800
贵 州	Guizhou	3513	49684	5731	48059
云 南	Yunnan	3704	59112	7273	47972
西 藏	Tibet	73	2674	77	8382
陕 西	Shaanxi	1247	22760	2670	25514
甘 肃	Gansu	484	19766	1849	21788
青 海	Qinghai	81	5575	3943	5015
宁 夏	Ningxia	207	10436	1510	17247
新 疆	Xinjiang	1498	16292	2051	14359

4-4-4 网吧基本情况
Basic Statistics on Internet Bars

年 份 Year	机构数 (个) Number of Institutions (unit)	从业人员 (人) Number of Engaged Persons (person)	资产总计 (万元) Total Assets (10 000 yuan)	营业收入 (万元) Business Revenue (10 000 yuan)	营业利润 (万元) Business Profits (10 000 yuan)
2005	106526	374904	1674628	1464218	408269
2006	114273	443745	2210843	2016913	329557
2007	133163	539460	4304405	3434114	1036162
2008	134267	565707	5307279	3645153	913361
2009	138048	580749	5585437	3785362	1510735
2010	140376	584912	5864306	3626809	1490620
2011	141275	567170	6282208	3754922	1565375
2012	135683	529362	6222263	3539807	1431362
2013	131013	478242	8051486	3879399	1425890
2014	129368	452368	7431831	4479929	1962960
2015	134847	480260	6939291	4009643	1302975
2016	141587	488209	7484979	4323160	1312916

4-4-5 分地区网吧基本情况(2016年)
Basic Statistics on Internet Bars by Region(2016)

地 区	Region	机构数 (个) Number of Institutions (unit)	从业人员 (人) Number of Engaged Persons (person)	资产总计 (万元) Total Assets (10 000 yuan)	营业收入 (万元) Business Revenue (10 000 yuan)
全 国	**National Total**	**141587**	**488209**	**7484979**	**4323160**
北 京	Beijing	910	4230	62572	23817
天 津	Tianjin	816	2768	40437	24844
河 北	Hebei	5201	15115	177073	84610
山 西	Shanxi	3466	11491	158891	72349
内蒙古	Inner Mongolia	3634	9595	165958	81833
辽 宁	Liaoning	5010	14769	183643	117690
吉 林	Jilin	2580	6475	107899	55720
黑龙江	Heilongjiang	3420	9494	120908	65495
上 海	Shanghai	1413	6812	97635	60127
江 苏	Jiangsu	9941	29037	592514	361110
浙 江	Zhejiang	8884	30305	530591	323430
安 徽	Anhui	7243	23533	415115	205734
福 建	Fujian	2360	9150	141737	70393
江 西	Jiangxi	4893	17235	313800	170440
山 东	Shandong	8422	21521	269717	153231
河 南	Henan	8532	28247	419216	187212
湖 北	Hubei	6699	25292	394383	247426
湖 南	Hunan	12548	39771	693162	444528
广 东	Guangdong	9408	42870	579495	327955
广 西	Guangxi	3927	14896	147722	100343
海 南	Hainan	839	3409	39701	21904
重 庆	Chongqing	3513	16211	232357	173663
四 川	Sichuan	10058	37669	532407	378932
贵 州	Guizhou	4110	17088	274401	162090
云 南	Yunnan	5102	16842	240505	137078
西 藏	Tibet	151	615	10840	6125
陕 西	Shaanxi	3528	15336	222884	106326
甘 肃	Gansu	1556	5565	102749	51287
青 海	Qinghai	452	2043	33482	15387
宁 夏	Ningxia	1068	3664	73757	42170
新 疆	Xinjiang	1903	7161	109431	49914

4-4-5 续表 continued

地 区	Region	营业成本(万元) Business Costs (10 000 yuan)	#养老、医疗、失业等保险费 Endowment, Medical and Unemployment Insurance	#工资总额 Total Wages Payable	#税金总额 Total Taxes	营业利润(万元) Business Profits (10 000 yuan)
全 国	**National Total**	**3010616**	**115248**	**1142346**	**122803**	**1312916**
北 京	Beijing	19168	629	8795	917	4649
天 津	Tianjin	20547	576	7003	611	4297
河 北	Hebei	56645	1497	26623	1486	27965
山 西	Shanxi	53079	1550	17973	1409	19270
内蒙古	Inner Mongolia	48138	1447	13642	1623	33694
辽 宁	Liaoning	80789	3312	27779	3958	36905
吉 林	Jilin	32365	853	11478	1634	23354
黑龙江	Heilongjiang	38592	2110	14637	2003	26878
上 海	Shanghai	51686	2970	18643	2443	8441
江 苏	Jiangsu	245873	10361	77624	11202	115237
浙 江	Zhejiang	260421	7778	96112	8594	63021
安 徽	Anhui	145155	2369	54860	1918	60569
福 建	Fujian	60192	1061	25111	1447	10200
江 西	Jiangxi	104757	4859	51874	4170	65688
山 东	Shandong	92453	4343	38034	3751	60778
河 南	Henan	119874	3615	51347	3723	67665
湖 北	Hubei	160616	7621	59192	8806	86823
湖 南	Hunan	262993	13050	101242	16774	181534
广 东	Guangdong	272807	13719	107936	10922	55183
广 西	Guangxi	75983	1581	27871	1332	24384
海 南	Hainan	14205	635	7732	1020	7699
重 庆	Chongqing	134657	4006	42742	3082	39006
四 川	Sichuan	262507	15198	106508	15838	116426
贵 州	Guizhou	103649	2816	39884	2712	58441
云 南	Yunnan	107876	3477	34920	3833	29203
西 藏	Tibet	3114	7	1945	9	3011
陕 西	Shaanxi	75917	1555	29313	1994	30410
甘 肃	Gansu	32571	243	12438	497	18716
青 海	Qinghai	11757	181	4607	1626	3630
宁 夏	Ningxia	24768	625	8957	2590	17402
新 疆	Xinjiang	37464	1205	15528	879	12440

4-4-6 分地区动漫企业基本情况(2016年)
Basic Statistics on Comic and Animation Enterprises by Region(2016)

单位：万元 (10 000 yuan)

地 区	Region	企业数（个） Number of Enterprises (unit)	从业人员（人） Number of Engaged Persons (person)	资产总计 Total Assets	营业收入 Business Revenue	营业成本 Business Cost	营业利润 Business Profit
全 国	**National Total**	**600**	**28528**	**2387980**	**997652**	**902881**	**94771**
北 京	Beijing	66	2373	210420	68045	66211	1835
天 津	Tianjin	15	472	60539	11696	12007	-311
河 北	Hebei	11	484	16903	3829	5129	-1300
山 西	Shanxi	18	112	13241	843	1013	-171
内蒙古	Inner Mongolia	6	127	21961	4116	3977	139
辽 宁	Liaoning	17	676	40226	43480	19982	23499
吉 林	Jilin	8	382	64216	8399	8700	-300
黑龙江	Heilongjiang	14	654	29948	11383	13518	-2136
上 海	Shanghai	26	1699	299050	86303	80493	5809
江 苏	Jiangsu	77	2077	124985	35687	40680	-4993
浙 江	Zhejiang	24	1080	151002	47226	37551	9675
安 徽	Anhui	21	1203	40263	25079	25009	70
福 建	Fujian	40	1820	285757	150184	153102	-2918
江 西	Jiangxi	20	1414	76475	67456	57679	9777
山 东	Shandong	13	584	17424	11408	10880	528
河 南	Henan	23	705	34789	12597	9862	2735
湖 北	Hubei	34	2126	120285	71350	50073	21277
湖 南	Hunan	31	1628	128142	74894	69045	5848
广 东	Guangdong	66	6503	510031	219821	194876	24945
广 西	Guangxi	10	302	7694	3581	3196	385
海 南	Hainan	1	62	3419	1452	2231	-779
重 庆	Chongqing	5	235	16955	7457	6556	901
四 川	Sichuan	5	319	4040	3404	3374	30
贵 州	Guizhou	4	113	4040	1422	773	649
云 南	Yunnan	9	160	12842	5131	5162	-31
西 藏	Tibet	2					
陕 西	Shaanxi	8	269	14684	8020	7187	833
甘 肃	Gansu	9	284	26605	4546	3834	712
青 海	Qinghai	1	10	76	331	311	21
宁 夏	Ningxia	5	323	10217	3602	3667	-65
新 疆	Xinjiang	10	258	11477	3649	4258	-609

4-4-6 续表 continued

单位：万元 (10 000 yuan)

地 区	Region	利润总额 Total Profits	本年发放工资总额 Total Wages Payable During the Year	本年应交税金总额 Total Taxes Payable During the Year	经营面积（万平方米） Floor Space of Buildings Actually Used (10 000 sq.m)	原创漫画作品（部） Original Comics (unit)	原创动画作品（部） Original Animations (unit)
全 国	**National Total**	**209674**	**204750**	**454039**	**72.86**	**8682**	**3382**
北 京	Beijing	4987	15492	4562	2.66	387	119
天 津	Tianjin	147	3970	218	0.67	201	34
河 北	Hebei	-684	2019	169	3.24	60	15
山 西	Shanxi	-67	497	82	0.37	6	5
内蒙古	Inner Mongolia	718	352	282	0.27	133	26
辽 宁	Liaoning	23823	4723	401058	1.16	14	54
吉 林	Jilin	-87	1854	149	3.24	147	130
黑龙江	Heilongjiang	-1223	2377	228	3.31	440	497
上 海	Shanghai	84237	21668	3479	2.47	306	59
江 苏	Jiangsu	-1286	14006	2132	10.60	56	103
浙 江	Zhejiang	12403	7645	3668	3.34	1083	115
安 徽	Anhui	1478	5937	1138	1.96	21	58
福 建	Fujian	933	14257	5173	5.44	4446	215
江 西	Jiangxi	10079	9258	1448	1.75	4	63
山 东	Shandong	975	2793	771	1.74	14	69
河 南	Henan	3654	2978	326	1.05	237	62
湖 北	Hubei	22989	10991	4341	2.67	46	60
湖 南	Hunan	8202	12226	2572	2.84	746	274
广 东	Guangdong	33823	62062	20337	16.10	126	1069
广 西	Guangxi	1657	1253	92	0.55	16	155
海 南	Hainan	472	347	29	0.21		
重 庆	Chongqing	1191	1309	171	0.29	2	3
四 川	Sichuan	151	663	114	0.47	12	15
贵 州	Guizhou	647	248	121	1.11	7	3
云 南	Yunnan	48	1253	172	0.31	35	9
西 藏	Tibet						
陕 西	Shaanxi	918	1034	68	0.58	60	32
甘 肃	Gansu	779	557	101	2.18	26	51
青 海	Qinghai	21	101				
宁 夏	Ningxia	29	1251	110	1.25	31	44
新 疆	Xinjiang	-125	799	270	0.81	20	43

4-5-1 全国广告业基本情况
Basic Statistics on Advertising Industry

年 份 Year	广告经营单位 (个) Number of Advertising Units (unit)	广告从业人员 (人) Number of Persons Engaged in Advertising (person)	广告经营额 (万元) Advertising Turnover (10 000 yuan)
2005	125394	940415	14163487
2006	143555	1040090	15730017
2007	172615	1112528	17409626
2008	185765	1266393	18995614
2009	204982	1334898	20410322
2010	243445	1480525	23405076
2011	296507	1673444	31255529
2012	377778	2177840	46982791
2013	445365	2622053	50197459
2014	543690	2717939	56056033
2015	671893	3072542	59734094
2016	875146	3900384	64891296

4-5-2 分地区广告经营单位
Number of Advertising Units by Region

单位：个 (unit)

地 区	Region	2007	2008	2009	2010	2011
全 国	**National Total**	**172615**	**185765**	**204982**	**243445**	**296507**
北 京	Beijing	17866	15680	15692	17837	18297
天 津	Tianjin	9472	7601	7601	8587	12185
河 北	Hebei	4137	4340	4347	3748	3863
山 西	Shanxi	2321	2827	3016	4047	4275
内蒙古	Inner Mongolia	1794	2075	2239	3347	3559
辽 宁	Liaoning	3775	4488	4829	5294	5310
吉 林	Jilin	1680	1969	2852	3824	4399
黑龙江	Heilongjiang	2635	2433	2669	2468	2917
上 海	Shanghai	26480	30757	36960	47563	58560
江 苏	Jiangsu	11679	12150	13486	15864	17506
浙 江	Zhejiang	10671	11848	13362	15772	20284
安 徽	Anhui	5031	5464	5145	6834	6994
福 建	Fujian	4593	5543	7382	7588	8837
江 西	Jiangxi	3042	3215	3693	4063	4173
山 东	Shandong	9504	11077	11803	15436	21315
河 南	Henan	3032	5894	6780	7969	8621
湖 北	Hubei	4234	4644	5088	5415	6565
湖 南	Hunan	2857	3173	2692	4031	5473
广 东	Guangdong	20903	19004	21396	25037	27178
广 西	Guangxi	2561	4256	4631	4825	4857
海 南	Hainan	1281	949	1155	1389	1959
重 庆	Chongqing	4496	6441	8022	8584	16610
四 川	Sichuan	5567	5706	5192	7075	11011
贵 州	Guizhou	1199	1199	1199	1203	2330
云 南	Yunnan	3574	3887	4159	4561	6539
西 藏	Tibet	324	352	362	417	621
陕 西	Shaanxi	1450	2040	1768	2253	2816
甘 肃	Gansu	227	328	1612	1754	1911
青 海	Qinghai	378	390	401	413	536
宁 夏	Ningxia	1174	1223	1281	1861	1999
新 疆	Xinjiang	4678	4812	4168	4386	5007

4-5-2 续表 continued

单位：个 (unit)

地 区	Region	2012	2013	2014	2015	2016
全 国	**National Total**	**377778**	**445365**	**543690**	**671893**	**875146**
北 京	Beijing	25176	24803	28823	30383	28780
天 津	Tianjin	14272	16045	21827	22045	17184
河 北	Hebei	5375	7237	4969	7894	37495
山 西	Shanxi	4333	5188	5162	10579	23658
内蒙古	Inner Mongolia	6835	7891	7258	6197	6331
辽 宁	Liaoning	8671	8386	9661	12471	12374
吉 林	Jilin	5650	5580	9932	12188	28997
黑龙江	Heilongjiang	3393	4441	4772	4572	6761
上 海	Shanghai	68574	84451	118067	157124	212619
江 苏	Jiangsu	24824	26599	27550	33122	39184
浙 江	Zhejiang	23005	27981	29967	34230	38592
安 徽	Anhui	8486	9730	11706	13213	12437
福 建	Fujian	10455	15430	16203	16970	21961
江 西	Jiangxi	7006	7643	8505	9519	6099
山 东	Shandong	26136	37634	50269	65500	73737
河 南	Henan	10343	12621	14574	12399	12574
湖 北	Hubei	7389	12565	15618	17571	24622
湖 南	Hunan	9908	14839	17871	36120	52070
广 东	Guangdong	33972	32666	35431	49782	58020
广 西	Guangxi	9206	10928	16282	24966	29263
海 南	Hainan	2097	3975	3802	5831	9826
重 庆	Chongqing	21224	25637	33661	42736	55458
四 川	Sichuan	14542	13640	16548	18214	29225
贵 州	Guizhou	3487	1723	1092	2446	5081
云 南	Yunnan	9513	11215	14524	4285	9097
西 藏	Tibet	653	683	731	881	915
陕 西	Shaanxi	2934	2859	1976	2024	972
甘 肃	Gansu	2018	3987	3726	4216	3875
青 海	Qinghai	677	730	2426	2491	3013
宁 夏	Ningxia	2191	1458	2238	3097	4139
新 疆	Xinjiang	5433	6800	8519	8827	10787

4-5-3 分地区广告从业人员
Basic Statistics on Persons Engaged in Advertising by Region

单位：人 (person)

地 区	Region	2007	2008	2009	2010	2011
全 国	**National Total**	**1112528**	**1266393**	**1334898**	**1480525**	**1673444**
北 京	Beijing	129293	109838	125651	123582	120975
天 津	Tianjin	39997	44734	43776	57768	64219
河 北	Hebei	28920	28751	30112	25584	26196
山 西	Shanxi	17641	20042	20706	25353	25253
内蒙古	Inner Mongolia	12213	15496	17370	21433	23654
辽 宁	Liaoning	28590	30000	32431	38870	39088
吉 林	Jilin	5139	10230	15046	19167	16338
黑龙江	Heilongjiang	17758	21307	20613	19154	22866
上 海	Shanghai	82041	114422	168488	215208	182356
江 苏	Jiangsu	87599	92696	100877	108523	117462
浙 江	Zhejiang	76711	80191	94658	113701	139286
安 徽	Anhui	29830	31957	31889	38526	41392
福 建	Fujian	38291	41417	54752	57151	67707
江 西	Jiangxi	29445	31956	32055	35260	35810
山 东	Shandong	76151	79133	81513	97705	114562
河 南	Henan	29943	50014	49546	53463	60682
湖 北	Hubei	27830	30267	33367	40745	43981
湖 南	Hunan	26090	27634	16244	20136	27488
广 东	Guangdong	120679	168113	157772	152136	183844
广 西	Guangxi	23278	35289	34750	32491	36950
海 南	Hainan	13998	5970	7289	7956	11412
重 庆	Chongqing	30176	45031	46383	45763	77216
四 川	Sichuan	57140	57570	30374	32477	74738
贵 州	Guizhou	7781	7781	7781	7821	12110
云 南	Yunnan	17841	18856	19563	20377	26647
西 藏	Tibet	1965	2105	2214	2663	3892
陕 西	Shaanxi	5432	17797	11446	15125	19881
甘 肃	Gansu	1906	2434	12440	12622	13527
青 海	Qinghai	3052	3109	3156	3182	4127
宁 夏	Ningxia	7505	7739	7910	11126	11619
新 疆	Xinjiang	35293	34514	24726	25457	28166

4-5-3 续表 continued

单位：人 (person)

地 区	Region	2012	2013	2014	2015	2016
全 国	**National Total**	**2177840**	**2622053**	**2717939**	**3072542**	**3900384**
北 京	Beijing	98670	106764	127369	133924	119586
天 津	Tianjin	69195	80489	120174	121377	162120
河 北	Hebei	20019	31720	17574	29646	138831
山 西	Shanxi	24124	28047	29249	28223	61791
内蒙古	Inner Mongolia	48397	50690	46849	43033	43105
辽 宁	Liaoning	59953	62383	65095	55266	60583
吉 林	Jilin	33769	35961	41468	53673	140250
黑龙江	Heilongjiang	24011	25388	27501	14383	24793
上 海	Shanghai	213539	262979	293204	323120	359979
江 苏	Jiangsu	177963	253360	215542	245566	299211
浙 江	Zhejiang	156194	179573	186297	217261	238324
安 徽	Anhui	51090	63578	77715	91438	102859
福 建	Fujian	72907	102695	112051	117182	112635
江 西	Jiangxi	56048	66088	68747	73244	63490
山 东	Shandong	154247	216045	276577	331382	384592
河 南	Henan	69440	81481	91509	78367	77576
湖 北	Hubei	44740	71736	85964	94620	132129
湖 南	Hunan	45646	98389	107641	155417	343955
广 东	Guangdong	207053	222086	256264	302802	311745
广 西	Guangxi	162489	45836	88979	96801	89463
海 南	Hainan	14105	17403	15351	20613	41435
重 庆	Chongqing	98255	146197	160564	209036	253798
四 川	Sichuan	91185	44375	47343	49945	130042
贵 州	Guizhou	17435	7810	4140	25583	40640
云 南	Yunnan	80223	260547	85120	79066	62379
西 藏	Tibet	3897	1661	2054	1969	3253
陕 西	Shaanxi	20252	14741	9415	8999	3038
甘 肃	Gansu	14027	9142	7692	11091	10255
青 海	Qinghai	4345	4724	9379	12128	21357
宁 夏	Ningxia	13174	5896	11663	16932	27835
新 疆	Xinjiang	31448	24269	29449	30455	39335

4-5-4 分地区广告经营额
Basic Statistics on Advertising Turnover by Region

单位：万元 (10 000 yuan)

地 区	Region	2006	2007	2008	2009	2010
全 国	**National Total**	**15730017**	**17409626**	**18995614**	**20410322**	**23405076**
北 京	Beijing	2888889	3455746	3922959	4238201	5366075
天 津	Tianjin	618001	737137	839202	929026	1041410
河 北	Hebei	92717	127454	128791	137833	111999
山 西	Shanxi	163390	186263	201665	241880	258859
内蒙古	Inner Mongolia	45471	69434	84382	104449	111829
辽 宁	Liaoning	516222	399644	428508	442073	510257
吉 林	Jilin	149796	165187	188264	220607	256011
黑龙江	Heilongjiang	184117	192535	203948	214565	300475
上 海	Shanghai	2656091	2989505	3133541	3182216	3780770
江 苏	Jiangsu	1260433	1305384	1535291	1789402	1532984
浙 江	Zhejiang	1087633	1246676	1382663	1518760	1922537
安 徽	Anhui	256226	310609	363714	467038	584573
福 建	Fujian	412764	497410	560714	815270	953866
江 西	Jiangxi	192352	212998	231682	249753	287216
山 东	Shandong	708912	689559	702359	763132	867693
河 南	Henan	234520	241404	330443	350996	331570
湖 北	Hubei	235809	287132	319572	345067	253245
湖 南	Hunan	302900	333113	357640	72551	658912
广 东	Guangdong	2429041	2567197	2505990	2691187	2525674
广 西	Guangxi	142822	100000	61141	59614	55364
海 南	Hainan	31432	33156	35991	50132	54905
重 庆	Chongqing	278944	293442	333293	331962	267376
四 川	Sichuan	347945	450144	506337	560468	657248
贵 州	Guizhou	76419	76419	81419	81419	81629
云 南	Yunnan	160867	164465	177626	202360	212087
西 藏	Tibet	19426	20955	12238	15004	17317
陕 西	Shaanxi	37155	38566	138894	140442	178182
甘 肃	Gansu	36498	36122	40815	52116	65664
青 海	Qinghai	15698	20533	24022	25168	28012
宁 夏	Ningxia	24557	27193	28306	16403	27899
新 疆	Xinjiang	122970	134244	134209	101229	103436

4-5-4 续表 continued

单位：万元 (10 000 yuan)

地 区	Region	2011	2012	2013	2014	2015	2016
全 国	**National Total**	**31255529**	**46982791**	**50197459**	**56056033**	**59734094**	**64891296**
北 京	Beijing	8096238	18076138	17947004	19218405	18239886	18027225
天 津	Tianjin	1224000	1400889	1859919	2173803	2195542	919369
河 北	Hebei	117406	72509	130966	57395	73652	1230863
山 西	Shanxi	308566	340590	357366	350829	302239	314606
内蒙古	Inner Mongolia	134331	306339	305059	214589	180269	181285
辽 宁	Liaoning	516301	954810	971860	987868	800007	711811
吉 林	Jilin	284600	343428	348793	391094	422570	908428
黑龙江	Heilongjiang	347454	426538	453027	485589	235521	262157
上 海	Shanghai	4376913	4378926	4495594	4636489	4896593	5311254
江 苏	Jiangsu	2498939	4362070	5008744	4241330	5083956	6538450
浙 江	Zhejiang	2205542	2361417	3105854	3154643	3667376	4226605
安 徽	Anhui	695946	820853	921441	1118909	1239024	1903204
福 建	Fujian	1101842	1202931	1407180	1585591	1651918	338589
江 西	Jiangxi	323216	350300	378665	371160	404564	679573
山 东	Shandong	1180083	1763867	2182205	2828396	3649514	4200082
河 南	Henan	355623	817906	1043717	1312050	1408515	1432600
湖 北	Hubei	554167	625525	887799	1248263	1463461	1735014
湖 南	Hunan	1043066	1151296	1443225	1764002	2014053	2423318
广 东	Guangdong	3736551	4663079	4006717	6885455	8451359	9312508
广 西	Guangxi	56074	116165	237464	237312	251493	195286
海 南	Hainan	100941	134379	113240	64072	137440	154044
重 庆	Chongqing	339572	375526	535289	642168	764308	905252
四 川	Sichuan	751177	1026968	1107613	1167277	1280196	1431699
贵 州	Guizhou	96450	136450	47595	28869	21310	533410
云 南	Yunnan	294777	343174	368878	367836	396490	381546
西 藏	Tibet	22574	22596	27357	29137	41999	58145
陕 西	Shaanxi	204714	167098	164167	124646	68600	166803
甘 肃	Gansu	87904	90519	26341	26234	34848	30737
青 海	Qinghai	38019	41206	45358	73058	74851	80835
宁 夏	Ningxia	31612	33241	33064	32225	45204	35528
新 疆	Xinjiang	130929	76057	235958	237338	237338	261072

4-5-5 建筑设计资质企业财务状况
Basic Statistics on Enterprises with Qualification of Architectural Design

单位：万元 (10 000 yuan)

年份 Year	企业数（个） Number of Enterprises (unit)	年末从业人员（人） Number of Engaged Persons (person)	营业收入 Business Revenue	工程设计收入 Revenue from Architectural Design	营业成本 Business Costs	营业税金及附加 Business Tax and Extra Charges	利润总额 Total Profits
2005	4884	234329	3237923	2279707	2266299	166401	275254
2006	4927	248217	4552516	2788937	3603802	192057	362412
2007	4770	248927	5205057	3117790	3820277	237104	585939
2008	4898	265937	6767675	3601185	5622401	291890	564984
2009	4639	262262	7465897	4214278	5575048	393833	638462
2010	4503	271640	9437047	5696845	7019460	477471	853991
2011	4741	301146	10671552	7704387	7926979	542042	983842
2012	4756	334079	16766975	8026237	13527863	907360	1105260
2013	4721	440723	32027066	9234444	28274503	1041536	1732014
2014	4629	619936	33922163	9086579	29314282	929261	1876940
2015	4638	992192	48679714	8473641	43735356	1253958	2249691
2016	4720	995369	68638514	9643756	64704857	887429	3005464

4-5-5 续表 continued

单位：万元 (10 000 yuan)

年份 Year	#应交所得税 Income Tax	净利润 Net Profit	资产合计 Total Assets	#流动资产 Current Assets	#固定资产 Fixed Assets	负债合计 Total Liabilities	所有者权益合计 Owner's Equity
2005	58188	173398	3120317	1861566	912490	1597350	1255350
2006	81953	285219	4395009	2932160	915817	2629112	1688414
2007	135849	443711	5650968	3894876	1756092	3439318	2333035
2008	125108	432196	6681307	4652548	1226162	3318025	2297147
2009	129068	514118	7447221	5246011	1228264	4398034	3150781
2010	166461	717026	9202050	6605237	1349599	5391611	3732603
2011	204346	852486	9987260	7212448	1661136	5863598	4123662
2012	223003	878387	17915480	13163508	2292400	13637479	6352764
2013	309702	1456197	33746082	25871119	3619539	24112948	9477527
2014	319710	1560491	36754717	28907065	3225231	25357933	12009528
2015	480270	1769421	57982174	44438328	4710903	39148307	18833868
2016	543001	2462463	81131356	55429006	3767846	54711662	26419694

4-5-6 建筑装饰工程设计资质企业财务状况

Basic Statistics on Enterprises with Qualification of Architectural Decoration Design

单位：万元 (10 000 yuan)

年份 Year	企业数（个） Number of Enterprises (unit)	年末从业人员（人） Number of Engaged Persons (person)	营业收入 Business Revenue	工程设计收入 Revenue from Architectural Design	营业成本 Business Costs	营业税金及附加 Business Tax and Extra Charges	利润总额 Total Profits
2005	1922	116229	4845623	217989	4344140	156669	174627
2006	1830	118365	5351344	275378	4845880	175239	214781
2007	1761	133011	6772134	304296	6886845	265928	259775
2008	1743	144531	8770511	337127	8451226	316453	287908
2009	1540	137928	8109865	374588	7216557	294696	359116
2010	1431	152487	10106854	498147	9431278	369509	461116
2011	1582	183071	16787224	687997	14989836	628354	827684
2012	1657	210874	19704075	822418	19290291	843912	969811
2013	1627	225853	25514507	892322	22999605	952834	1350681
2014	1617	240280	27512847	736817	24961140	1028564	992554
2015	2102	287805	28056256	1335440	26274762	987513	1243780
2016	3579	407382	43496975	1145472	36653437	999893	1752944

4-5-6 续表 continued

单位：万元 (10 000 yuan)

年份 Year	#应交所得税 Income Tax	净利润 Net Profit	资产合计 Total Assets	#流动资产 Current Assets	#固定资产 Fixed Assets	负债合计 Total Liabilities	所有者权益合计 Owner's Equity
2005	42835	121780	4748227	3864734	596025	2868364	1837941
2006	55610	153302	5190652	4162897	593598	3022365	1847896
2007	72562	196918	5862296	4776311	1085985	3760263	2138982
2008	66152	232092	6320592	5259003	613924	3934500	2261839
2009	87273	266457	6675043	5271951	635702	3953432	2334507
2010	115984	313182	7569608	6336449	710851	4719375	2676857
2011	206080	631805	12187969	10122453	1103385	7482452	4705518
2012	225349	746820	16427116	14154047	1039688	11686290	5363942
2013	281129	960104	20071977	17306144	1053119	13014844	7106297
2014	293793	691812	26851028	22592936	1465867	18610067	8077389
2015	289336	954444	25435716	21187273	1272835	15033434	10402282
2016	399758	1353179	40002853	32365642	2152196	23156392	16846461

4-5-7 与文化产业相关的通信业基本情况
Basic Statistics on Communication Service Related with Culture Industries

指 标 名 称	Item	2008	2009	2010
用户规模	**Number of Subscribers**			
移动电话用户(万户)	Mobile Telephone Subscribers (10 000 subscribers)	64124.5	74721.4	85900.3
#移动个性化回铃用户	Subsctibers of Mobile Music Ring Back Tone		48311.0	57408.2
手机报用户	Subscribers of Mobile Newspapers			11189.7
(固定)互联网宽带接入用户(万户)	Subscribers with Access to Internet by Broadband (10 000 subscribers)	8287.9	10397.8	12629.1
移动互联网用户(万户)	Subscribers of Mobile Internet (10 000 subscribers)		37709.6	51520.8
宽带电视用户(万户)	Subscribers of Broadband TV (10 000 subscribers)			719.0
手机电视用户(万户)	Subscribers of Mobile TV (10 000 subscribers)			909.5
互联网网民人数(亿人)	Internet Users (100 million persons)	2.98	3.84	4.57
业务使用量	**Business Volume**			
移动短信业务量(亿条)	Short Message Services (100 million messages)	6996.9	7726.5	8277.5
固定互联网宽带接入时长(亿分钟)	Access Length of Fixed Internet by Broadband (100 million minutes)			104017.5
移动互联网接入流量(万GB)	Access Volume of Mobile Internet (10 000 GB)		1175.3	39935.9
网页长度(总字节数)(GB)	Length of Webpages (GB)	438898	1010848	1833476
网站数(万个)	Number of Websites (10 000 units)	287.8	323.2	190.8
网络基础设施投资和能力	**Infrastructure Investmen and Capacity**			
电信固定资产投资(亿元)	Fixed Assets Investment of Telecommunication (100 million yuan)	3068.0	3773.1	3021.6
#互联网及数据通信	Internet and Data Communication	232.4	342.7	405.8
移动电话基站(万个)	Base Stations of Mobile Phones (10 000 units)	69.0	111.1	139.8
光缆线路长度(万公里)	Length of Optical Cable Lines (10 000 km)	677.8	829.5	996.2
互联网宽带接入端口(万个)	Broad Band Subscribers Port of Internet (10 000 ports)	10890.4	13835.7	18781.1
IPv4地址数(万个)	Number of IPv4 Addresses (10 000 units)	18127.3	23244.6	27763.7
IPv6地址数(块/32)	Number of IPv6 Addresses (piece/32)		63	401
互联网国际出口带宽(Mbps)	International Internet Bandwidth (Mbps)	640287	866367	1098957
服务水平	**Service**			
移动电话普及率(部/百人)	Popularization Rate of Mobile Telephone (sets/100 persons)	48.5	56.3	64.4
互联网普及率(%)	Popularization Rate of Internet (%)	22.6	28.9	34.3
移动电话漫游国家和地区(个)	Countries(Regions)with Mobile Phone Roaming (unit)	237	237	239
开通互联网业务的行政村比重(%)	Percentage of Administrative Village with Access to Internet (%)			94.8
开通互联网宽带业务的行政村比重(%)	Percentage of Administrative Village with Access to Internet by Broadband (%)			80.1
增值电信服务	**Value-added Telecom**			
增值电信服务企业数(个)	Number of Enterprises Engaged in Value-added Telecom (unit)	20195	19558	20071
从事增值电信业务人员(人)	Number of Enmployed Persons (person)	490731	591121	763548
增值电信业务收入(亿元)	Revenue from Value-added Telecom (100 million yuan)	640.5	864.2	1223.6

4-5-7 续表 1 continued

指 标 名 称	Item	2011	2012	2013
用户规模	**Number of Subscribers**			
移动电话用户(万户)	Mobile Telephone Subscribers (10 000 subscribers)	98625.3	111215.5	122911.3
#移动个性化回铃用户	Subsctibers of Mobile Music Ring Back Tone	61414.3	60838.4	60249.9
手机报用户	Subscribers of Mobile Newspapers	16105.7	9592.5	8746.5
(固定)互联网宽带接入用户(万户)	Subscribers with Access to Internet by Broadband (10 000 subscribers)	15000.1	17518.3	18890.9
移动互联网用户(万户)	Subscribers of Mobile Internet (10 000 subscribers)	63432.3	76436.5	80756.3
宽带电视用户(万户)	Subscribers of Broadband TV (10 000 subscribers)	1348.8	2174.3	2842.5
手机电视用户(万户)	Subscribers of Mobile TV (10 000 subscribers)	5676.2	7085.1	4411.2
互联网网民人数(亿人)	Internet Users (100 million persons)	5.13	5.64	6.18
业务使用量	**Business Volume**			
移动短信业务量(亿条)	Short Message Services (100 million messages)	8790.0	8973.1	8567.0
固定互联网宽带接入时长(亿分钟)	Access Length of Fixed Internet by Broadband (100 million minutes)	197701.8	278468.2	325447.5
移动互联网接入流量(万GB)	Access Volume of Mobile Internet (10 000 GB)	54083.1	87926.1	126715.7
网页长度(总字节数)(GB)	Length of Webpages (GB)	3160028	4902328	7133363
网站数(万个)	Number of Websites (10 000 units)	229.6	268.1	320.2
网络基础设施投资和能力	**Infrastructure Investmen and Capacity**			
电信固定资产投资(亿元)	Fixed Assets Investment of Telecommunication (100 million yuan)	3382.2	3616.2	3742.6
#互联网及数据通信	Internet and Data Communication	438.4	417.9	511.1
移动电话基站(万个)	Base Stations of Mobile Phones (10 000 units)	175.2	206.6	241.0
光缆线路长度(万公里)	Length of Optical Cable Lines (10 000 km)	1211.9	1479.3	1745.4
互联网宽带接入端口(万个)	Broad Band Subscribers Port of Internet (10 000 ports)	23239.4	32108.4	35945.3
IPv4地址数(万个)	Number of IPv4 Addresses (10 000 units)	33044.0	33053.5	33030.8
IPv6地址数(块/32)	Number of IPv6 Addresses (piece/32)	9398	12535	16670
互联网国际出口带宽(Mbps)	International Internet Bandwidth (Mbps)	1389529	1899792	3406824
服务水平	**Service**			
移动电话普及率(部/百人)	Popularization Rate of Mobile Telephone (sets/100 persons)	73.6	82.5	90.3
互联网普及率(%)	Popularization Rate of Internet (%)	38.3	42.1	45.8
移动电话漫游国家和地区(个)	Countries(Regions)with Mobile Phone Roaming (unit)	258	258	258
开通互联网业务的行政村比重(%)	Percentage of Administrative Village with Access to Internet (%)	94.8	94.9	
开通互联网宽带业务的行政村比重(%)	Percentage of Administrative Village with Access to Internet by Broadband (%)	84.0	87.9	91.0
增值电信服务	**Value-added Telecom**			
增值电信服务企业数(个)	Number of Enterprises Engaged in Value-added Telecom (unit)	21291	20815	22099
从事增值电信业务人员(人)	Number of Enmployed Persons (person)	771988	788256	839916
增值电信业务收入(亿元)	Revenue from Value-added Telecom (100 million yuan)	1813.9	2510.7	3317.0

4-5-7 续表 2 continued

指 标 名 称	Item	2014	2015	2016
用户规模	**Number of Subscribers**			
移动电话用户(万户)	Mobile Telephone Subscribers (10 000 subscribers)	128609.3	127139.7	132193.4
#移动个性化回铃用户	Subsctibers of Mobile Music Ring Back Tone	-	-	-
手机报用户	Subscribers of Mobile Newspapers	-	-	-
(固定)互联网宽带接入用户(万户)	Subscribers with Access to Internet by Broadband (10 000 subscribers)	20048.3	25946.6	29720.7
移动互联网用户(万户)	Subscribers of Mobile Internet (10 000 subscribers)	87522.1	96447.2	109395.0
宽带电视用户(万户)	Subscribers of Broadband TV (10 000 subscribers)	3363.7	4589.5	8672.8
手机电视用户(万户)	Subscribers of Mobile TV (10 000 subscribers)	-	-	-
互联网网民人数(亿人)	Internet Users (100 million persons)	6.49	6.88	7.31
业务使用量	**Business Volume**			
移动短信业务量(亿条)	Short Message Services (100 million messages)	7674.2	6991.8	6670.9
固定互联网宽带接入时长(亿分钟)	Access Length of Fixed Internet by Broadband (100 million minutes)	414354.8	499632.6	-
移动互联网接入流量(万GB)	Access Volume of Mobile Internet (10 000 GB)	206193.6	418753.3	937863.5
网页长度(总字节数)(GB)	Length of Webpages (GB)	8879006	14129575	12912603
网站数(万个)	Number of Websites (10 000 units)	334.9	422.9	482.4
网络基础设施投资和能力	**Infrastructure Investmen and Capacity**			
电信固定资产投资(亿元)	Fixed Assets Investment of Telecommunication (100 million yuan)	4006.2	4524.8	3739.1
#互联网及数据通信	Internet and Data Communication	400.2	716.3	809.3
移动电话基站(万个)	Base Stations of Mobile Phones (10 000 units)	350.8	465.6	559.4
光缆线路长度(万公里)	Length of Optical Cable Lines (10 000 km)	2061.3	2486.3	3042.1
互联网宽带接入端口(万个)	Broad Band Subscribers Port of Internet (10 000 ports)	40546.1	57709.4	71276.9
IPv4地址数(万个)	Number of IPv4 Addresses (10 000 units)	33198.8	24698.3	28229.8
IPv6地址数(块/32)	Number of IPv6 Addresses (piece/32)	18797	11362	11362
互联网国际出口带宽(Mbps)	International Internet Bandwidth (Mbps)	4118663	5283570	6640291
服务水平	**Service**			
移动电话普及率(部/百人)	Popularization Rate of Mobile Telephone (sets/100 persons)	-	92.5	-
互联网普及率(%)	Popularization Rate of Internet (%)	-	50.3	-
移动电话漫游国家和地区(个)	Countries(Regions)with Mobile Phone Roaming (unit)	258	255	258
开通互联网业务的行政村比重(%)	Percentage of Administrative Village with Access to Internet (%)			
开通互联网宽带业务的行政村比重(%)	Percentage of Administrative Village with Access to Internet by Broadband (%)	93.5	94.8	96.7
增值电信服务	**Value-added Telecom**			
增值电信服务企业数(个)	Number of Enterprises Engaged in Value-added Telecom (unit)	24001	26388	30547
从事增值电信业务人员(人)	Number of Enmployed Persons (person)	807999	850118	885167
增值电信业务收入(亿元)	Revenue from Value-added Telecom (100 million yuan)	4229.4	5443.6	6650.6

5

港澳台地区统计资料

Statistical Indicators of Hong Kong, Macao and Taiwan, China

5-1-1 香港文化及创意产业增加值

Value Added of the Cultural and Creative Industries of Hong Kong, China

单位：百万港元，% (HKD million,%)

项 目	Item	2006	2007	2008	2009	2010
文化及创意产业增加值	**Value-added of Cultural and Creative Industries**	**57309**	**65117**	**63275**	**63266**	**77573**
艺术品、古董及工艺品	Art, Antiques and Crafts	4437	5446	5470	5631	7121
文化教育及图书馆、档案保存和博物馆服务	Cultural Education and Library, Archive and Museum Services			984	976	1065
表演艺术	Performing Arts	628	726	706	824	862
电影及录像和音乐	Film, Video and Music	3401	3564	3122	2741	2982
电视及电台	Television and Radio	5018	5232	4614	4189	5677
出版	Publishing	14908	17445	15716	12329	13655
软件、电脑游戏及互动媒体	Software, Computer Games and Interactive Media	19240	21253	18204	21429	27263
设计	Design	1291	1459	2683	2289	2932
建筑	Architecture	3484	3452	4941	6674	7968
广告	Advertising	4056	5713	6075	5250	6805
娱乐服务	Amusement Services	847	827	759	932	1244
文化及创意产业增加值占本地生产总值百分比	**% of GDP**	**3.9**	**4.1**	**3.9**	**4.0**	**4.5**

5-1-1 续表 continued

单位：百万港元，% (HKD million,%)

项 目	Item	2011	2012	2013	2014	2015
文化及创意产业增加值	**Value-added of Cultural and Creative Industries**	**89551**	**97837**	**106050**	**109680**	**108920**
艺术品、古董及工艺品	Art, Antiques and Crafts	10142	11446	13633	12199	10157
文化教育及图书馆、档案保存和博物馆服务	Cultural Education and Library, Archive and Museum Services	1137	1161	1246	1465	1289
表演艺术	Performing Arts	872	932	876	954	1196
电影及录像和音乐	Film, Video and Music	3239	3643	3524	3106	3469
电视及电台	Television and Radio	7322	7043	7986	6431	7174
出版	Publishing	13329	14066	14112	13894	12602
软件、电脑游戏及互动媒体	Software, Computer Games and Interactive Media	32663	37755	40265	44387	46141
设计	Design	3615	3310	3711	4080	4146
建筑	Architecture	8537	9261	9762	11058	10724
广告	Advertising	7128	7322	8682	9254	9182
娱乐服务	Amusement Services	1566	1899	2253	2852	2840
文化及创意产业增加值占本地生产总值百分比	**% of GDP**	**4.7**	**4.9**	**5.1**	**5.0**	**4.7**

注：1. 资料来源：中国香港特别行政区政府统计处。
2. 2008年之前的文化及创意产业数据不包括文化教育及图书馆、档案保存和博物馆服务，故与2008年及以后年份数据不可比(下表同)。

a)Data source: Census and Statistics Department of Hong Kong SAR.
b)Figures for 2008 and onwards are not strictly comparable with those of earlier years where data for cultural education and library, archive and museum services are not covered. The same applies to the table following.

5-1-2 香港文化及创意产业就业人数
Number of Persons Engaged in the Cultural and Creative Industries of Hongkong, China

单位：人，%　　(person,%)

项　目	Item	2006	2007	2008	2009	2010
文化及创意产业就业人数	**Number of Persons Engaged in Cultural and Creative Industries**	**177200**	**180620**	**191260**	**188250**	**189430**
艺术品、古董及工艺品	Art, Antiques and Crafts	18340	17730	17620	16910	16600
文化教育及图书馆、档案保存和博物馆服务	Cultural Education and Library, Archive and Museum Services			7310	7450	8410
表演艺术	Performing Arts	3010	3020	2910	2910	3010
电影及录像和音乐	Film, Video and Music	14820	15670	15180	14500	14270
电视及电台	Television and Radio	6600	6150	6960	5790	5440
出版	Publishing	47540	47690	46950	46500	45680
软件、电脑游戏及互动媒体	Software, Computer Games and Interactive Media	41540	42730	43850	43790	44700
设计	Design	9030	10260	11100	11300	12080
建筑	Architecture	10700	11410	12890	12720	13310
广告	Advertising	17410	18120	18450	18390	17820
娱乐服务	Amusement Services	8210	7830	8040	7980	8110
占总就业人数的百分比	**% Share of Total Employment**	**5.2**	**5.2**	**5.4**	**5.4**	**5.4**

5-1-2 续表 continued

单位：人，%　　(person,%)

项　目	Item	2011	2012	2013	2014	2015
文化及创意产业就业人数	**Number of Persons Engaged in Cultural and Creative Industries**	**192930**	**200370**	**207490**	**213060**	**213880**
艺术品、古董及工艺品	Art, Antiques and Crafts	17160	17730	18430	19240	18810
文化教育及图书馆、档案保存和博物馆服务	Cultural Education and Library, Archive and Museum Services	8810	9100	9420	10430	10800
表演艺术	Performing Arts	3370	3810	4200	4800	5110
电影及录像和音乐	Film, Video and Music	14180	14700	14990	14960	15050
电视及电台	Television and Radio	5460	5730	6420	6740	6960
出版	Publishing	44550	44220	43900	42660	40810
软件、电脑游戏及互动媒体	Software, Computer Games and Interactive Media	46600	49700	52600	55520	56730
设计	Design	13150	14140	15120	15820	16220
建筑	Architecture	14030	14670	15310	15640	15830
广告	Advertising	17600	18320	18510	18650	18740
娱乐服务	Amusement Services	8000	8230	8590	8600	8810
占总就业人数的百分比	**% Share of Total Employment**	**5.4**	**5.5**	**5.6**	**5.7**	**5.7**

资料来源：中国香港特别行政区政府统计处。
Data source: Census and Statistics Department of Hong Kong SAR.

5-1-3 香港文化及创意产品进出口情况
Total Exports and Imports of Cultural and Creative Goods of Hongkong, China

单位：百万港元，% (HKD million,%)

项 目	Item	2006	2007	2008	2009	2010
文化及创意产品的出口	**Exports of Cultural and Creative Goods**	**453666**	**422756**	**439342**	**371644**	**449803**
古董及工艺品产品	Antiques and Crafts Goods	10133	10672	10496	8363	9849
视觉艺术及设计产品	Visual arts and Design Goods	43792	47849	50010	37235	44990
视听及互动媒体产品	Audio-visual and Interactive Media Goods	347798	303884	317928	273635	334621
表演艺术及节庆产品	Performing Arts and Celebration Goods	39748	46491	46267	40355	47294
出版产品(书籍及报刊)	Publishing Goods (Books and Press)	12195	13860	14641	12056	13049
占整体出口的百分比	**% of Total Exports of Goods**	**18.4**	**15.7**	**15.6**	**15.1**	**14.8**
文化及创意产品的进口	**Imports of Cultural and Creative Goods**	**403146**	**413691**	**438975**	**392782**	**477698**
古董及工艺品产品	Antiques and Crafts Goods	9607	10847	10187	8656	10946
视觉艺术及设计产品	Visual arts and Design Goods	34646	41953	48755	40599	58888
视听及互动媒体产品	Audio-visual and Interactive Media Goods	320551	309993	327244	289894	347103
表演艺术及节庆产品	Performing Arts and Celebration Goods	30904	42228	43737	45804	51944
出版产品(书籍及报刊)	Publishing Goods (Books and Press)	7438	8670	9052	7829	8817
占整体进口的百分比	**% of Total Imports of Goods**	**15.5**	**14.4**	**14.5**	**14.6**	**14.2**

5-1-3 续表 continued

单位：百万港元，% (HKD million,%)

项 目	Item	2011	2012	2013	2014	2015
文化及创意产品的出口	**Exports of Cultural and Creative Goods**	**495826**	**537874**	**507105**	**505067**	**487946**
古董及工艺品产品	Antiques and Crafts Goods	11194	10696	11505	11956	11980
视觉艺术及设计产品	Visual arts and Design Goods	56400	63450	66430	70876	63428
视听及互动媒体产品	Audio-visual and Interactive Media Goods	362876	393864	364993	363525	352662
表演艺术及节庆产品	Performing Arts and Celebration Goods	52010	57469	52204	47004	48517
出版产品(书籍及报刊)	Publishing Goods (Books and Press)	13346	12395	11973	11706	11359
占整体出口的百分比	**% of Total Exports of Goods**	**14.9**	**15.7**	**14.2**	**13.8**	**13.5**
文化及创意产品的进口	**Imports of Cultural and Creative Goods**	**545928**	**609622**	**596230**	**577487**	**534330**
古董及工艺品产品	Antiques and Crafts Goods	15287	13394	14005	13718	12134
视觉艺术及设计产品	Visual arts and Design Goods	91783	106054	110480	127796	112383
视听及互动媒体产品	Audio-visual and Interactive Media Goods	370599	415080	399201	368887	347570
表演艺术及节庆产品	Performing Arts and Celebration Goods	59015	66266	64222	58880	53798
出版产品(书籍及报刊)	Publishing Goods (Books and Press)	9244	8828	8322	8206	8445
占整体进口的百分比	**% of Total Imports of Goods**	**14.5**	**15.6**	**14.7**	**13.7**	**13.2**

资料来源：中国香港特别行政区政府统计处。
Data source: Census and Statistics Department of Hong Kong SAR.

5-1-4 香港文化及创意服务输出和输入情况
Exports and Imports of Cultural and Creative Services of HongKong, China

单位：百万港元，% (HKD million,%)

项目	Item	2006	2007	2008	2009	2010
文化及创意服务的输出	**Exports of Cultural and Creative Services**	**14628**	**16602**	**20921**	**19707**	**22185**
广告、市场研究及公众意见调查服务	Advertising, Market Research and Public Opinion Polling Services	4292	4770	4748	4902	5063
建筑、工程、科学及其他技术服务	Architectural, Engineering and Other Technical Services	2153	3150	3988	3595	3745
电脑服务	Computer Services	2337	1613	4754	4787	6307
资讯服务	Information Services	443	545	551	509	570
视听及有关服务	Audio-visual and Related Services	2006	1945	1775	881	869
其他个人、文化及康乐服务	Other Personal, Cultural and Recreational Services	1219	1679	2077	2162	2441
研究及发展服务	Research and Development Services	228	236	363	350	395
特许经营权及商标以外的知识产权使用费	Charges for the Use of Intellectual Property Rights Other Than Franchises and Trademarks	1950	2664	2665	2521	2795
占服务输出总额的百分比	**% of Total Exports of Services**	**3.5**	**3.3**	**3.8**	**3.9**	**3.5**
文化及创意服务的输入	**Imports of Cultural and Creative Services**	**15261**	**17548**	**20297**	**20674**	**23544**
广告、市场研究及公众意见调查服务	Advertising, Market Research and Public Opinion Polling Services	2515	3129	3282	3031	3725
建筑、工程、科学及其他技术服务	Architectural, Engineering and Other Technical Services	678	824	1107	1382	1971
电脑服务	Computer Services	2405	2703	3495	3733	3788
资讯服务	Information Services	481	593	490	555	596
视听及有关服务	Audio-visual and Related Services	275	304	654	304	307
其他个人、文化及康乐服务	Other Personal, Cultural and Recreational Services	158	230	466	423	341
研究及发展服务	Research and Development Services	1757	1560	1524	1135	908
特许经营权及商标以外的知识产权使用费	Charges for the Use of Intellectual Property Rights Other Than Franchises and Trademarks	6992	8205	9279	10111	11908
占服务输入总额的百分比	**% of Total Imports of Services**	**3.1**	**3.3**	**3.6**	**4.4**	**4.3**

资料来源：中国香港特别行政区政府统计处。
Data source: Census and Statistics Department of Hong Kong SAR.

5-1-4 续表 continued

单位：百万港元，% (HKD million,%)

项 目	Item	2011	2012	2013	2014	2015
文化及创意服务的输出	**Exports of Cultural and Creative Services**	**24276**	**25771**	**25065**	**25515**	**24768**
广告、市场研究及公众意见调查服务	Advertising, Market Research and Public Opinion Polling Services	5701	6090	6451	5961	5347
建筑、工程、科学及其他技术服务	Architectural, Engineering and Other Technical Services	3731	3946	3815	4107	4302
电脑服务	Computer Services	6621	7027	7293	7380	7156
资讯服务	Information Services	742	766	760	726	701
视听及有关服务	Audio-visual and Related Services	858	869	732	675	576
其他个人、文化及康乐服务	Other Personal, Cultural and Recreational Services	2820	2807	1087	1328	1423
研究及发展服务	Research and Development Services	535	606	903	1209	1024
特许经营权及商标以外的知识产权使用费	Charges for the Use of Intellectual Property Rights Other Than Franchises and Trademarks	3268	3660	4024	4129	4239
占服务输出总额的百分比	**% of Total Exports of Services**	**3.4**	**3.4**	**3.1**	**3.1**	**3.1**
文化及创意服务的输入	**Imports of Cultural and Creative Services**	**24316**	**25340**	**25189**	**25416**	**25402**
广告、市场研究及公众意见调查服务	Advertising, Market Research and Public Opinion Polling Services	3984	4498	4386	4069	4189
建筑、工程、科学及其他技术服务	Architectural, Engineering and Other Technical Services	2483	2544	2593	2837	2923
电脑服务	Computer Services	3481	3706	4260	5087	4998
资讯服务	Information Services	730	774	1127	1022	1135
视听及有关服务	Audio-visual and Related Services	495	544	464	389	416
其他个人、文化及康乐服务	Other Personal, Cultural and Recreational Services	233	320	289	387	430
研究及发展服务	Research and Development Services	917	1047	1069	1250	1089
特许经营权及商标以外的知识产权使用费	Charges for the Use of Intellectual Property Rights Other Than Franchises and Trademarks	11993	11907	11001	10375	10222
占服务输入总额的百分比	**% of Total Imports of Services**	**4.2**	**4.3**	**4.3**	**4.4**	**4.4**

5-2-1 澳门文化活动参与情况
Basic Statistics on Arts Attendance of Macao,China

单位：% (%)

类别	Category	2016 总参与率 Total Participation Rate	去电影院 Visiting Movie Theaters	参观博物馆或世遗景点 Visiting Museums or Historic Spots	去图书馆 Visiting Libraries	观看表演 Performing Arts Attendance	参观艺术展览 Visting Art Exhibition
总计	**Total**	**54.9**	**35.2**	**25.9**	**22.8**	**17.5**	**7.4**
按性别分组	**By Sex**						
男	Male	51.6	34.6	23.1	20.3	14.5	7.1
女	Female	58.0	35.7	28.5	25.2	20.4	7.7
按年龄分组	**By Age**						
16-24岁	Aged 16-24	81.9	70.3	29.2	49.5	29.2	9.9
25-34岁	Aged 25-34	69.0	55.4	31.0	22.7	19.2	6.8
35-44岁	Aged 35-44	59.7	40.7	34.4	22.2	17.9	8.0
45-54岁	Aged 45-54	41.2	17.4	19.5	19.4	12.9	7.0
55岁及以上	Aged 55 and Over	36.9	10.2	18.3	14.2	14.1	6.9
按教育程度分组	**By Education Attainment**						
小学教育	Primary Education	33.2	12.4	16.6	12.6	9.6	4.2
初中教育	Junior Secondary Education	47.3	28.4	20.9	19.4	12.5	5.8
高中教育	Senior Secondary Education	59.0	38.5	28.5	25.2	17.6	6.7
高等教育	Higher Education	79.8	60.2	38.6	34.5	29.5	13.5
其他	Other Education	24.4	6.9	7.4	6.2	9.8	1.8
按经济活动状况分组	**By Economic Activity Status**						
劳动人口	Economically Active Population	55.0	37.3	26.2	20.2	16.2	7.1
非劳动人口	Non-economically Active Population	54.7	29.5	24.9	29.9	21.1	8.3

资料来源：澳门特别行政区政府统计暨普查局(以下相关表同)。
Data source: Statistics and Census Service of the Government of Macao SAR.The same applies to the relevant tables following.

5-2-1 续表 continued

单位：% (%)

类 别	Category	2015 总参与率 Total Participation Rate	去电影院 Visiting Movie Theaters	参观博物馆或世遗景点 Visiting Museums or Historic Spots	去图书馆 Visiting Libraries	观看表演 Performing Arts Attendance	参观艺术展览 Visting Art Exhibition
总 计	**Total**	**52.8**	**32.0**	**22.0**	**21.8**	**19.2**	**7.4**
按性别分组	**By Sex**						
男	Male	50.9	32.2	20.7	19.9	17.9	7.0
女	Female	54.7	31.8	23.2	23.6	20.4	7.8
按年龄分组	**By Age**						
16-24岁	Aged 16-24	78.8	60.6	25.3	44.8	29.7	8.3
25-34岁	Aged 25-34	68.2	53.9	27.6	21.0	23.3	8.3
35-44岁	Aged 35-44	53.0	31.4	25.2	23.8	19.1	7.1
45-54岁	Aged 45-54	38.6	16.9	15.8	15.7	11.9	6.5
55岁及以上	Aged 55 and Over	36.1	8.6	17.3	14.6	15.9	7.0
按教育程度分组	**By Education Attainment**						
小学教育	Primary Education	35.9	12.6	13.1	15.0	11.4	4.1
初中教育	Junior Secondary Education	42.8	21.6	20.3	17.1	13.4	4.9
高中教育	Senior Secondary Education	57.6	36.9	21.7	23.8	17.5	6.6
高等教育	Higher Education	74.0	54.1	31.7	30.9	33.2	14.1
其 他	Other Education	22.2	4.4	9.8	9.2	9.0	0.7
按经济活动状况分组	**By Economic Activity Status**						
劳动人口	Economically Active Population	51.8	33.4	21.4	18.8	18.3	7.1
非劳动人口	Non-economically Active Population	55.7	28.1	23.4	30.4	21.7	8.2

5-2-2 澳门会展业基本情况
Basic Statistics on Exhibition Industry of Macao,China

指 标	Index	2011	2012	2013	2014	2015	2016
举办会议数(个)	Number of Conventions (unit)	984	956	958	963	1163	1195
举办商业展览数(个)	Number of Commercial Exhibitions (unit)	51	59	66	87	78	55
参与会展人次(千人次)	Number of Persons Participated (1000 person-times)	1277	1613	2034	2614	2511	1676

注：r 指修订数字(以下相关表同)。
a)r refers to revised data.The same applies to the relevant tables following.

5-2-3 澳门表演及文化展览情况
Basic Statistics on Public Performance and Cultural Exhibitions of Macao,China

单位：场，人次 (show,person-time)

指 标	Index	2011	2012	2013	2014	2015
总 计	**Total**					
场次	Number of sessions	14715	34820	38593	41441	38457
观众人次	Number of Audiences	3713827	6929448	7500776	6807118	7365391
舞 蹈	Dance					
场次	Number of sessions	214	257	220	414	387
观众人次	Number of Audiences	165848	85553	57978	119415	104278
音乐会	Concerts					
场次	Number of sessions	445	498	1143	1387	1570
观众人次	Number of Audiences	204281	347980	427194	481850	558263
综合表演	Variety Show					
场次	Number of sessions	1304	791	1375	1010	1166
观众人次	Number of Audiences	300273	1085615	1387970	1148838	1122592
戏 剧	Theatres					
场次	Number of sessions	565	738	825	842	991
观众人次	Number of Audiences	187006	197033	265609	202166	289392
电 影	Movies					
场次	Number of sessions	9734	31243	34042	36133	33034
观众人次	Number of Audiences	647549	1854029	1711503	1727950	1650774
文化展览	Cultural Exhibitions					
场次	Number of sessions	901	462	583	691	608
观众人次	Number of Audiences	1416795	2442807	2348133	2483109	2849007
其 他	Others					
场次	Number of sessions	1552	831	405	964	701
观众人次	Number of Audiences	792075	916431	1302389	643790	791085

5-2-4 澳门公共图书馆及阅览室情况
Basic Statistics on Public Libraries and Reading Rooms of Macao,China

指 标	Index	2011	2012	2013	2014	2015
图书馆及阅览室（个）	Number of Libraries and Reading Rooms (unit)	54	60	65	66	70
图书馆工作人员（人）	Number of Staff (person)	301	313	346	359	391
坐席数（个）	Seating Capacity (unit)	4617	4971	5215	7581	8180
购书总支出（千澳门元）	Total Expenditure on Purchase of Books (1000 MOP)	58677	67780	68609	81813	75212
藏书量（册）	Number of Books (copy)	2003949	1946457	2158707	1908109	2094188
期刊杂志（份）	Number of Periodicals (piece)	10531	10748	13669	13091	14160
多媒体资料（套）	Multi-media Materials (Set)	4319431	2150336	2386799	2548149	2782456
#电子书籍	Electronic Books	4022912	1826444	1953972	2157183	2286838
电子期刊杂志	Electronic Journals	214382	247711	338170	315568	406889
接待人次（人次）	Number of Visitors (person-time)	4108584	4409936	4469786	4756487	5026353

5-2-5 澳门出版、博物馆及广播电影电视情况
Basic Statistics on Publishing, Museums,Radio, TV and Films

指 标	Index	2010	2011	2012
出版	**Publishing**			
图书	Books			
出版种数（种）	Number of Publications (kind)	460	509	539
日报	Daily newspapers			
出版种数（种）	Number of Publications (kind)	14	14	16
发行量（千份）	Circulation (1000 pieces)	85366	90821	112921
期刊	Periodicals			
出版种数（种）	Number of Publications (kind)	38	40	38
发行量（千份）	Circulation (1000 pieces)	7492	8481	10842
博物馆	**Museums**			
个数（个）	Number of Museums (unit)	21	21	21
参观人次（千人次）	Number of Visitors (1000 person-times)	1805	2959	3634
广电影视	**Radio,TV and Films**			
电视及广播发射台（个）	Number of Television and Radio Broadcasting Stations (unit)	10	10	10
电影院（个）	Number of Cinemas (unit)	4	5	5
银 幕（个）	Number of Screens (unit)	7	16	16
坐席数（个）	Seating capacity (seat)	2857	3682	3682
电影票房收入(千澳门元)	Ticket Sales (1000 MOP)		32322	91933

5-2-5 续表 continued

指 标	Index	2013	2014	2015
出版	**Publishing**			
图书	Books			
出版种数（种）	Number of Publications (kind)	641	632	717
日报	Daily newspapers			
出版种数（种）	Number of Publications (kind)	16	17	17
发行量（千份）	Circulation (1000 pieces)	111088	121417	113812
期刊	Periodicals			
出版种数（种）	Number of Publications (kind)	44	54	56
发行量（千份）	Circulation (1000 pieces)	11426	10197	14298
博物馆	**Museums**			
个数（个）	Number of Museums (unit)	21	22	22
参观人次（千人次）	Number of Visitors (1000 person-times)	4057	4553	3864
广电影视	**Radio,TV and Films**			
电视及广播发射台（个）	Number of Television and Radio Broadcasting Stations (unit)	10	10	9
电影院（个）	Number of Cinemas (unit)	5	5	5
银 幕（个）	Number of Screens (unit)	16	16	16
坐席数（个）	Seating capacity (seat)	3682	3682	3682
电影票房收入(千澳门元)	Ticket Sales (1000 MOP)	106316	122287	136895

注：1.图书指配有国际标准书号的图书。
2.部分刊物未能提供发行量。
3.部分博物馆未能提供入馆人次。

a)Books referrs to those with international standard book number.
b)Unavailability of data on circulation of some periodicals.
c) Unavailability of data on visitors of some museums .

5-3-1 台湾省文创产业营业额与本地生产总值
Total Revenue of Cultural and Creative Industries and GDP of Taiwan,China

项 目	Item	2008	2009	2010	2011	2012
文创产业营业额（新台币百万元）	Total Revenue of Cultural and Creative Industries (TWD million)	678339	648840	766128	784255	757424
本地生产总值（新台币百万元,现价）	Gross Domestic Product (current price, TWD million)	12620150	12481093	13552099	13674346	14042125
本地生产总值(现价)年增长率(%)	Increase Rate of GDP (%)		-1.10	8.58	0.90	2.69
文创营业额占本地生产总值的比率(%)	Total Revenue of Cultural and Creative Industries as % of GDP (%)	5.38	5.20	5.65	5.74	5.39

资料来源："2013台湾地区文化创意产业发展年报"（以下相关表同）。
a)Data source: Annual Report on Development of Cultural and Creative Industries of Taiwan,2013. The same applies to the relevant tables following.

5-3-2 台湾省文创产业从业人员情况
Basic Statistics on Engaged Persons of Cultural and Creative Industries of Taiwan,China

类 别	Category	2008	2009	2010	2011	2012
从业人员（人）	**Engaged Persons (person)**	**169911**	**164542**	**170539**	**172903**	**172757**
出版	Press and Publication	30790	31463	31461	32466	31156
影片服务、声音录制及音乐出版	Films, Recording and Music	14614	13997	15115	15974	16168
传播及节目播送	Media and Broadcasting	18363	17935	17816	18149	18492
广告业及市场研究	Advertising and Market Research	28456	27407	27936	28842	28018
专门设计服务	Design	13359	13827	14746	16441	18737
艺术表演	Arts and Performance	3439	3634	3535	3617	3693
运动、娱乐及休闲服务	Sports, Entertainment and Leisure	52469	47259	50430	47414	46033
创意生活	Creative Life	8421	9020	9500	10000	10460

5-3-3 台湾省文化创意产业企业情况
Basic Statistics on Enterprises of Cultural and Creative Industries of Taiwan,China

类 别	Category	2008	2009	2010	2011	2012
企业数（个）	**Total Number if Enterprises (unit)**					
视觉艺术	Visual Arts	2571	2503	2479	2498	2496
音乐及表演艺术	Music and Performancing Arts	1376	1517	1790	2007	2200
文化资产应用及展演设施	Use,Exhibition and Performance of Cultural Assets	51	54	61	80	103
工艺	Art and Antiques	10630	10535	10804	10997	11134
电影	Films	674	700	731	762	803
广播电视	Radio and Television	1548	1568	1579	1557	1561
出版	Press and Publication	7906	7749	7714	7717	7803
广告	Advertising	12543	12565	12845	13237	13543
流行音乐及文化内容	Pop Music and Cultural Content	1856	1837	1894	1921	1944
产品设计	Product Design	2182	2327	2503	2747	2964
视觉传达设计	Visual and Media Design	208	217	243	289	315
品牌时尚设计	Fashion Design	42	55	84	109	134
建筑设计	Architectural Design	6602	6455	6491	6562	6660
营业额（新台币百万元）	**Total Revenue (TWD million)**					
视觉艺术	Visual Arts	4536	3636	4103	4389	5461
音乐及表演艺术	Music and Performancing Arts	8654	7755	9055	10058	11181
文化资产应用及展演设施	Use,Exhibition and Performance of Cultural Assets	572	682	463	1171	1012
工艺	Art and Antiques	91612	95642	142335	139010	105773
电影	Films	13727	13318	14971	20013	20689
广播电视	Radio and Television	108206	111190	124076	127961	130797
出版	Press and Publication	110490	104146	114713	115091	115286
广告	Advertising	126159	112117	135680	144238	144965
流行音乐及文化内容	Pop Music and Cultural Content	19023	17672	18601	19588	19203
产品设计	Product Design	46073	47588	56358	55795	54459
视觉传达设计	Visual and Media Design	2229	2750	3639	2735	1671
品牌时尚设计	Fashion Design	142	159	208	288	318
建筑设计	Architectural Design	68113	56806	64178	64021	63212

6

国际统计资料

International Statistical Indicators

6-1　世界主要国家版权产业增加值占GDP的比重
Contribution of Copyright Industries to GDP in Main Countries

国　家	Country	年　份 Year	版权产业增加值占GDP的比重 Value-added of Copyright Industries as Percentage of GDP (%)
阿根廷	Argentina	2013	4.70
澳大利亚	Australia	2014	7.10
不丹	Bhutan	2011	5.46
文莱	Brunei	2011	1.58
保加利亚	Bulgaria	2011	4.54
加拿大	Canada	2004	5.38
哥伦比亚	Colombia	2008	3.30
克罗地亚	Croatia	2007	4.27
多米尼加	Dominica	2012	3.40
格林纳达	Grenada	2012	4.83
芬兰	Finland	2012	4.73
匈牙利	Hungary	2010	7.42
印度尼西亚	Indonesia	2013	4.11
牙买加	Jamaica	2007	4.81
约旦	Jordan	2012	2.43
肯尼亚	Kenya	2009	5.32
韩国	Korea, Rep. of	2012	9.89
拉脱维亚	Latvia	2004	5.05
黎巴嫩	Lebanon	2007	4.75
立陶宛	Lithuania	2012	5.40
马拉维	Malawi	2013	3.46
马来西亚	Malaysia	2008	5.70
墨西哥	Mexico	2006	4.77
荷兰	Netherlands	2009	5.90
巴基斯坦	Pakistan	2010	4.45
巴拿马	Panama	2009	6.35
秘鲁	Peru	2009	2.67
菲律宾	Philippines	2006	4.82
罗马尼亚	Romania	2008	5.55
俄罗斯	Russia	2007	6.06
新加坡	Singapore	2007	6.19
斯洛文尼亚	Slovenia	2010	5.10
南非	South Africa	2011	4.11
圣基茨/尼维斯	St Kitts/Nevis	2012	6.60
圣卢西亚	St Lucia	2012	8.00
圣文森特	St Vincent	2012	5.60
坦桑尼亚	Tanzania	2012	4.56
泰国	Thailand	2012	4.48
土耳其	Turkey	2011	2.73
乌克兰	Ukraine	2008	2.85
美国	Usa	2013	11.25

资料来源：世界知识产权组织。
Data source:WIPO.

6-2 世界主要国家版权产业从业人员占从业总人员数的比重
Employed Persons Engaged in Copyright Industries as Percentage of Total Employed Persons

国 家	Country	年份 Year	版权产业从业人员占从业总人员数的比重 Employed Persons Engaged in Copyright Industries as Percentage of Total Employed Persons (%)
阿根廷	Argentina	2013	3.00
澳大利亚	Australia	2014	8.70
不丹	Bhutan	2011	10.09
文莱	Brunei	2011	3.20
保加利亚	Bulgaria	2011	4.92
加拿大	Canada	2004	5.55
哥伦比亚	Colombia	2008	5.80
克罗地亚	Croatia	2007	4.65
多米尼加	Dominica	2012	4.80
格林纳达	Grenada	2012	5.12
芬兰	Finland	2012	5.14
匈牙利	Hungary	2010	7.28
印尼	Indonesia	2013	3.75
牙买加	Jamaica	2007	3.03
约旦	Jordan	2012	2.88
肯尼亚	Kenya	2009	3.26
韩国	Korea, Rep. of	2012	6.24
拉脱维亚	Latvia	2004	5.59
黎巴嫩	Lebanon	2007	4.49
立陶宛	Lithuania	2012	4.92
马拉维	Malawi	2013	3.35
马来西亚	Malaysia	2008	7.50
墨西哥	Mexico	2006	11.01
荷兰	Netherlands	2009	8.80
巴基斯坦	Pakistan	2010	3.71
巴拿马	Panama	2009	3.17
秘鲁	Peru	2009	4.50
菲律宾	Philippines	2006	11.10
罗马尼亚	Romania	2008	4.19
俄罗斯	Russia	2007	7.30
新加坡	Singapore	2007	6.21
斯洛文尼亚	Slovenia	2010	6.80
南非	South Africa	2011	4.08
圣基茨/尼维斯	St Kitts/Nevis	2012	3.10
圣卢西亚	St Lucia	2012	4.40
圣文森特	St Vincent	2012	4.90
坦桑尼亚	Tanzania	2012	5.63
泰国	Thailand	2012	2.85
土耳其	Turkey	2011	5.40
乌克兰	Ukraine	2008	1.90
美国	Usa	2013	8.35

资料来源：世界知识产权组织。
Data source:WIPO.

6-3 世界创意产品出口情况
Basic Statistics on Exported Creative Goods

单位：亿美元 (USD 100 million)

类 别	Category	2006	2007	2008	2009	2010
合计	**Total**	**3174.1**	**4006.2**	**4391.7**	**3772.8**	**4197.7**
工艺品	Art Crafts	284.4	312.4	327.9	271.2	316.0
音像产品	Audio Visuals	154.7	375.4	385.8	332.3	355.1
设计产品	Design	1863.8	2151.5	2371.6	2103.2	2405.6
新媒体	New Media	160.8	373.7	469.2	395.3	404.5
表演艺术	Performing Art	40.0	45.9	50.9	42.0	46.3
出版	Publishing	418.3	455.3	487.0	401.6	404.7
视觉艺术	Visual Arts	252.0	292.0	299.5	227.3	265.5

6-3 续表 continued

类 别	Category	2011	2012	2013	2014	2015
合计	**Total**	**4915.4**	**5198.9**	**5317.9**	**5771.9**	**5097.5**
工艺品	Art Crafts	360.0	364.1	392.8	404.6	357.2
音像产品	Audio Visuals	362.2	306.9	249.8	241.3	218.8
设计产品	Design	2990.7	3266.0	3423.2	3859.0	3182.2
新媒体	New Media	405.7	415.6	391.5	411.5	421.9
表演艺术	Performing Art	51.9	52.5	51.8	52.8	43.9
出版	Publishing	431.9	401.5	405.5	396.4	336.6
视觉艺术	Visual Arts	312.9	392.3	403.3	406.4	537.0

注：1. 资料来源：联合国贸发会议。
2. 上表中的创意产品包括工艺品(挂毯、庆祝用品、纸制工艺品、柳编工艺品和纱制工艺品)，音像制品(包括电影、CD、DVD和磁带)，设计(包括建筑设计、时尚设计、玻璃器皿设计、室内设计、珠宝设计和玩具设计)，新媒体(包括录制媒体和视频游戏)，表演艺术(包括乐器和乐谱)，出版制品(包括书报刊和其他印刷品)，视觉艺术(包括古董、绘画、摄影和雕刻)以及其他创意品(以下相关表同)。

a)Data source: United Nations Conference on Trade and Development.

b)Creative goods in the table above refer to art crafts (including carpets,celebration,paperware,wickerware and yarn),audio visuals (including film,CD,DVD and tapes),design (including architecture,fashion,glassware,interior,jewellery and toys),new media (including recorded media and vedio games),performing arts(inculding musical insruments and printed music),pulishing (including books,newspaper and other printed matter),visual arts (including antiques,paintings,photography and sculpture) and others. The same applies to the relevant tables following.

6-4 世界创意产品进口情况
Basic Statistics on Imported Creative Goods

单位：亿美元 (USD 100 million)

类 别	Category	2006	2007	2008	2009	2010
合计	**Total**	**3332.9**	**4312.1**	**4588.8**	**3739.3**	**4200.7**
工艺品	Art Crafts	281.1	307.0	301.9	244.4	282.4
音像产品	Audio Visuals	168.6	406.9	416.4	336.9	355.6
设计产品	Design	1979.9	2295.0	2455.0	2013.8	2336.1
新媒体	New Media	183.6	462.0	565.8	485.1	509.6
表演艺术	Performing Art	45.2	50.0	55.5	46.2	49.8
出版	Publishing	433.2	475.3	500.3	410.3	415.6
视觉艺术	Visual Arts	241.2	315.9	293.8	202.7	251.5

6-4 续表 continued

类 别	Category	2011	2012	2013	2014	2015
合计	**Total**	**4638.4**	**4656.3**	**4673.9**	**4906.2**	**4544.0**
工艺品	Art Crafts	309.1	308.7	324.3	358.0	284.5
音像产品	Audio Visuals	369.8	287.1	267.7	265.4	214.8
设计产品	Design	2679.8	2811.3	2849.0	3019.5	2676.9
新媒体	New Media	487.0	479.2	466.8	498.1	471.5
表演艺术	Performing Art	54.1	54.3	51.7	53.8	47.3
出版	Publishing	438.1	408.2	396.0	382.6	323.2
视觉艺术	Visual Arts	300.5	307.5	318.5	328.9	525.8

6-5 世界主要国家故事影片生产情况
Total Number of National Feature Films Produced in Main Countries

单位：部 (reel)

国 家	Country	2006	2007	2008	2009	2010
阿根廷	Argentina	63	48	46	61	
澳大利亚	Australia	28	26	33	45	37
奥地利	Austria	33	32	30	35	46
比利时	Belgium	69	37	38	47	
巴西	Brazil	60	78	79	84	75
柬埔寨	Cambodia	62	35	25	28	26
加拿大	Canada	74	99	75	81	98
智利	Chile	11	12	24	14	14
古巴	Cuba	6	3	5	8	11
捷克	Czech Republic	45	30	39	45	37
丹麦	Denmark	33	29	34	37	49
埃及	Egypt	59	37	44	46	37
芬兰	Finland	26	17	25	25	42
法国	France	203	228	240	230	261
德国	Germany	174	174	185	216	189
希腊	Greece	22	33	29	37	18
匈牙利	Hungary	46	28	30	27	24
印度	India	1091	1146	1325	1288	1274
印度尼西亚	Indonesia	60	77	88	80	82
伊朗	Iran (Islamic Republic of)		57	51	62	98
爱尔兰	Ireland	19	24	39	36	34
以色列	Israel	22	23	35	19	29
意大利	Italy	116	121	154	131	142
日本	Japan	417	407	418	448	408
卢森堡	Luxembourg	14	8	13	18	15
马来西亚	Malaysia	28	28	28	27	39
墨西哥	Mexico	64	70	70	66	69
摩洛哥	Morocco	12	15	13	14	19
荷兰	Netherlands	38	42	62	50	65
新西兰	New Zealand	6	11	11	14	21
尼日利亚	Nigeria		914	956	987	1074
挪威	Norway	24	27	30	27	27
菲律宾	Philippines	65	106	121	80	40
波兰	Poland	37	40	45	49	60
葡萄牙	Portugal	32	15	17	23	33
韩国	Republic of Korea	110	124	113	158	152
俄罗斯联邦	Russian Federation	59	78	78	78	133
新加坡	Singapore	10	14	17	6	14
南非	South Africa	10	9	10	18	23
西班牙	Spain	150	172	173	186	200
瑞典	Sweden	46	29	36	41	54
瑞士	Switzerland	80	87	87	80	88
泰国	Thailand	42	55	54	37	49
土耳其	Turkey	35	40	50	70	65
英国	United Kingdom of Great Britain and Northern Ireland	107	124	279	313	346
美国	United States of America	673	789	773	751	792
越南	Viet Nam	10	16	11	12	90

6-5 续表 continued

单位：部 (reel)

国家	Country	2011	2012	2013	2014	2015
阿根廷	Argentina	100	141	168	172	182
澳大利亚	Australia	43	29	26	39	33
奥地利	Austria	54	54	46	45	40
比利时	Belgium		55	70	73	69
巴西	Brazil	99	83	129	114	129
柬埔寨	Cambodia	13			22	32
加拿大	Canada	86	98	93	94	103
智利	Chile	23	27	31	48	38
古巴	Cuba	10				
捷克	Czech Republic	45	46	45	61	56
丹麦	Denmark	43	59	69	55	71
埃及	Egypt	28	25	33	42	34
芬兰	Finland	42	49	49	46	45
法国	France	272	279	270	258	300
德国	Germany	212	220	223	229	226
希腊	Greece	43	44	69	43	42
匈牙利	Hungary		32	38		41
印度	India	1255	1602	1724	1868	1907
印度尼西亚	Indonesia	84	86			
伊朗	Iran (Islamic Republic of)	76	67	87	82	85
爱尔兰	Ireland	32	38	34	33	33
以色列	Israel	26	40	55	32	32
意大利	Italy	155	166	167	201	185
日本	Japan	441	554	591	615	581
卢森堡	Luxembourg	16				
马来西亚	Malaysia	49	76	71	81	80
墨西哥	Mexico	73	112	126	130	140
摩洛哥	Morocco	24	22	22	17	18
荷兰	Netherlands	73	79	68	87	87
新西兰	New Zealand	25	24	25	33	28
尼日利亚	Nigeria	997				
挪威	Norway	35	26	29	34	23
菲律宾	Philippines	44	78	53		
波兰	Poland	51	47	31	32	42
葡萄牙	Portugal	30	15	13	12	31
韩国	Republic of Korea	216	204	207	248	269
俄罗斯联邦	Russian Federation	111	109	139	124	121
新加坡	Singapore	15	12	13	26	21
南非	South Africa	22	19	25	23	22
西班牙	Spain	199	182	231	216	255
瑞典	Sweden	43	51	61	56	50
瑞士	Switzerland	84	93	103	110	102
泰国	Thailand					
土耳其	Turkey	70	61	85	109	137
英国	United Kingdom of Great Britain and Northern Ireland	299	326	241	339	298
美国	United States of America	819	738	738	707	791
越南	Viet Nam	75				

资料来源：联合国教科文组织。
Data source: UNESCO.

6-6 世界主要国家电影银幕情况
Total Number of Screens in Main Countries

单位：块 (unit)

国 家	Country	2006	2007	2008	2009	2010
阿根廷	Argentina	952	821	825	832	799
澳大利亚	Australia		1941	1980	1989	1994
奥地利	Austria	576	570	577	577	584
比利时	Belgium	507	513	491	481	461
巴西	Brazil	2095	2160	2278	2120	2206
加拿大	Canada	2831	2652	2833	2833	
智利	Chile	273	280	299	301	311
哥伦比亚	Colombia	475	439	472	562	587
古巴	Cuba	337	296	307	313	
捷克	Czech Republic	701	681	689	695	688
丹麦	Denmark	385	394	397	400	399
埃及	Egypt		232	250	237	294
芬兰	Finland	330	309	313	300	289
法国	France	5300	5202	5292	5342	5465
德国	Germany	4848	4832	4810	4734	4699
希腊	Greece	500	540			370
匈牙利	Hungary	440	400	418	408	411
印度	India	11183	10189	10120	10070	10020
印度尼西亚	Indonesia	929	681	712	726	
伊朗	Iran (Islamic Republic of)	239	240	247	247	
爱尔兰	Ireland	415	426	435	442	438
意大利	Italy	3785	3087	3141	3208	3217
日本	Japan	3062	3221	3359	3396	3412
马来西亚	Malaysia	287	353	453	485	571
墨西哥	Mexico	3700	4204	4499	4568	4905
荷兰	Netherlands	697	696	717	751	777
挪威	Norway	429	417	424	422	429
菲律宾	Philippines	690	765	770	770	
波兰	Poland	931	1008	1043	1061	1076
葡萄牙	Portugal	479	546	572	577	562
韩国	Republic of Korea		1975	2004	2055	2003
俄罗斯联邦	Russian Federation	1333	1576	1910	2133	2424
新加坡	Singapore	167	175	174	176	169
南非	South Africa	815	831	836	846	857
西班牙	Spain	4299	4335	4208	4105	4080
瑞典	Sweden	972	933	848	848	832
瑞士	Switzerland	547	550	564	559	558
泰国	Thailand	671	704	737	752	757
土耳其	Turkey	1299	1464	1575	1810	1874
英国	United Kingdom of Great Britain and Northern Ireland	3440	3514	3610	3651	3651
美国	United States of America	38415	40077	40194	39717	39547

6-6 续表 continued

单位：块 (unit)

国 家	Country	2011	2012	2013	2014	2015
阿根廷	Argentina	792	883	895	867	912
澳大利亚	Australia	1991	1997	2057	2041	2080
奥地利	Austria	577	565	548	556	557
比利时	Belgium		500	497	473	472
巴西	Brazil	2352	2517	2678	2833	3005
加拿大	Canada	2749	2885	3031	2502	3114
智利	Chile	320	342	363	338	366
哥伦比亚	Colombia	647	698	815	879	935
古巴	Cuba					
捷克	Czech Republic	668	633	684	685	689
丹麦	Denmark	396	406	414	420	432
埃及	Egypt		282	269	239	221
芬兰	Finland	283	281	279	294	311
法国	France	5465	5508	5587	5647	5741
德国	Germany	4640	4617	4610	4556	4613
希腊	Greece		482	482		554
匈牙利	Hungary	395	360	345	326	354
印度	India	10020	11100	11081	11109	11100
印度尼西亚	Indonesia	763		842		
伊朗	Iran (Islamic Republic of)	438			325	380
爱尔兰	Ireland	444	438	463	468	494
意大利	Italy		3240	3256	3261	3354
日本	Japan	3339	3290	3318	3032	3074
马来西亚	Malaysia	639	754	774	874	994
墨西哥	Mexico	5166	5343	5547	5977	6062
荷兰	Netherlands	789	806	828	859	888
挪威	Norway	422	415	422	425	434
菲律宾	Philippines	693	714	747		
波兰	Poland	1122	1162	1243	1243	1276
葡萄牙	Portugal	558	551	544	545	547
韩国	Republic of Korea	1974	2081	2184	2381	2492
俄罗斯联邦	Russian Federation	2726	3100	3479	3829	4021
新加坡	Singapore	187			221	233
南非	South Africa		750	800		
西班牙	Spain	4044	4003	3908	3700	3588
瑞典	Sweden	830	816	774	765	802
瑞士	Switzerland	547	536	533	557	570
泰国	Thailand		846			
土耳其	Turkey	1968	2093	2170	2483	2648
英国	United Kingdom of Great Britain and Northern Ireland	3767	3817	3867	3909	4046
美国	United States of America	39641	39662	39783	40158	40547

资料来源：联合国教科文组织。
Data source: UNESCO.

6-7 按产业分美国文化总产出及增加值(2014年)
Output and Value Added of Culture by Industry in America(2014)

单位：百万美元 (USD million)

产　业	Industry	总产出 Industry Output	中间消耗 Intermediate Consumption	增加值 Value-added
合　计	**Total**	**30971033**	**13622962**	**17348071**
核心文化艺术生产	**Core Arts and Cultural Production**	**792527**	**304948**	**487579**
表演艺术	Performing Arts	101556	46327	55229
表演艺术公司	Performing Arts Companies	28590	11521	17069
表演艺术推广	Promoters of performing arts and similar events	26609	15882	10727
艺术家经纪人	Agents/Managers For Artists	8493	3568	4925
独立艺术家，作家和表演者	Independent Artists, Writers, And Performers	37864	15356	22508
博物馆	Museums	12483	7089	5394
设计服务	Design services	419652	146783	272870
广告	Advertising	144311	59753	84558
建筑服务	Architectural Services	35544	14652	20892
园林设计服务	Landscape Architectural Services	5309	2412	2897
室内设计服务	Interior Design Services	15362	7089	8273
工业设计服务	Industrial Design Services	2833	1062	1770
平面设计服务	Graphic Design Services	12111	4524	7587
电脑系统设计	Computer Systems Design	186670	50040	136630
摄影与冲印服务	Photography and Photofinishing Services	16000	6791	9209
所有其他设计服务	All Other Design Services	1512	459	1053
美术教育	Fine Arts Education	13181	5656	7525
教育服务	Education Services	245655	99095	146560
文化艺术辅助和文化生产	**Supporting Arts and Cultural Production**	**7241723**	**2726556**	**4515166**
文化艺术辅助服务	Art support services	1843369	545851	1297518
租赁	Rental and Leasing	38628	17906	20722
赠款和赠与服务	Grant-Making And Giving Services	32461	13343	19118
工会	Unions	69217	18880	50337
政府	Government	1652377	469940	1182437
其他支持	Other Support Services	50685	25783	24902
信息服务	Information services	1087392	446680	640712
出版	Publishing	320512	116585	203927
电影	Motion Pictures	131484	30864	100620
录音	Sound Recording	21722	7736	13986
广播	Broadcasting	530739	248886	281853
其他信息服务	Other Information Services	82935	42609	40326
制造	Manufacturing	196299	114724	81575
珠宝和银器制造	Jewelry and Silverware Manufacturing	8690	6233	2458
印刷制品生产	Printed Goods Manufacturing	85559	47265	38293
乐器制造	Musical Instruments Manufacturing	2035	1182	852
定制建筑木制品和金属制品制造	Custom Architectural Woodwork and Metalwork Manufacturing	49414	32566	16847
照相机和电影设备制造	Camera and Motion Picture Equipment Manufacturing	550	214	337
其他产品制造业	Other Goods Manufacturing	50051	27264	22788
建筑	Construction	102912	56100	46813
批发及运输行业	Wholesale and Transportation Industries	2461491	1010701	1450790
零售行业	Retail Industries	1550260	552501	997759
其他产业	**All Other Industries**	**22936784**	**10591458**	**12345326**

6-7 续表 continued

单位：百万美元 (USD million)

产 业	Industry	文化艺术生产卫星账户总产出 ACPSA Output	文化艺术生产卫星账户中间消耗 Consumption ACPSA Intermediate	文化艺术生产卫星账户增加值 ACPSA Value-added
合 计	**Total**	**1218268**	**488657**	**729611**
核心文化艺术生产	**Core Arts and Cultural Production**	**245182**	**106327**	**138855**
表演艺术	Performing Arts	88537	40035	48502
表演艺术公司	Performing Arts Companies	27686	11156	16529
表演艺术推广	Promoters of performing arts and similar events	21626	12908	8718
艺术家经纪人	Agents/Managers For Artists	4314	1812	2501
独立艺术家，作家和表演者	Independent Artists, Writers, And Performers	34911	14159	20753
博物馆	Museums	11528	6546	4982
设计服务	Design services	131026	53913	77113
广告	Advertising	51070	21146	29924
建筑服务	Architectural Services	25926	10687	15239
园林设计服务	Landscape Architectural Services	4943	2246	2697
室内设计服务	Interior Design Services	13913	6420	7492
工业设计服务	Industrial Design Services	2802	1051	1751
平面设计服务	Graphic Design Services	11480	4289	7191
电脑系统设计	Computer Systems Design	4353	1167	3186
摄影与冲印服务	Photography and Photofinishing Services	15610	6625	8985
所有其他设计服务	All Other Design Services	930	282	647
美术教育	Fine Arts Education	5791	2485	3306
教育服务	Education Services	8300	3348	4952
文化艺术辅助和文化生产	**Supporting Arts and Cultural Production**	**925691**	**360445**	**565246**
文化艺术辅助服务	Art support services	152581	45666	106915
租赁	Rental and Leasing	10842	5026	5816
赠款和赠与服务	Grant-Making And Giving Services	1030	423	606
工会	Unions	1783	486	1297
政府	Government	137945	39232	98713
其他支持	Other Support Services	982	499	482
信息服务	Information services	589524	233326	356198
出版	Publishing	127334	46317	81016
电影	Motion Pictures	130437	30618	99819
录音	Sound Recording	21670	7717	13953
广播	Broadcasting	237301	111281	126020
其他信息服务	Other Information Services	72782	37393	35390
制造	Manufacturing	37802	22861	14941
珠宝和银器制造	Jewelry and Silverware Manufacturing	8239	5909	2330
印刷制品生产	Printed Goods Manufacturing	17354	9587	7767
乐器制造	Musical Instruments Manufacturing	1957	1137	820
定制建筑木制品和金属制品制造	Custom Architectural Woodwork and Metalwork Manufacturing	5658	3729	1929
照相机和电影设备制造	Camera and Motion Picture Equipment Manufacturing	21	8	13
其他产品制造业	Other Goods Manufacturing	4575	2492	2083
建筑	Construction	20423	11133	9290
批发及运输行业	Wholesale and Transportation Industries	51289	21060	30230
零售行业	Retail Industries	74071	26398	47673
其他产业	**All Other Industries**	**47395**	**21885**	**25509**

注：1.资料来源：美国商务部经济分析局。

2.文化艺术生产卫星账户选择美国国内生产总值账户中文化艺术产品和服务的特定一部分，并提供相关信息(下表同)。

a) Data Source: Bureau of Economic Analysis, U.S. Department of Commerce.

b) ACPSA(Arts and Cultural Production Satellite Account)provides information on a select group of arts and cultural goods and services that are currently in the U.S. GDP accounts. The same applies to the table following.

6-8 按产业分类的美国文化从业人员及劳动报酬(2014年)
Employment and Compensation of Culture by Industry in America(2014)

产 业	Industry	从业人员（千人） Total employment (thousands of employees)	劳动报酬（百万美元） Compensation (USD million)
合 计	**Total**	**145094**	**9258363**
核心文化艺术生产	**Core Arts and Cultural Production**	**5057**	**350098**
表演艺术	Performing Arts	311	21693
表演艺术公司	Performing Arts Companies	107	8178
表演艺术推广	Promoters of performing arts and similar events	114	3621
艺术家经纪人	Agents/Managers For Artists	47	2596
独立艺术家，作家和表演者	Independent Artists, Writers, And Performers	43	7297
博物馆	Museums	140	4362
设计服务	Design services	1639	189365
广告	Advertising	414	36874
建筑服务	Architectural Services	151	16299
园林设计服务	Landscape Architectural Services	25	2414
室内设计服务	Interior Design Services	24	2068
工业设计服务	Industrial Design Services	29	1140
平面设计服务	Graphic Design Services	66	4296
电脑系统设计	Computer Systems Design	851	120819
摄影与冲印服务	Photography and Photofinishing Services	75	4658
所有其他设计服务	All Other Design Services	4	796
美术教育	Fine Arts Education	113	7131
教育服务	Education Services	2854	127547
文化艺术辅助和文化生产	**Supporting Arts and Cultural Production**	**43168**	**2657756**
文化艺术辅助服务	Art support services	14828	1073977
租赁	Rental and Leasing	135	4952
赠款和赠与服务	Grant-Making And Giving Services	189	13005
工会	Unions	851	46809
政府	Government	13465	993992
其他支持	Other Support Services	187	15220
信息服务	Information services	2192	235741
出版	Publishing	823	104506
电影	Motion Pictures	377	29587
录音	Sound Recording	13	2520
广播	Broadcasting	917	79307
其他信息服务	Other Information Services	62	19821
制造	Manufacturing	957	57024
珠宝和银器制造	Jewelry and Silverware Manufacturing	27	1641
印刷制品生产	Printed Goods Manufacturing	454	25961
乐器制造	Musical Instruments Manufacturing	9	740
定制建筑木制品和金属制品制造	Custom Architectural Woodwork and Metalwork Manufacturing	264	12582
照相机和电影设备制造	Camera and Motion Picture Equipment Manufacturing	7	295
其他产品制造业	Other Goods Manufacturing	197	15806
建筑	Construction	505	29271
与文化艺术生产卫星账户无关的生产	NonACPSA-related Production	96869	6250508
批发及运输行业	Wholesale and Transportation Industries	9180	713976
零售行业	Retail Industries	15506	547766
其他产业	**All Other Industries**	**96869**	**6250508**

6-8 续表 continued

产 业	Industry	文化艺术生产卫星账户从业人员（千人）ACPSA employment (thousands of employees)	文化艺术生产卫星账户劳动报酬（百万美元）ACPSA compensation (USD million)
合 计	**Total**	**4803**	**355213**
核心文化艺术生产	**Core Arts and Cultural Production**	**1024**	**72489**
表演艺术	Performing Arts	260	18909
表演艺术公司	Performing Arts Companies	104	7920
表演艺术推广	Promoters of performing arts and similar events	92	2943
艺术家经纪人	Agents/Managers For Artists	24	1319
独立艺术家，作家和表演者	Independent Artists, Writers, And Performers	39	6728
博物馆	Museums	130	4028
设计服务	Design services	489	42109
广告	Advertising	146	13049
建筑服务	Architectural Services	110	11889
园林设计服务	Landscape Architectural Services	23	2247
室内设计服务	Interior Design Services	22	1873
工业设计服务	Industrial Design Services	28	1128
平面设计服务	Graphic Design Services	63	4072
电脑系统设计	Computer Systems Design	20	2817
摄影与冲印服务	Photography and Photofinishing Services	74	4545
所有其他设计服务	All Other Design Services	2	489
美术教育	Fine Arts Education	50	3133
教育服务	Education Services	96	4309
文化艺术辅助和文化生产	**Supporting Arts and Cultural Production**	**3579**	**269809**
文化艺术辅助服务	Art support services	1194	86284
租赁	Rental and Leasing	38	1390
赠款和赠与服务	Grant-Making And Giving Services	6	412
工会	Unions	22	1206
政府	Government	1124	82981
其他支持	Other Support Services	4	295
信息服务	Information services	1178	126238
出版	Publishing	327	41518
电影	Motion Pictures	374	29351
录音	Sound Recording	13	2514
广播	Broadcasting	410	35459
其他信息服务	Other Information Services	54	17395
制造	Manufacturing	175	10429
珠宝和银器制造	Jewelry and Silverware Manufacturing	26	1555
印刷制品生产	Printed Goods Manufacturing	92	5266
乐器制造	Musical Instruments Manufacturing	8	712
定制建筑木制品和金属制品制造	Custom Architectural Woodwork and Metalwork Manufacturing	30	1441
照相机和电影设备制造	Camera and Motion Picture Equipment Manufacturing		11
其他产品制造业	Other Goods Manufacturing	18	1445
建筑	Construction	100	5809
与文化艺术生产卫星账户无关的生产	NonACPSA-related Production	200	12916
批发及运输行业	Wholesale and Transportation Industries	191	14877
零售行业	Retail Industries	741	26172
其他产业	**All Other Industries**	**200**	**12916**

资料来源：美国商务部经济分析局。
Data source: Bureau of Economic Analysis, U.S. Department of Commerce.

6-9　加拿大文化产业基本情况
Basic Statistics on Culture Industries in Canada

单位：百万加元　　(CAD million)

类　别	Category	2010	2011	2012	2013	2014
文化产业合计	**Culture industries, total**	**52980**	**55185**	**57087**	**59575**	**61665**
文化产品	Culture products	40633	42057	43172	44798	45965
遗址和图书馆	Heritage and libraries	539	552	575	610	642
现场表演	Live performance	1790	1844	1896	2035	2139
视觉和应用艺术	Visual and applied arts	7057	7402	7677	8068	8490
文学作品	Written and published works	9450	9089	9149	9167	9026
视听和交互媒体	Audio-visual and interactive media	10908	11754	12105	12775	13400
录音	Sound recording	479	448	456	435	470
教育和培训	Education and training	3433	3603	3767	3815	3823
治理、资金和专业支持	Governance, funding and professional support	6466	6842	6958	7250	7296
多领域	Multi	511	525	589	643	679
其他产品	All other products	12347	13128	13915	14778	15700

注：1.资料来源：加拿大统计局。
　　2.多领域包括与多个文化领域相关的文化产业，如与文化相关的会议和展会组织商;磁光学媒体的生产和复制;非金融无形资产的租赁;网络出版和传播以及网络搜索门户行业。这些文化产业都会影响不止一个文化域但不能轻易分配给单个域,所以将它们聚合在一起。

a) Data source: Statistics Canada.

b) The Multi domain includes culture industries that are associated with more than one culture domain: the culture portion of convention and trade show organizers; manufacturing and reproducing magnetic optical media; lessors of non-financial intangible assets; internet publishing and broadcasting and web search portal industries. These culture industries all affect more than one culture domain but cannot be easily allocated to a single domain, so they have been aggregated together.

6-10　澳大利亚文化产业增加值基本情况
The Added Value of Creative Industries in Australia

单位：百万澳元　　(AUD million)

类　别	Category	2005/2006	2006/2007	2007/2008
合　计	**Total**	**35144**	**36891**	**36805**
音乐和表演艺术	Music&Performing Arts	412	450	440
电影、电视和广播	Film,television&radio	5504	5150	4883
广告&市场营销	Advertising & marketing	779	793	806
软件开发&交互内容	Software &interactive content	15373	17000	16876
文学、印刷、出版媒体	Writing,publishing& Print Media	8159	8131	8016
设计&视觉艺术	Design&Visual Arts	1897	1943	1965
建筑	Architecture	3020	3470	3820

6-10 续表 continued

单位：百万澳元 (AUD million)

类 别	Category	2008/2009	2009/2010	2010/2011	2011/2012
合 计	**Total**	**33704**	**33600**	**32809**	**32666**
音乐和表演艺术	Music&Performing Arts	459	494	512	559
电影、电视和广播	Film,television&radio	4418	4463	4327	4419
广告&市场营销	Advertising & marketing	805	784	768	767
软件开发&交互内容	Software &interactive content	14931	15053	15286	15708
文学、印刷、出版媒体	Writing,publishing& Print Media	7365	7231	6484	5925
设计&视觉艺术	Design&Visual Arts	1925	1876	1907	1939
建筑	Architecture	3800	3700	3525	3350

资料来源：市场研究公司IBISWorld的工业报告预测。
Data source: IBISWorld.

6-11 英国文化产业增加值基本情况
Gross value added for the Creative Industries in UK

单位：百万英镑 (GBP million)

类 别	Category	2010	2011	2012	2013	2014	2015
合 计	**Total**	**65188**	**69398**	**73033**	**77885**	**81625**	**87350**
广告和营销	Advertising and Marketing	6213	6751	7793	9236	9956	10721
建筑设计	Architecture	2297	2857	3040	2987	3466	3368
工艺品	Crafts	292	307	283	213	435	407
产品、图表和时尚设计	Design: Product, Graphic and Fashion Design	1968	2292	2533	2676	2643	2576
电影、电视、视频、广播和摄影	Film, TV, video, radio and photography	12119	12573	12998	13112	13266	15880
信息技术、软件和计算机服务	IT, software and computer services	25387	27917	28865	30619	33094	34733
出版	Publishing	10230	9841	10178	10088	10311	10122
博物馆、艺术馆和图书馆	Museums, Galleries and Libraries	1322	1223	1236	1432	1279	1086
音乐、表演艺术和视觉艺术	Music and the Visual and Performing Arts	5360	5637	6107	7522	7175	8457
文化产业增加值占总增加值的比重(%)	**The Added Value of Cultural Industries as % of Total Value-added(%)**	**4.6**	**4.8**	**4.9**	**5.0**	**5.0**	**5.3**

资料来源：英国数字、文化、传媒和体育部。
Data source: UK Department for Digital,Culture, Media and Sport.

6-12 德国文化产业基本情况
Key Data on the Culture and Creative Industries in Germany

类　别	Category	企业数量(个) Number of Enterprises(unit)		
		2010	2011	2012
合　计(扣除重复计算)	**Total(No Double Counting)**	**239534**	**244290**	**246578**
音乐产业	Music Industry	13723	13894	13858
图书市场	Book Market	16481	16702	16942
艺术市场	Art Market	13464	13422	13208
电影产业	Film Industry	17956	18199	18043
广播产业	Broadcasting Industry	17751	18128	18186
表演艺术产业	Performing Art Industry	15402	15982	16448
设计产业	Design industry	50111	52439	54401
建筑市场	Architectural Market	40159	40702	41018
出版市场	Press Market	33564	33498	32974
广告	Advertising Market	35330	34577	33158
软件/游戏产业	Software/Games Industry	28527	30413	32048
其他	Other Activities	7506	7736	7915
占全国企业数的比重(%)	**as % of National Total**	**7.6**	**7.6**	**7.6**

6-12 续表 continued

类　别	Category	营业额(亿欧元) Total Turnovers (EUR 100 million)		
		2010	2011	2012
合　计(扣除重复计算)	**Total (No Double Counting)**	**1373**	**1410**	**1428**
音乐产业	Music Industry	63	66	69
图书市场	Book Market	142	143	141
艺术市场	Art Market	23	23	25
电影产业	Film Industry	89	93	93
广播产业	Broadcasting Industry	77	79	73
表演艺术产业	Performing Art Industry	35	37	39
设计产业	Design industry	182	184	188
建筑市场	Architectural Market	80	87	91
出版市场	Press Market	314	317	313
广告	Advertising Market	257	249	249
软件/游戏产业	Software/Games Industry	265	284	301
其他	Other Activities	16	17	17
占全国企业数的比重(%)	**as % of National Total**	**2.6**	**2.5**	**2.4**

资料来源：德国联邦经济技术部。
Data source: Federal Ministry of Economics and Technology

6-13 法国文化产业增加值及构成
Value-added of Cultutal Industries and Its Composition in France

年 份 Year	文化产业 Cultural Industries	音 像 Audio-visual Arts	现场表演 Live Performance	报 刊 Press	广 告 Advertising
增加值(亿欧元) Value-added (EUR 100 million)					
2014	439	126	69	53	49
构 成(%) Composition (%)					
1995	100.0	25.0	11.9	22.1	10.6
2013	100.0	28.0	15.6	12.5	11.2
2014	100.0	28.6	15.7	12.1	11.2

6-13 续表 continued

年 份 Year	文化遗产 Cultural Heritage	建筑设计 Architecture	视觉艺术 Visual Arts	书籍 Books	文化教育 Cultural Education
增加值(亿欧元) Value-added (EUR 100 million)					
2014	42	30	26	26	18
构 成(%) Composition (%)					
1995	4.8	6.4	5.7	8.3	5.2
2013	9.4	7.3	5.9	6.0	4.1
2014	9.6	6.9	5.9	5.9	4.2

注：1.资料来源：法国文化统计部门。
2.上表数据按现价计算。

a) Data source:Culture Ministerial Statistical Department.

b) Data in the table above is calculated in current price.

6-14 西班牙核心文化产业增加值
Value-added of Core Cultural Industries in Spain

类 别	Category	2009	2010	2011	2012
合 计(亿欧元)	**Total (EUR 100 million)**	**284**	**285**	**274**	**253**
文化遗产、档案馆和图书馆	Heritage, Archives and Libraries	21	21	21	20
书籍、报刊	Books, Newspapers and Magazines	104	108	106	96
造型艺术	Plastic Arts	44	40	40	36
表演艺术	Performing Arts	24	24	23	22
视听和多媒体	Audio-visual and Media	74	74	68	61
跨学科文化	Interdisciplinary Culture	17	18	17	17
构 成 (%)	**As % of Total Value-added(%)**	**100**	**100**	**100**	**100**
文化遗产、档案馆和图书馆	Heritage, Archives and Libraries	7.4	7.3	7.3	7.8
书籍、报刊	Books, Newspapers and Magazines	36.5	37.9	38.5	38.2
造型艺术	Plastic Arts	15.6	14.1	14.8	14.4
表演艺术	Performing Arts	8.5	8.4	8.3	8.5
视听和多媒体	Audio-visual and Media	26.1	26.1	24.7	24.3
跨学科文化	Interdisciplinary Culture	6.0	6.2	6.4	6.8
占GDP的比重(%)	**As % of GDP(%)**	**2.8**	**2.8**	**2.7**	**2.5**
文化遗产、档案馆和图书馆	Heritage, Archives and Libraries	0.2	0.2	0.2	0.2
书籍、报刊	Books, Newspapers and Magazines	1.0	1.1	1.1	1.0
造型艺术	Plastic Arts	0.4	0.4	0.4	0.4
表演艺术	Performing Arts	0.2	0.2	0.2	0.2
视听和多媒体	Audio-visual and Media	0.7	0.7	0.7	0.6
跨学科文化	Interdisciplinary Culture	0.2	0.2	0.2	0.2

注：1.资料来源：西班牙文化部。
2.按2008年可比价计算。

a) Data source: Ministry of Education, Culture and Sport, Spain.
b) Data in the table above is calculated at constant price base on year of 2008.

6-15 日本文化产业基本情况
Basic Statistics on Culture Industries in Japan

类 别	Category	企业数量(千家) Number of Enterprises(1000 unit)		
		1999	2004	2011
全国企业数	**All industries**	**5414.8**	**4709.5**	**5768.5**
创意产业企业数	**Creative industries**	**243.4**	**211.9**	**178.0**
创意产业-制造业	**Creative industries-manufacturing**	**107.4**	**78.5**	**53.4**
纤维和服装服装	Fiber & apparel clothing	71.3	47.6	32.2
家具	Furniture	10.2	10.9	7.2
皮革制品	Leather article	8.2	5.6	2.8
餐具	Tableware	2.7	2.1	1.5
玩具	Toys	4.2	3.2	2.4
首饰	Jewelry	2.5	1.7	1.4
工艺	Crafts	7.8	6.7	5.5
文具	Stationery	0.6	0.5	0.4
创意产业-服务业	**Creative industries-service**	**136.0**	**133.4**	**124.6**
软件和计算机服务	Software & computer service	14.4	20.1	25.4
广告	Advertising	11.7	10.9	10.5
出版	Publishing	3.6	2.6	7.0
建筑	Architecture	59.2	53.8	46.7
电视和收音机	TV & radio	1.7	1.6	2.2
音乐视频	Music & video	27.8	27.2	20.0
电影	Film	4.6	4.4	3.0
表演艺术	Performing arts	2.2	2.3	2.0
设计	Design	9.6	9.4	7.0
艺术	Arts	1.1	1.1	0.6

6-15 续表 continued

类 别	Category	从业人员数量(千人) Engaged Persons (1000 person)		
		1999	2004	2011
全国就业总人口	**All industries**	**45450.5**	**40128.6**	**55838.3**
创意产业就业人口	**Creative industries**	**2387.4**	**2154.9**	**2053.2**
创意产业-制造业	**Creative industries-manufacturing**	**921.8**	**620.4**	**456.4**
纤维和服装服装	Fiber & apparel clothing	629.8	389.0	293.4
家具	Furniture	90.9	87.1	60.2
皮革制品	Leather article	52.6	35.1	18.6
餐具	Tableware	33.6	27.2	19.3
玩具	Toys	41.6	28.5	22.8
首饰	Jewelry	15.2	11.0	8.1
工艺	Crafts	45.6	32.5	23.8
文具	Stationery	12.3	10.0	10.1
创意产业-服务业	**Creative industries-service**	**1465.6**	**1534.5**	**1596.8**
软件和计算机服务	Software & computer service	455.7	618.8	795.4
广告	Advertising	146.6	144.5	128.0
出版	Publishing	118.7	121.0	117.0
建筑	Architecture	429.3	357.7	294.2
电视和收音机	TV & radio	68.5	62.9	68.1
音乐视频	Music & video	105.6	107.1	83.0
电影	Film	68.6	43.5	49.1
表演艺术	Performing arts	26.4	31.0	28.0
设计	Design	44.4	46.3	32.7
艺术	Arts	1.7	1.8	1.2

资料来源：日本政策研究大学院大学(GRIPS)。
Data source: National Graduate Institute for Policy Studies.

6-16 韩国文化产业统计(2012年)
Statistics of Korea's Creative Content Industry(2012)

类 别	Category	企业数量(个) Number of Enterprises (unit)	从业人员数量(人) Engaged Persons (person)	销售额(百万美元) Total Sales (million USD)	出口额(千美元) Exports (thousand USD)	进口额(千美元) Imports (thousand USD)
合 计	**Total**	**111587**	**611437**	**77474**	**4611505**	**1673787**
出版	Publication	26702	198262	18729	245154	314305
漫画	Manhwa	8856	10161	673	17105	5286
音乐	Music	37116	78402	3546	235097	12993
游戏	Games	16189	95051	8658	2638916	179135
电影	Movie	2630	30857	3910	20175	59409
动画	Animation	341	4503	463	112542	6261
广播	Broadcast	945	40774	12590	233821	136071
广告	Advertisements	5804	36424	11082	97492	779936
人物形象	Characters	1992	26897	6674	416454	179430
知识信息	Knowledge Information	9696	69961	8460	444837	508
文化产业解决方案	Contents Solution	1316	20145	2689	149912	453

资料来源：韩国内容产业振兴院。
Data source: KOCCA.

6-17 印度娱乐传媒业营业额基本情况
Business Revenue of Entertainment and Media Industry in India

单位：10亿卢比 (INR billion)

类 别	Category	2011	2012	2013		
				营业额 Business Revenue	构成(%) as % of Total Revenue	比上年增长(%) Increase compared to last year(%)
合 计	**Total**	**805**	**965**	**1120**	**100.0**	**16.1**
电视	Television	340	383	420	37.5	9.7
出版印刷	Publishing and Printing	190	212	223	19.9	5.2
互联网	Internet	116	171	252	22.5	47.4
电影	Film	96	112	126	11.3	12.5
户外广告	Outdoor Advertising	16	17	19	1.7	11.8
广播	Broadcasting	14	15	18	1.6	20.0
音乐	Music	12	13	12	1.1	-7.7
游戏	Games	11	18	21	1.9	16.7
互联网广告	Internet Advertising	10	23	29	2.6	26.1

资料来源：PWC数据公司。
Data source: PWC Data Centre.

附录一

Appendix 1

中国入选世界文化遗产项目

Items Listing in World Cultural Heritage of China

1.中国入选“世界遗产名录”的文化和自然遗产项目

序号	名　称	项目	批准时间
1	泰山	文化与自然双重遗产	1987.12
2	敦煌莫高窟	文化遗产	1987.12
3	周口店“北京人”遗址	文化遗产	1987.12
4	长城[1]	文化遗产	1987.12
5	秦始皇陵及兵马俑	文化遗产	1987.12
6	明清皇宫[2]	文化遗产	1987.12
7	黄山	文化与自然双重遗产	1990.12
8	黄龙国家级名胜区	自然遗产	1992.12
9	武陵源国家级名胜区	自然遗产	1992.12
10	九寨沟国家级名胜区	自然遗产	1992.12
11	武当山古建筑群	文化遗产	1994.12
12	曲阜孔庙、孔府及孔林	文化遗产	1994.12
13	承德避暑山庄及周围寺庙	文化遗产	1994.12
14	布达拉宫和大昭寺注[3]	文化遗产	1994.12
15	峨眉山—乐山风景名胜区	文化与自然双重遗产	1996.12
16	庐山风景名胜区	文化景观	1996.12
17	苏州古典园林	文化遗产	1997.12
18	平遥古城	文化遗产	1997.12
19	丽江古城	文化遗产	1997.12
20	天坛	文化遗产	1998.11
21	颐和园	文化遗产	1998.11
22	武夷山	文化与自然双重遗产	1999.12
23	大足石刻	文化遗产	1999.12
24	皖南古村落：西递、宏村	文化遗产	2000.11
25	明清皇家陵寝注[4]	文化遗产	2000.11
26	龙门石窟	文化遗产	2000.11
27	青城山和都江堰	文化遗产	2000.11
28	云冈石窟	文化遗产	2001.12
29	“三江并流”	自然遗产	2003.7
30	高句丽王城、王陵及贵族墓葬	文化遗产	2004.7
31	澳门历史城区	文化遗产	2005.7
32	四川大熊猫栖息地	自然遗产	2006.7

续表

序号	名　称	项目	批准时间
33	殷墟	文化遗产	2006.7
34	中国南方喀斯特	自然遗产	2007.6
35	开平碉楼与古村落	文化遗产	2007.6
36	福建土楼	文化遗产	2008.7
37	三清山	自然遗产	2008.7
38	五台山	文化景观	2009.6
39	登封“天地之中”历史建筑群	文化遗产	2010.7
40	中国丹霞	自然遗产	2010.8
41	杭州西湖文化景观	文化景观	2011.6
42	元上都遗址	文化遗产	2012.6
43	云南澄江帽天山化石地	自然遗产	2012.7
44	云南红河哈尼梯田	文化景观	2013.6
45	新疆天池	自然遗产	2013.6
46	丝绸之路：长安-天山走廊的路网	文化遗产	2014.6
47	大运河	文化遗产	2014.6
48	土司遗址	文化遗产	2015.7
49	广西左江花山岩画	文化景观	2016.7
50	湖北神农架	自然遗产	2016.7
51	青海可可西里	自然遗产	2017.7
52	厦门鼓浪屿	文化遗产	2017.7

注：1. 2002 年 11 月辽宁九门口水上长城获批加入此项世界文化遗产。

2. 明清皇宫：包括北京故宫（北京）和沈阳故宫（辽宁），分别于 1987 年 12 月和 2004 年 7 月获批。

3. 2001 年 12 月拉萨的罗布林卡获批加入此项世界文化遗产。

4. 明清皇家陵寝：明显陵（湖北钟祥市）、清东陵（河北遵化市）、清西陵（河北易县）于 2000 年 11 月获批，明孝陵（江苏南京市）、明十三陵（北京昌平区）于 2003 年 7 月获批，盛京三陵（辽宁沈阳市）于 2004 年 7 月获批。

5. 丝绸之路：长安-天山走廊的路网为中国、哈萨克斯坦和吉尔吉斯斯坦三国联合申报并共有的项目。

2.中国入选世界“非物质文化遗产名录”的项目

序号	名　称	批准时间	备注
1	昆曲	2001	
2	古琴艺术	2003	
3	新疆维吾尔木卡姆艺术	2005	
4	蒙古族长调民歌[注]	2005	
5	中国篆刻	2008	
6	中国调班印刷技艺	2009	
7	中国书法	2009	
8	中国剪纸	2009	
9	中国传统木结构营造技艺	2009	
10	南京云锦织造技艺	2009	
11	端午节	2009	
12	中国朝鲜族农乐舞	2009	
13	《格萨尔》史诗	2009	
14	侗族大歌	2009	
15	甘肃花儿	2009	
16	新疆《玛纳斯》史诗	2009	
17	妈祖信俗	2009	
18	蒙古族呼麦	2009	
19	福建南音	2009	
20	青海热贡艺术	2009	
21	中国传统桑蚕织技艺	2009	
22	藏戏	2009	
23	龙泉青瓷传统烧制技艺	2009	
24	宣纸传统制作技艺	2009	
25	西安鼓乐	2009	
26	粤剧	2009	
27	羌年	2009	急需保护的非物质文化遗产
28	中国木拱桥传统营造技艺	2009	急需保护的非物质文化遗产
29	黎族传统纺染织绣技艺	2009	急需保护的非物质文化遗产
30	麦西热甫	2010	急需保护的非物质文化遗产
31	中国水密隔舱福船制造技艺	2010	急需保护的非物质文化遗产
32	中国活字印刷术	2010	急需保护的非物质文化遗产
33	中医针灸	2010	
34	京剧	2010	
35	赫哲族说唱艺术伊玛堪	2011	急需保护的非物质文化遗产
36	皮影戏	2011	
37	福建木偶戏传承人培养计划	2012	非物质文化遗产优秀实践名册
38	珠算	2013	
39	二十四节气	2016	

注：该项目为与蒙古国共同申报。

附录二
Appendix 2

主要统计指标解释

Explanatory Notes on Main Statistical Indicators

主要统计指标解释

国内生产总值(GDP)　指按市场价格计算的一个国家（或地区）所有常住单位在一定时期内生产活动的最终成果。国内生产总值有三种表现形态，即价值形态、收入形态和产品形态。从价值形态看，它是所有常住单位在一定时期内生产的全部货物和服务价值与同期投入的全部非固定资产货物和服务价值的差额，即所有常住单位的增加值之和。

对于一个地区来说，称为地区生产总值或地区 GDP。

人口数　年度统计的年末人口数指每年 12 月 31 日 24 时的人口数。年度统计的全国人口总数内未包括香港、澳门特别行政区和台湾省以及海外华侨人数。

城镇人口和乡村人口　城镇人口是指居住在城镇范围内的全部常住人口；乡村人口是除上述人口以外的全部人口。

就业人员　指在 16 周岁及以上，从事一定社会劳动并取得劳动报酬或经营收入的人员。

法人单位　指有权拥有资产、承担负债，并独立从事社会经济活动（或与其他单位进行交易）的组织。法人单位应同时具备以下条件：（1）依法成立，有自己的名称、组织机构和场所，能够独立承担民事责任；（2）独立拥有（或授权使用）资产或者经费，承担负债，有权与其他单位签订合同；（3）具有包括资产负债表在内的账户，或者能够根据需要编制账户。法人单位包括五种类型：企业法人、事业单位法人、机关法人、社会团体和其他成员组织法人、其他法人。

全社会固定资产投资　是以货币形式表现的在一定时期内全社会建造和购置固定资产的工作量以及与此有关的费用的总称。

居民可支配收入　指居民可用于最终消费支出和储蓄的总和，即居民可以用来自由支配的收入。既包括现金收入，也包括实物收入。

货物进出口总额　指实际进出我国国境的货物总金额。出口货物按离岸价格统计，进口货物按到岸价格统计。

一般公共预算收入　指国家财政参与社会产品分配所取得的收入，是实现国家职能的财力保证。主要包括：（1）各项税收：包括国内增值税、国内消费税、进口货物增值税和消费税、出口货物退增值税和消费税、营业税、企业所得税、个人所得税、资源税、城市维护建设税、房产税、印花税、城镇土地使用税、土地增值税、车船税、船舶吨税、车辆购置税、关税、耕地占用税、契税、烟叶税等。（2）非税收入：包括专项收入、行政事业性收费、罚没收入和其他收入。财政收入按现行分税制财政体制划分为中央本级收入和地方本级收入。

一般公共预算支出　指国家财政将筹集起来的资金进行分配使用，以满足经济建设和各项事业的需要。财政支出根据政府在经济和社会活动中的不同职权，划分为中央财政支出和地方财政支出。

旅游收入　指游客在中国（大陆）境内旅行、游览过程中用于交通、参观游览、住宿、餐饮、购物、娱乐等全部花费。

入境游客　指报告期内来中国（大陆）观光、度假、探亲访友、就医疗养、购物、参加会议或从事经济、文化、体育、宗教活动的外国人、港澳台同胞等游客（即入境旅游人数）。统计时，入境游客按每入境一次统计 1 人次。入境游客包括入境过夜游客和入境一日游游客。

国内游客　指报告期内在中国（大陆）观光游览、度假、探亲访友、就医疗养、购物、参加会议或从事经济、文化、体育、宗教活动的中国（大陆）居民人数，其出游的目的不是通过所从事的活动谋取报酬。统计时，国内游客按每出游一次统计 1 人次。

文化及相关产业　指为社会公众提供文化产品和文化相关产品的生产活动的集合。《文化及相关产业分类(2012)》规定文化及相关产业包括文化产品的生产、文化产品生产的辅助生产、文化用品的生产和专用设备的生产等。按业态不同，可分为文化制造业、文化批零业和文化服务业。

规模以上文化制造业企业 指《文化及相关产业分类(2012)》所规定行业范围内，年主营业务收入在2000万元及以上的工业企业法人。

R&D（研究与试验发展） 指在科学技术领域，为增加知识总量、以及运用这些知识去创造新的应用而进行的系统的、创造性的活动，包括基础研究、应用研究、试验发展三类活动。

R&D人员全时当量 指报告期企业R&D全时人员（全年从事R&D活动累积工作时间占全部工作时间的90%及以上人员）工作量与非全时人员按实际工作时间折算的工作量之和。

R&D经费内部支出 指企业在报告年度用于内部开展R&D活动的实际支出。包括用于R&D项目（课题）活动的直接支出，以及间接用于R&D活动的管理费、服务费、与R&D有关的基本建设支出以及外协加工费等。不包括生产性活动支出、归还贷款支出以及与外单位合作或委托外单位进行R&D活动而转拨给对方的经费支出。

限额以上文化批零业企业 指《文化及相关产业分类(2012)》所规定行业范围内，年主营业务收入在2000万元及以上的批发业企业法人和年主营业务收入在500万元及以上的零售业企业法人。

规模以上文化服务业企业 指《文化及相关产业分类(2012)》所规定行业范围内，从业人员在50人及以上或年主营业务收入在500万元及以上的服务业企业法人。

文化服务业事业单位 指《文化及相关产业分类(2012)》所规定行业范围内，执行事业单位会计制度的法人，不包括实行企业化管理的事业单位。

文化服务业其他单位 指《文化及相关产业分类(2012)》所规定行业范围内，执行民间非营利组织和其它会计制度的法人。

少年儿童读物 指供初中及初中以下少年儿童阅读的书籍。

出版物纯销售 指向读者实际销售的出版物以及直接向国外出口的出版物。

版权合同登记 指根据国际条约和中国有关法律法规，申请人到著作权行政管理部门登记著作权质权等各类授权合同的行为。

作品自愿登记 指作者、其他享有著作权的公民、法人或者非法人单位和专有权所有人及其代理人，自愿到著作权行政管理部门登记应予以保护作品的行为。

版权输出和引进 指以受版权保护的作品的财产权为标的物，与国外的出版单位等相关机构进行的交易行为，其内容涉及图书、报刊、影视、动漫、戏剧、音乐、软件等。

广播（电视）节目综合人口覆盖率 指根据国家广电总局制定的《广播电视人口覆盖率统计技术标准和方法》进行统计调查的，在对象区内能接收到中央、省、地市、或县通过无线、有线或卫星等各种技术方式转播的各级广播（电视）节目的人口数占全部总人口的比重。

有线广播电视实际用户数 指通过广播电视有线传输网收看电视节目的家庭用户数，包括接收模拟信号和接收数字信号的有线电视用户数。不包括宾馆、单位、写字楼等集体用户。

数字电视实际用户数 指通过广播电视有线传输网收看数字信号电视节目的家庭用户数。

全年广播（电视）节目制作时间 指广播电视节目制作机构全年自采、自编、自录的及合作制作、加工制作的各类广播（电视）节目（包括直播节目）的总时长。

公共广播（电视）节目套数 指经国家广电总局批准的、广播电视播出机构开办的不向听众收取收听（收看）费用，以为大众提供公共广播（电视）服务为主要目的，用固定频率（频道）播出，并编有整套自办节目时间表的广播（电视）节目套数。

全年公共广播（电视）节目播出时间 指广播电视播出机构自办节目频率（频道）内公共节目全年播出的时间（含节目重复播出时间）。

艺术表演团体 指由文化部门主办或实行行业管理（经文化市场行政部门审批或已申报登记并领取相关许可证），专门从事表演艺术等活动的各类专业艺术表演团体，含民间职业剧团。不包括群众业余文艺表演团体。

艺术表演场馆　指由文化部门主办或实行行业管理（经文化市场行政部门审批或已申报登记并领取相关许可证），有观众席、舞台、灯光设备，公开售票、专供文艺团体演出的文化活动场所。

博物馆　指为了研究、教育、欣赏的目的，收藏、保护、展示人类活动和自然环境的见证物，向公众开放，非营利性、永久性社会服务机构，包括以博物馆（院）、纪念馆（舍）、美术（艺术）馆、科技馆、陈列馆等专有名称开展活动的单位。

总藏量　指公共图书馆已编目的古籍、图书、期刊和报纸的合订本、小册子、手稿，以及缩微制品、录像带、录音带、光盘等视听文献资料数量之和。

藏品　指文博机构根据收藏品的文化属性、自然属性等情况，所划分的文物藏品、标本藏品、模型藏品（含具有收藏、展示价值的雕塑、绘画等艺术作品）和复制品藏品的总和。本指标所统计的藏品是指报告期末，该机构已经整理并登记入账的藏品数。

国家综合档案馆　指归口中央或地方各级档案行政管理部门直接管理的，按行政区划或历史时期设置的，收集和管理所辖范围内多种门类档案的档案馆。

国家级风景名胜区　指经国务院审定公布的风景名胜区。

娱乐场所　指以营利为目的，并向公众开放、消费者自娱自乐的歌舞、游艺等场所，以及各地文化行政部门依据相关规定管理并发放《娱乐场所经营许可证》的其它娱乐场所。

网吧　指通过计算机等设备向公众提供互联网上网服务的营业性娱乐文化服务场所。

动漫企业　指经文化部、财政部、国家税务总局三部门联合认定的从事漫画创作、动画创作、网络动漫（含手机动漫）创作、动漫舞台创作、动漫软件开发和动漫衍生产品研发等动漫业务的企业。

移动个性化回铃用户　指报告期末电信企业开通的、可由用户自己选择回铃音的移动电话用户。包括使用套餐由电信企业提供多种回铃音的移动电话用户。

互联网宽带接入用户　指报告期末在电信企业登记注册，通过 xDSL、FTTx+LAN、FTTH/O 以及其他宽带接入方式和普通专线接入公众互联网的用户。

互联网普及率　指报告期末互联网网民占行政区域总人口的比率。互联网网民是指通过定期调查进行估算的过去半年内使用过互联网的 6 周岁及以上中国居民。

网页长度（总字节数）　指报告期内中国所有网站所含网页的总长度。网站是指以域名本身或者“www.+域名”为网址的 web 站点，其中包括中国的国家顶级域名.CN 和类别顶级域名（gTLD）下的 web 站点，该域名的注册者位于中国境内。

网站数　指报告期内中国所有网站的总数量。网站是指以域名本身或者“www.+域名”为网址的 web 站点，其中包括中国的国家顶级域名.CN 和类别顶级域名（gTLD）下的 web 站点，该域名的注册者位于中国境内。

互联网宽带接入端口　指用于接入互联网用户的各类实际安装运行的接入端口的数量，包括 xDSL 用户接入端口、LAN 接入端口、FTTH/O 端口及其他类型接入端口等，不包括窄带拨号接入端口。

互联网国际出口带宽　指基础电信企业与其他国家和地区相连的网络出口带宽总数。

互联网及相关服务企业数　指获得工业和信息化部或省、自治区、直辖市通信管理局颁发的《增值电信业务经营许可证》、在中国大陆境内经营全国或区域性增值电信业务的服务商数。

互联网及相关服务收入　指企业经营《增值电信业务经营许可证》中注册的业务所获得的收入总和。

更多指标解释可参见《中国统计年鉴》和相关专业统计年鉴。

附录三

Appendix 3

文化及相关产业分类(2012)

Classification of Culture and Related Industries (2012)

文化及相关产业分类(2012)

一、目的和作用

（一）为深入贯彻落实党的十七届六中全会关于深化文化体制改革、推动社会主义文化大发展大繁荣的精神，建立科学可行的文化及相关产业统计制度，制定本分类。

（二）本分类为界定我国文化及相关单位的生产活动提供依据，为当前的社会主义文化建设、文化宏观管理提供参考，为文化及相关产业统计提供统一的定义和范围。

二、定义和范围

（一）定义

本分类规定的文化及相关产业是指为社会公众提供文化产品和文化相关产品的生产活动的集合。

（二）范围

根据以上定义，我国文化及相关产业的范围包括：

1．以文化为核心内容，为直接满足人们的精神需要而进行的创作、制造、传播、展示等文化产品（包括货物和服务）的生产活动；

2．为实现文化产品生产所必需的辅助生产活动；

3．作为文化产品实物载体或制作（使用、传播、展示）工具的文化用品的生产活动(包括制造和销售)；

4．为实现文化产品生产所需专用设备的生产活动(包括制造和销售)。

三、分类原则

（一）以《国民经济行业分类》为基础

本分类以《国民经济行业分类》（GB/T 4754—2011）为基础，根据文化及相关单位生产活动的特点，将行业分类中相关的类别重新组合，是《国民经济行业分类》的派生分类。

（二）兼顾部门管理需要和可操作性

根据我国文化体制改革和发展的实际，本分类在考虑文化生产活动特点的同时，兼顾政府部门管理的需要；立足于现行的统计制度和方法，充分考虑分类的可操作性。

（三）与国际分类标准相衔接

本分类借鉴了联合国教科文组织的《文化统计框架—2009》的分类方法，在定义和覆盖范围上可与其衔接。

四、分类方法

本分类依据上述分类原则，将文化及相关产业分为五层。

第一层包括文化产品的生产、文化相关产品的生产两部分，用“第一部分”、“第二部分”表示；

第二层根据管理需要和文化生产活动的自身特点分为10个大类，用“一”、“二”……“十”表示；

第三层依照文化生产活动的相近性分为 50 个中类，在每个大类下分别用“(一)”、“(二)”、“(三)”……表示；

第四层共有120个小类，是文化及相关产业的具体活动类别，直接用《国民经济行业分类》(GB/T

4754—2011）相对应行业小类的名称和代码表示。对于含有部分文化生产活动的小类，在其名称后用“*”标出。

第五层为带“*”小类下设置的延伸层。通过在类别名称前加“—”表示，不设代码和顺序号，其包含的活动内容在表 2 中加以说明。

五、文化及相关产业分类表

表 1　文化及相关产业的类别名称和行业代码

类　别　名　称	国民经济行业代码
第一部分　　文化产品的生产	
一、新闻出版发行服务	
（一）新闻服务	
新闻业	8510
（二）出版服务	
图书出版	8521
报纸出版	8522
期刊出版	8523
音像制品出版	8524
电子出版物出版	8525
其他出版业	8529
（三）发行服务	
图书批发	5143
报刊批发	5144
音像制品及电子出版物批发	5145
图书、报刊零售	5243
音像制品及电子出版物零售	5244
二、广播电视电影服务	
（一）广播电视服务	
广播	8610
电视	8620
（二）电影和影视录音服务	
电影和影视节目制作	8630
电影和影视节目发行	8640
电影放映	8650
录音制作	8660
三、文化艺术服务	
（一）文艺创作与表演服务	
文艺创作与表演	8710
艺术表演场馆	8720
（二）图书馆与档案馆服务	
图书馆	8731
档案馆	8732
（三）文化遗产保护服务	
文物及非物质文化遗产保护	8740
博物馆	8750
烈士陵园、纪念馆	8760
（四）群众文化服务	
群众文化活动	8770
（五）文化研究和社团服务	
社会人文科学研究	7350
专业性团体（的服务）*	9421
—学术理论社会团体的服务	
—文化团体的服务	

续表 1

类　别　名　称	国民经济行业代码
（六）文化艺术培训服务	
文化艺术培训	8293
其他未列明教育 *	8299
—美术、舞蹈、音乐辅导服务	
（七）其他文化艺术服务	
其他文化艺术业	8790
四、文化信息传输服务	
（一）互联网信息服务	
互联网信息服务	6420
（二）增值电信服务（文化部分）	
其他电信服务 *	6319
—增值电信服务(文化部分)	
（三）广播电视传输服务	
有线广播电视传输服务	6321
无线广播电视传输服务	6322
卫星传输服务 *	6330
—传输、覆盖与接收服务	
—设计、安装、调试、测试、监测等服务	
五、文化创意和设计服务	
（一）广告服务	
广告业	7240
（二）文化软件服务	
软件开发 *	6510
—多媒体、动漫游戏软件开发	
数字内容服务 *	6591
—数字动漫、游戏设计制作	
（三）建筑设计服务	
工程勘察设计 *	7482
—房屋建筑工程设计服务	
—室内装饰设计服务	
—风景园林工程专项设计服务	
（四）专业设计服务	
专业化设计服务	7491
六、文化休闲娱乐服务	
（一）景区游览服务	
公园管理	7851
游览景区管理	7852
野生动物保护 *	7712
—动物园和海洋馆、水族馆管理服务	
野生植物保护 *	7713
—植物园管理服务	
（二）娱乐休闲服务	
歌舞厅娱乐活动	8911
电子游艺厅娱乐活动	8912
网吧活动	8913
其他室内娱乐活动	8919
游乐园	8920
其他娱乐业	8990

续表 2

类　别　名　称	国民经济行业代码
（三）摄影扩印服务	
摄影扩印服务	7492
七、工艺美术品的生产	
（一）工艺美术品的制造	
雕塑工艺品制造	2431
金属工艺品制造	2432
漆器工艺品制造	2433
花画工艺品制造	2434
天然植物纤维编织工艺品制造	2435
抽纱刺绣工艺品制造	2436
地毯、挂毯制造	2437
珠宝首饰及有关物品制造	2438
其他工艺美术品制造	2439
（二）园林、陈设艺术及其他陶瓷制品的制造	
园林、陈设艺术及其他陶瓷制品制造 *	3079
—陈设艺术陶瓷制品制造	
（三）工艺美术品的销售	
首饰、工艺品及收藏品批发	5146
珠宝首饰零售	5245
工艺美术品及收藏品零售	5246
第二部分　文化相关产品的生产	
八、文化产品生产的辅助生产	
（一）版权服务	
知识产权服务 *	7250
—版权和文化软件服务	
（二）印刷复制服务	
书、报刊印刷	2311
本册印制	2312
包装装潢及其他印刷	2319
装订及印刷相关服务	2320
记录媒介复制	2330
（三）文化经纪代理服务	
文化娱乐经纪人	8941
其他文化艺术经纪代理	8949
（四）文化贸易代理与拍卖服务	
贸易代理 *	5181
—文化贸易代理服务	
拍卖 *	5182
—艺（美）术品、文物、古董、字画拍卖服务	
（五）文化出租服务	
娱乐及体育设备出租 *	7121
—视频设备、照相器材和娱乐设备的出租服务	
图书出租	7122
音像制品出租	7123
（六）会展服务	
会议及展览服务	7292
（七）其他文化辅助生产	
其他未列明商务服务业 *	7299
—公司礼仪和模特服务	

续表 3

类 别 名 称	国民经济行业代码
一大型活动组织服务	
一票务服务	
九、文化用品的生产	
（一）办公用品的制造	
文具制造	2411
笔的制造	2412
墨水、墨汁制造	2414
（二）乐器的制造	
中乐器制造	2421
西乐器制造	2422
电子乐器制造	2423
其他乐器及零件制造	2429
（三）玩具的制造	
玩具制造	2450
（四）游艺器材及娱乐用品的制造	
露天游乐场所游乐设备制造	2461
游艺用品及室内游艺器材制造	2462
其他娱乐用品制造	2469
（五）视听设备的制造	
电视机制造	3951
音响设备制造	3952
影视录放设备制造	3953
（六）焰火、鞭炮产品的制造	
焰火、鞭炮产品制造	2672
（七）文化用纸的制造	
机制纸及纸板制造 *	2221
一文化用机制纸及纸板制造	
手工纸制造	2222
（八）文化用油墨颜料的制造	
油墨及类似产品制造	2642
颜料制造 *	2643
一文化用颜料制造	
（九）文化用化学品的制造	
信息化学品制造 *	2664
一文化用信息化学品的制造	
（十）其他文化用品的制造	
照明灯具制造 *	3872
一装饰用灯和影视舞台灯制造	
其他电子设备制造 *	3990
一电子快译通、电子记事本、电子词典等制造	
（十一）文具乐器照相器材的销售	
文具用品批发	5141
文具用品零售	5241
乐器零售	5247
照相器材零售	5248
（十二）文化用家电的销售	
家用电器批发 *	5137
一文化用家用电器批发	
家用视听设备零售	5271

续表 4

类　别　名　称	国民经济行业代码
（十三）其他文化用品的销售	
其他文化用品批发	5149
其他文化用品零售	5249
十、文化专用设备的生产	
（一）印刷专用设备的制造	
印刷专用设备制造	3542
（二）广播电视电影专用设备的制造	
广播电视节目制作及发射设备制造	3931
广播电视接收设备及器材制造	3932
应用电视设备及其他广播电视设备制造	3939
电影机械制造	3471
（三）其他文化专用设备的制造	
幻灯及投影设备制造	3472
照相机及器材制造	3473
复印和胶印设备制造	3474
（四）广播电视电影专用设备的批发	
通讯及广播电视设备批发 *	5178
—广播电视电影专用设备批发	
（五）舞台照明设备的批发	
电气设备批发 *	5176
—舞台照明设备的批发	

表 2 对延伸层文化生产活动内容的说明

序号	类别名称及代码		文化生产活动的内容
	小类	延伸层	
1	专业性团体（的服务）（9421）	学术理论社会团体的服务	包括党的理论研究、史学研究、思想工作研究、社会人文科学研究等团体的服务。
		文化团体的服务	包括新闻、图书、报刊、音像、版权、广播、电视、电影、演员、作家、文学艺术、美术家、摄影家、文物、博物馆、图书馆、文化馆、游乐园、公园、文艺理论研究、民族文化等团体的服务。
2	其他未列明教育（8299）	美术、舞蹈、音乐辅导服务	包括美术、舞蹈和音乐等辅导服务。
3	其他电信服务（6319）	增值电信服务(文化部分）	包括手机报、个性化铃音、网络广告等业务服务。
4	卫星传输服务（6330）	传输、覆盖与接收服务	包括卫星广播电视信号的传输、覆盖与接收服务。
		设计、安装、调试、测试、监测等服务	包括卫星广播电视传输、覆盖、接收系统的设计、安装、调试、测试、监测等服务。
5	软件开发（6510）	多媒体、动漫游戏软件开发	包括应用软件开发及经营中的多媒体软件和动漫游戏软件开发及经营活动。
6	数字内容服务（6591）	数字动漫、游戏设计制作	包括数字动漫制作和游戏设计制作等服务。
7	工程勘察设计（7482）	房屋建筑工程设计服务	包括房屋（住宅、商业用房、公用事业用房、其他房屋）建筑工程设计服务。
		室内装饰设计服务	包括住宅室内装饰设计服务和其他室内装饰设计服务。
		风景园林工程专项设计服务	包括各类风景园林工程专项设计服务。
8	野生动物保护（7712）	动物园和海洋馆、水族馆管理服务	包括动物园管理服务，放养动物园管理服务，鸟类动物园管理服务，海洋馆、水族馆管理服务。
9	野生植物保护（7713）	植物园管理服务	包括各类植物园管理服务。
10	园林、陈设艺术及其他陶瓷制品制造（3079）	陈设艺术陶瓷制品制造	包括室内陈设艺术陶瓷制品、工艺陶瓷制品、陶瓷壁画、陶瓷制塑像和其他陈设艺术陶瓷制品的制造。
11	知识产权服务（7250）	版权和文化软件服务	版权服务包括版权代理服务，版权鉴定服务，版权咨询服务，海外作品登记服务，涉外音像合同认证服务，著作权使用报酬收转服务，版权贸易服务和其他版权服务。文化软件服务指与文化有关的软件服务，包括软件代理、软件著作权登记、软件鉴定等服务。
12	贸易代理（5181）	文化贸易代理服务	包括文化用品、图书、音像、文化用家用电器和广播电视器材等国际国内贸易代理服务。
13	拍卖（5182）	艺（美）术品、文物、古董、字画拍卖服务	包括艺（美）术品拍卖服务，文物拍卖服务，古董、字画拍卖服务。
14	娱乐及体育设备出租（7121）	视频设备、照相器材和娱乐设备的出租服务	包括视频设备出租服务，照相器材出租服务，娱乐设备出租服务。
15	其他未列明商务服务业（7299）	公司礼仪和模特服务	公司礼仪服务包括开业典礼、庆典及其他重大活动的礼仪服务。模特服务包括服装模特、艺术模特和其他模特等服务。
		大型活动组织服务	包括文艺晚会策划组织服务，大型庆典活动策划组织服务，艺术、模特大赛策划组织服务，艺术节、电影节等策划组织服务，民间活动策划组织服务，公益演出、展览等活动的策划组织服务，其他大型活动的策划组织服务。
		票务服务	包括电影票务服务，文艺演出票务服务，展览、博览会票务服务。

续表

序号	类别名称及代码		文化生产活动的内容
	小类	延伸层	
16	机制纸及纸板制造(2221)	文化用机制纸及纸板制造	包括未涂布印刷书写用纸制造，涂布类印刷用纸制造，感应纸及纸板制造。
17	颜料制造(2643)	文化用颜料制造	包括水彩颜料、水粉颜料、油画颜料、国画颜料、调色料、其他艺术用颜料、美工塑型用膏等制造。
18	信息化学品制造(2664)	文化用信息化学品的制造	包括感光胶片的制造，摄影感光纸、纸板及纺织物制造，摄影用化学制剂、复印机用化学制剂制造，空白磁带、空白磁盘、空盘制造。
19	照明灯具制造(3872)	装饰用灯和影视舞台灯制造	包括装饰用灯（圣诞树用成套灯具、其他装饰用灯）和影视舞台灯的制造。
20	其他电子设备制造(3990)	电子快译通、电子记事本、电子词典等制造	包括电子快译通、电子记事本、电子词典等电子设备的制造。
21	家用电器批发(5137)	文化用家用电器批发	包括电视机、摄录像设备、便携式收录放设备、音响设备等的批发。
22	通讯及广播电视设备批发(5178)	广播电视电影专用设备批发	包括广播设备、电视设备、电影设备、广播电视卫星设备等的批发。
23	电气设备批发(5176)	舞台照明设备的批发	包括各类舞台照明设备的批发。